民國歷史與文化研究

十八編

第 **20** 冊

胡先驌年譜
（第十冊）

胡啟鵬 著

花木蘭文化事業有限公司

國家圖書館出版品預行編目資料

胡先驌年譜（第十冊）／胡啟鵬 著 -- 初版 -- 新北市：花木
蘭文化事業有限公司，2024〔民 113〕
目 4+256 面；19×26 公分
（民國歷史與文化研究　十八編；第 20 冊）
ISBN 978-626-344-649-6（精裝）
1.CST：胡先驌 2.CST：年譜
628.08　　　　　　　　　　　　　　　112022508

ISBN-978-626-344-649-6

9 786263 446496

民國歷史與文化研究
十八編　第二十冊　　　　　　　ISBN：978-626-344-649-6

胡先驌年譜
（第十冊）

作　　者　胡啟鵬
總 編 輯　杜潔祥
副總編輯　楊嘉樂
編輯主任　許郁翎
編　　輯　潘玟靜、蔡正宣　美術編輯　陳逸婷
出　　版　花木蘭文化事業有限公司
發 行 人　高小娟
聯絡地址　235　新北市中和區中安街七二號十三樓
　　　　　電話：02-2923-1455 ／傳真：02-2923-1452
網　　址　http://www.huamulan.tw 信箱 service@huamulans.com
印　　刷　普羅文化出版廣告事業
初　　版　2024 年 3 月
定　　價　十八編 22 冊（精裝）新台幣 55,000 元　　版權所有‧請勿翻印

胡先驌年譜
（第十冊）

胡啟鵬 著

目次

第十冊

第十一冊

第十二冊

1956 年（丙申） 六十三歲

1956 年 2 月 8 日，《年譜》載：《竺可楨日記》載，適胡步曾來京看病，與談廬山植物園業務主任事，他推薦葉培忠，南京林學院不放？〔註 2398〕

1956 年 2 月 26 日，胡秀英致中國科學院植物研究所所長錢崇澍信函。

雨農先生：

這封信是寫在安諾植物園前主任 Dr. E. D. Merrill 的家中的。昨天下午二時五十分，麥先生與世長別了。他病了很久，去年九月五日忽然右半身不遂了，喉部也 paraliyed，從此不能說話，也不能吃飯。麥先生是個世界人，他在美國植物學界的聲望，恐不及在亞歐南洋。我們現在仍在安諾植物園編著《中華植物誌》的同人擬送菊花一束於麥先生靈前。請將這封信轉以下諸先生：胡先驌、陳煥鏞、蔣英、方文培、焦啟源、裴鑒、鄭萬鈞、汪發纘、耿以禮、傅煥光諸先生為禱。

專此，即請近安

晚生 胡秀英 謹啟

一九五六年二月廿六日

陳煥鏞得悉梅爾去世消息，撰寫紀念文章《紀念植物學家梅爾博士》，刊載於《科學通報》1956 年第 12 期。其云：許多外國植物學家、旅行家、採集家們，為了他們所代表的政府或機關的利益，或是為了個人的名利，或是為了商業的營利，走遍了我國的大地。梅爾先生同這些人相反，他在扶助中國植物分類學成為一個獨立發展的本土科學方面出了很多的力氣。他為我們建立圖書館捐助許多珍本絕版的書籍和定期刊物，用所謂『特別交換』為名義（實際上不希望得到相應的報答），供給大量有歷史價值的舊標本，並慷慨地把六十多年積累的經驗介紹出來。〔註 2399〕

〔註 2398〕 王希群、楊紹隴、周永萍、王安琪、郭保香編著《中國林業事業的先驅和開拓者——胡先驌、鄭萬鈞、葉雅各、陳植、葉培忠、馬大浦年譜》，中國林業出版社 2022 年 3 月版，第 313 頁。

〔註 2399〕 胡宗剛著《胡秀英向國內植物學家函告梅爾去世消息》，公眾號註冊名稱「近世植物學史」，2022 年 06 月 11 日。

2月，北京農業大學對胡先驌進行批判。

　　北京農業大學在全校第二次科學討論會和「批判胡先驌思想討論會」上，又一次掀起了對胡先驌的批判高潮。有人批判胡先驌是通過《植物分類學簡編》一書「以公開的及隱蔽的方式或用改頭換面的手法來宣傳反動的唯心的魏斯曼、摩爾根主義」並從政治上批判胡先驌的反蘇言論。〔註2400〕

4月25日，在討論《論十大關係》時，毛澤東支持胡先驌當選中國科學院學部委員，因為他是中國生物學界的老祖宗。

　　一九五六年四月二十五日至二十八日，中央政治局擴大會議討論《論十大關係》的講話。陸定一在二十七日發言中，講了這樣一個觀點，就是學術性質、藝術性質、技術性質的問題要讓它自由。他從中國生物學家胡先驌的一篇文章講起。他說：從前我們看重他的政治問題，因為他那個時候罵了蘇聯，所以我們就生氣了。他講的問題是生物學界很重要的問題，這個人在生物學界很有威望。

　　毛澤東插話：不是什麼人叫我們跟他鬥一鬥嗎？

　　陸說：後來我們把那個東西和緩了，報紙上沒有提他的名字，因此還沒有和他撕破臉。

　　毛問：胡先驌那個文章對不對？

　　陸說：他批評李森科的那個東西，很好，那是屬於學術性質的問題，我們不要去干涉比較好。

　　毛說：這個人是很頑固的，他是中國生物學界的老祖宗。年紀七八十了。他贊成文言文，反對白話文。這個人現在還是學部委員嗎？

　　陸說：不是，沒有給。

　　毛說：恐怕還是要給，他是中國生物學界的老祖宗。〔註2401〕

4月27日，中共中央政治局擴大會議上，中共中央宣傳部長陸定一發言，

〔註2400〕談家楨、趙功民主編《中國遺傳學史》，上海科技教育出版社，2002年12月版，第82頁。

〔註2401〕中共中央文獻研究室編，逢先知、金沖及主編《毛澤東傳（1949～1976）》，中央文獻出版社，2003年，第489頁。

提到對於學術性質、藝術性質、技術性質的問題要讓它自由。他從中國生物學家胡先驌的一篇文章講起，對當年發動批判胡先驌一事進行反思。

陸定一說：「從前胡先驌的那個文件我也看了一下，看一看是不是能夠辯護一下，那是很難辯護的。那個時候我們給他加了幾句，就是著重他的政治問題，因為他那個時候罵蘇聯，所以我們就氣了。他講的問題是生物學界很重要的問題，這個人在生物學界很有威望。」

毛主席插話：「不是什麼人叫我們跟他鬥一鬥嗎？」

陸定一說：「後來我們把那個東西和緩了，報紙上沒有提他的名字，是在一個什麼米丘林的紀念會上有幾個人講話講到了他，我們掌握了這一點，就是報紙上一個名字都不講，因此還沒有和他撕破臉。」

毛主席插話：「胡先驌的那個文章對不對？」

陸定一說「他批評李森科的那個東西很好，那是屬於學術性質的問題，我們不要去干涉比較好。」

康生插話：「我問了下于光遠，他覺得胡先驌還是有道理的。胡先驌是反對李森科的，什麼問題呢？李森科說，從松樹上長出一棵榆樹來，這是辯證法的突變，松樹可以變榆樹（笑聲），這是一個突變論。」

毛主席問：「能不能變？」

康生答：「怎麼能變呢？那棵松樹上常常長榆樹，那是榆樹掉下來的種子長出來的。這件事情胡先驌反對是對的。但胡先驌說李森科所以吃得開是有政治勢力支持著的，其實，斯大林死了以後，蘇共批評了李森科，沒有支持李森科，所以胡先驌這一點沒有說對。但是整個的來講，胡先驌講得還是對的，他只講錯了一個例子，我們不應該去抓人家的辮子，就說他都是錯誤的。

陸定一說：「那倒不一定去向他承認錯誤。」

毛主席說：那個人是很頑固的，他是中國生物學界的老祖宗，年紀七八十了。他贊成文言文，反對白話文。這個人現在是學部委員嗎？

陸定一說：「不是，沒有給。」

　　毛主席插話:「恐怕還是要給,他是中國生物學界的老祖宗」!
〔註2402〕

　　5月1日,周恩來認為,如果李森科不對,我們就向被批評的胡先驌承認錯誤。在學習蘇聯問題上,有很多是學得不得當的,有一些盲目性,沒有批判地、獨立思考地學習。

　　5月1日,周恩來同中國科學院負責人談科學與政治的關係問題時指出:「可以先把二者分開,科學是科學,政治是政治,然後再把它結合起來。比如對李森科的學說,首先應在科學領域內進行研究,看看哪些是對的或是不對的。其次,再對李森科否定的那些學說進行研究,看哪些是對的不應該否定,哪些是不對的應該否定。然後再對中國科學家胡先驌批評李森科的文章進行研究,看看批評對不對、對了多少。如果李森科不對,我們沒有理由為李森科辯護,我們就向被批評的胡先驌承認錯誤。對一切科學,都要這樣。這樣把科學和政治分開了,然後再把科學與政治結合起來。」〔註2403〕

　　5月,《「萬卷書」——二千五百萬年前的植物圖鑒》文章在《旅行家》雜誌(5月號)發表。摘錄如下:

　　　　古代動植物的遺體是近代科學部門研究的資料。就我國來說,在山東萊陽發現了一億二千五百萬年前的恐龍蛋,還在好幾個地方發現了三億二千五百萬年前最原始的陸生植物——裸蕨。在這裡我只想介紹一下蘊藏著二千五百萬年前極其豐富的古植物的地區——山東臨朐縣山旺村地區的「萬卷書」岩床。

　　　　山旺村地區在膠濟鐵路的譚家坊以南四十里的地方。這個山谷是東北向的。靠近謝家莊,有長約三里的火山沉積物的露頭,上面覆蓋著鮮新世代玄武岩。在泥板岩的岩層中,含有大量火山灰,夾雜著豐富的矽藻薄片,如同雲片糕一般。用小刀輕輕地揭起薄片,便可以看見夾藏在其間的植物的葉和花果。因為這些白色的火山灰

〔註2402〕陸定一:「對於學術性質、藝術性質、技術性質的問題要讓它自由」,《陸定一文集》,人民出版社,1992年2月版,第494~495頁。
〔註2403〕中共中央文獻研究室編《周恩來年譜(1949~1976)》上卷,中央文獻出版社,1997年5月版,第570頁。

薄片，一層疊一層，如同書本一般，當地老鄉便叫做「萬卷書」。這
真是極有意義、而且非常形似的名稱。當科學家揭開這本「天書」
來研讀的時候，他們不但能知道在二千五百萬年前這個地區的植物
種類，知道這些遠古時代的植物與生長在現在這個地區的有什麼不
同，而且能推斷出二千五百萬年前來這個地區的氣候有過什麼變化，
從而研究發生這種變化的原因。

去探訪、考察、發掘和研究，或者還
會有新的發現。

左：岩層中的樹葉化石
上：山東山旺村西北
萬卷書所在地

植物化石

在「萬卷書」中夾藏的植物種類是豐富的，而且保存的很好，
簡直同臘葉標本一樣，連葉綠素都保存著。夾藏著大部分是葉，也
有花果。我們鑒定了兩種單子葉植物和八十四種雙子葉植物，沒有
裸子植物。雙子葉植物分別屬於十五個目、三十個科和六十一個屬。
其中槭樹屬與鵝耳櫪屬各有七種，椴樹屬與榆樹屬各有三種，餘下
的都只有兩種或一種。

這些化石中，大部分屬於東亞的植物區系。如批把、梧桐、刺
楸、化香樹等，都是東亞特有的屬；山核桃、肥皂莢、金縷梅、楓
樹等屬，是現代的北方所沒有的。總的來說，這些植物屬中有三分
之二是現在生長在長江流域的。植物化石中有三十九種與現代日本
的植物相近似；有百分之八十五與現代日本的植物同屬。與朝鮮的
植物也相近似。這些植物的葉子都比現代華北的植物葉子大而柔軟。

山旺村地區在山東大陸塊上。這個大陸塊在三萬萬年以前是東
亞大陸（自雲南、緬甸，橫亙蒙古而到太平洋邊緣）的一部分，地
勢很高。後來因為地質變動，山東大陸塊隨黃河平原下降，與其他
大陸塊分離。地質學家根據地質資料，斷定發現植物化石的地方，

是積聚在古代高地的湖泊和山谷上的岩層。火山爆發的時候，火山灰必然帶著大量的樹葉花果墜入湖泊，年深月久，便形了「萬卷書」岩床。但是直到現在，還沒有找到噴火口的遺跡。

植物化石研究的結果，與地質資料研究的結果完全符合。化石中雜有溫帶與亞熱帶的植物，可以證明那時候這個地區的海平面氣候是亞熱帶性質。這部二千五百萬年前的天書——「萬卷書」的秘密，已經被科學家們研究過，而且公布了。但是「萬卷書」岩層仍然存在，人們仍舊可以去探訪、考察、發掘和研究，或者還會有新的發現。

7月1日，為了貫徹毛澤東、周恩來講話的精神，中國科學院竺可楨副院長來到胡先驌家，代表有關方面，就去年10月科學院及全國社聯在米丘林誕生一百週年紀念會上對他的錯誤批判，向他道歉；同時，邀請他出席即將於8月在青島市舉行的遺傳學座談會。竺可楨在當日日記中提到了他與胡先驌的談話：「去年十月間批評有過火處，所以學部於今年8月10至25日將在青島討論，盼他能參加。」被政府認定禁書《植物分類學簡編》，可以再版發行。〔註2404〕

翌年，黨中央提出「雙百方針」後，中國科學院副院長竺可楨曾按照周恩來的有關指示，來到胡先驌家中，代表有關方面就「米丘林誕辰一百週年紀念會」上對他的批判，說到「有過火處」，向胡先驌表示了道歉。〔註2405〕

7月，《荷花》文章在《旅行家》雜誌（7月號）發表。摘錄如下：

荷花，又名蓮花，是我國著名花卉之一，也是我國南北水鄉和湖沼的主要景色。

荷花最早的記錄出於《詩經》。最早的字典《爾雅》中寫道：「荷，芙蕖；其莖茄，其葉蕸，其本蔤，其華菡萏，其實蓮，其根藕，其中的，的中薏。」邢昺作的注說：「芙蕖，總名也，別名芙蓉，江東人呼為荷。菡萏，蓮花也。的，蓮實也。薏，的中青心也。」郭璞作的

〔註2404〕竺可楨著《竺可楨日記》（III）（1950～1956），科學出版社，1989年。
〔註2405〕馮永康著《遺傳學在中國的初創與曲折變遷——1978年之前的中國遺傳學》，上海教育出版社2022年11月版，第97頁。

注說：「蕅乃莖下白蒻在泥中者。蓮乃房也，菂乃子也，薏乃中心苦薏也。江東人呼荷花為芙蓉，北人以藕為荷，亦以蓮為荷，蜀人以藕為茄……」可見古人對於荷花的各個部分，都有專門名稱；而且各地的名稱也不同。今天，這種植物和它的花，統稱荷花或蓮花，根莖稱藕，葉稱荷葉，全果稱為蓮蓬，種子稱蓮子，種子內的「青心」即胚稱蓮手心。一種植物的各部分有這麼多的專名，表示它十分受人重視，也表示它在我國起源很早，分布很廣，用途很多，並且最為人喜愛。

《荷花》文章

我國北起東北，南至廣東，凡有池沼的地方，無處不有荷花。東南亞和印度也有荷花。

歐洲人先在印度發現荷花，所以稱它為印度荷花。荷花所以被人重視，第一是因為它十分美麗而高潔。《彥周詩話》說：「世間花卉，無逾蓮花者。蓋諸花皆借喧風暖日，獨蓮花得意於水月。其香清涼。雖荷葉無花時，亦自香也。」可見荷花不但花美麗，葉也美麗，便是夏初貼在水面的小小新葉，古人稱為荷錢的，也很動人。到了花落葉枯的時候，詩人還要「留得殘荷聽雨聲」哩！

荷花的根莖——藕是重要的食品，嫩藕可以當果品吃，稍老的可以作蔬菜，頂老的可以燉肉吃，或者在藕孔裏填塞糯米和糖，作點心吃。糖漬的藕片也是常吃的一種糖果，北京春節吃的雜拌，便有糖藕片在內。藕還可以製成藕粉，杭州的西湖藕粉最是出名。

藕的質量以品種與生長環境而有差異，野生的與紅花的品種，結實多而藕質量劣，栽培的與白花的品種，結實少而藕質量好。生長於水源清澈的地方，藕的質量好，生於鹼性的土壤中，藕的質量劣。北京玉泉山一帶的藕特別有名，就因為它的生長環境好。

蓮子也是上等食品：嫩蓮子可以生吃，也可以煮吃；老蓮子可以煮吃，也可以製成糖蓮子。蓮子的品質優劣，也以品種與產地而有不同。紅蓮花的蓮子種皮紅色，白蓮花的蓮子種皮白色。有的蓮子容易煮爛，有的不容易煮爛。湖南出產的蓮子特別有名，稱為湘蓮。

荷花還有一種器官可作食品，便是藕蹄。李時珍《本草綱目》說：「藕⋯⋯芽穿泥成白蒻，即蒻也，長者至丈餘。五六月嫩時，沒水取之，可作蔬茹，俗呼藕絲菜。」不過一般人很少吃它。

荷葉的經濟用途也很大。用極嫩的荷葉煮粥，甚為清香可口。用嫩荷葉包的米粉蒸肉或米粉蒸雞，是著名的菜。荷葉最主要的用途是曬乾後用來包裹食物，因為它價廉而量多，而且清潔，所以到處被使用。

此外，藕、蓮子、藕蹄、藕節，蓮薏、蓮蕊鬚，荷花、蓮房（蓮蓬殼）、荷葉、荷鼻（花蒂），按《本草綱目》上說，都可以供藥用。

種在庭園裏的荷花當然是為了供觀賞。我國栽培荷花久，所以品種甚多。通常可以分為紅蓮與白蓮兩種，見於《群芳譜》的則有重臺蓮（一花既開，從蓮房內又生花，不結子）、灑金蓮（花瓣上有黃點）、金邊蓮（花瓣周圍一線，色微黃）、衣缽蓮（花盤千葉，蕊分三色，產於滇池）、千葉蓮、佛座蓮、金鑲玉印蓮、斗大紫蓮、碧蓮、百子蓮、碧臺蓮（花白而瓣上恒滴一翠點，房上復抽綠葉，似花非花）、錦邊蓮（蒂綠，花白，作蕊時綠苞已微界一線紅矣；開時千葉，每葉俱以胭脂染邊）等。因為荷花通常用根莖繁殖，很容易發生芽變，出現新的品種，如「一莖兩花」、「一莖三花」、「同蒂異萼」、「雙蓮一蒂」、「一莖兩蒂」等品種，可惜歷代出現的新品種，

未必都能保存下來。今後希望科學家們重視搜集、保存和殖繁新品種的工作。

荷花不僅是珍貴的花卉，在植物學上也有重要的科學意義。荷花是有花植物（即被子植物）中發生最古老的種屬之一。一九三七年，英國的古植物學家在蘇格蘭的侏羅紀時代的煤層裏發現十分類似荷花的花粉粒。這就是說，在一萬四千五百萬年前，英國已經有荷花了（現在歐洲不產荷花）。在一萬萬年前的侏羅紀，在他處也發現了荷花的葉化石。現代世界上只有兩種荷花，一種是我們亞洲產的荷花，一種是美國產的黃蓮。黃蓮遠不如荷花美麗，經濟價值也差。

古蓮子的發現，對研究荷花有重要意義。一九五二年在我國東北泥炭中發現了古代的蓮子，經過培植，古蓮子發了芽，並且長成了新植物：根據泥炭層的年代斷定，這些古蓮子的壽命已有一百六十至二百五十年。過去傳說數千年前埃及古墓中的小麥能發芽，這是不可靠的。經科學證明最古老而又能發芽的種子，是某種豆科植物的種子，它的壽命是一百一十年。拿它和我國的古蓮子相比，那麼，古蓮子是世界上壽命最長的種子了。現在，我國的這種「活化石」已經在北京植物園和蘇聯、美國的植物園裏發芽生長了。

在印度，蓮花象徵著神聖與清潔，所以佛寺中的佛像都是坐在蓮花上的，而佛教一部最重要的經典，便是《妙法蓮華經》。「火宅生蓮」是佛家苦中得樂的比喻。在作佛事放焰口的時候，主僧頭上所戴的毗盧帽，浴名便是蓮花帽。陰曆七月十五日中元節，盂蘭會以彩紙製的油燈散佈水面以祭孤魂，便叫作荷燈；這一天，有的人家還懸掛荷花燈。由於佛家認為蓮花是聖潔的象徵，所以對善於說法的高僧，稱之為「舌上生蓮」。《蓮社高賢傳》曾載：「謝靈運一見遠公，肅然心服，乃即寺築臺，翻涅槃經，鑿池植白蓮，時遠公諸賢同修淨土之業，因號白蓮社。」降及後世，以宗教相號召而起義的革命組織，曾取名白蓮教。

荷花和青年男女的愛情還有著密切的聯繫。「採蓮贈芍」從古以來便象徵著自由戀愛。江南各地蓮花極多，青年男女往往借採蓮的機會，談情說愛。所以便有「採蓮曲」的寫作。魏曹植的《芙蓉

賦》寫道:「芙蓉崒產,菡萏星屬。絲條垂珠,丹榮吐綠。焜焜(韋華(韋華),爛若龍燭。觀者終朝,情猶未足。於是狡童媛女,相與同遊,耀素手於羅袖,接紅葩於中流。」前六句是寫蓮花的美麗,後六句便寫男女同遊採蓮了。又因蓮與憐愛的憐字同音,藕與配偶的偶字同音,所以文人喜歡用這些字來寫情詩。尤其因為蓮花常有同心並蒂的花朵,更好用來表示愛情。唐王勃的《採蓮曲》:「牽花憐共蒂,折藕愛連絲」,便是好例子。俗語所說「藕斷絲連」,正是此意。又因為蓮花美麗,所以人們常以蓮花與美人的容貌相比擬。《西京雜記》說:「卓文君臉際常若芙蓉。」《開元天寶遺事》載:「太液池有千葉白蓮數枝盛開,帝(唐明皇)與貴戚宴賞焉,左右皆歡美。久之,帝指貴妃示於左右曰:『爭如我鮮語花?』」這是誇楊貴妃比千葉白蓮還要美麗。相傳有男女二人因為戀愛不遂,投河自殺,明年池中的荷花全為並蒂。這類故事屢見傳說,都表示荷花是富有浪漫意義的。

荷花跟我國的文學藝術也有深厚的關係。《詩經‧鄭風》便有「隰有荷華」的詩句,可見我國三千年前的詩人已經歌詠荷花了。到戰國時代,楚國的屈原在《離騷》中便說:「製芰荷以為衣兮,集芙蓉以為裳」;在《九歌》中則有「築室兮水中,葺之兮荷蓋」等詩句。用荷葉為衣,荷花為裙,以荷葉來蓋屋,詩人的想像力是多麼豐富啊!至於歷代歌詠荷花的詩詞,更是多不勝數,美不勝言了。在音樂方面,遠在漢代就有樂府相和曲唱採蓮。在舞蹈方面,《樂志》載:「女弟子隊舞六日,採蓮隊衣紅羅生色綽子,繫暈裙,戴雲鬟髻,乘彩船,執蓮花。」現代民間過春節時也常有採蓮船的歌舞隊,出名的荷花舞更是大家所熟悉的。在建築、雕塑、繪畫方面,我們常看到的有蓮花形的柱礎、佛座;歷代的畫家畫荷花的更不可計數,甚至畫山的一種皴法,也稱為荷葉皴。

我國地大物博,著名的花卉種類繁多,而荷花又是我國最珍貴的花卉之一。數千年來,由於勞動人民的智慧,已經產生了許多美麗的珍貴品種,今後用科學方法來改良,必定還能培育出更多更美的新品種;隨著社會文化物質生活的提高,人們一定更會喜歡荷花。

《科學通報》雜誌目錄

8 月，《我國學者應如何學習米丘林以利用我國植物資源》文章在《科學通報》雜誌（1956 年 8 月號，第 18～34 頁）發表。全文兩萬餘字、學術性很強，分為五部分：一是應學習米丘林的愛祖國愛人民的精神。二是應學習米丘林的工作方法和理論。三是應充分利用我國已有的品種與野生的動植物。四是應引種國外的新品種和野生植物以供試驗培育改良之用。五是結束語。摘錄如下：

《我國學者應如何學習米丘林以利用我國植物資源》文章

去年蘇聯全國舉行了隆重的米丘林誕生百年紀念會。我國在首都北京以及其他都市也都舉行了隆重的紀念會，宣讀了許多論文。座談中討論了米丘林畢生在園藝事業上的偉大成就，及其在園藝學與生物學上的革新的理論。這在我國正在執行第一個五年計劃與毛主席號召全國努力促進農業合作化後的今天，是特別有重大意義的事。我們生物學與農學工作者，都應該考慮如何學習米丘林及其學說，如何遵循他的工作方法去改造自然，才能完成我們對人民對國家的義務，才能改進我國的農業，以促進社會主義事業的發達。這裡分為幾部分來討論這個問題。

一、應學習米丘林的愛祖國愛人民的精神

米丘林是一個為人民大眾的事業而服務的人民的科學家。他終生的理想與事業是要把一個園藝學落後、只有低劣果樹的祖國變成為園藝學先進而富有品質優良而豐產的果樹的祖國。他要把只適宜於溫暖氣候的俄羅斯南部的優良果樹移植到有嚴酷的冬季氣候的俄國中部、北部與東部。他把杏樹的栽培向北推進 500 公里，把果樹栽培推進到嚴寒的烏拉爾與西伯利亞。他一生創造出 300 品種的果樹，而都是用本國的原始材料，用遠緣雜交法定向培育出來的。當我們看到他寫著：「現在在苗圃裏，無論是栽培植物的或野生植物的種或變種，都已完全不需要外國輸入的材料了」，我們便覺得他的愛國主義自然而然地在筆尖下流露出來了。

米丘林有極其堅強的毅力和富貴不能淫、貧賤不能移的高尚人格。他在俄國沙皇專制的統治下，得不到政府的幫助，只憑藉個人的能力，孤軍奮鬥 40 年，而始終堅持到底；對於外國資本家的誘惑，毅然拒絕，這不是沒有極其高貴品格的人所能做到的。在十月革命以後，他立即擁護革命的人民政權；而當蘇維埃政府大力協助他，補充他的事業時，他倍加努力地完成了更多的偉大成就。他在 60 年事業活動的慶祝會上說：「我曾以 60 年的光陰所從事的事業是和人民大眾休戚相關的，也就是人民大眾的事業。」他為人民大眾的事業而工作了 60 年，直至臨終前還指示他的助手們修正工作提綱和計劃。這種人民的科學家愛祖國愛人民的忘我精神，是我們生物學與農業工作者首先要學習的。

二、應學習米丘林的工作方法與理論

米丘林以 60 年漫長的時間從事於改良果樹品種,以適應於俄國的需要,從而獲得大量極寶貴的經驗。他是一個從事園藝的實際工作者,曾廣讀國內外園藝學文獻,並接受前輩的領導,從屢次失敗中而獲得教訓。由於多年的摸索而獲得自己的經驗與方法,久而久之完成了他的理論。因而他的方法與理論是十分可信的,並且是在任何地區適用的。他的 60 年工作的成果,300 多種優良果樹的品種,便是他的學說的根據與工作方法的基礎。

他的主要育種方法為遠緣雜交、無性雜交、混合授粉法、蒙導法等。他的具體工作方法與西歐和美國的園藝家所用的工作方法有很大的差別,而顯然是優越的。在理論方面他強調環境的影響,他不否認遺傳的保守性,並且鄭重地指出這點。他承認環境的影響,但鑒於他早年馴化工作的失敗,他並不承認環境的影響能很容易地改變植物的遺傳而創生新品種。他強調用實生苗來做有性雜交的材料,以為這樣可以動搖它原來親本的遺傳性。他認為雜種有巨大的可塑性,因而易於接受環境的影響。他尤著重選擇與定向培育的重要性;他也著重幼苗的遺傳性不堅強,易於受砧木的影響。在他的工作體驗中,他強調孟德爾的遺傳律不能加到多年生的果樹上。他奠定了動植物與其生活條件相統一的重要的唯物主義的生物學原理。

這些工作方法與理論都是我們生物學與農學工作者應該學習的。但是他的工作方法是精深而繁複的,不是輕易能掌握的,我們的農學工作者必須在長期工作中親身體驗才能運用自如。他的理論在他的論文中有著詳細說明,也要精心研討,尤不可為似是而非的學說所惑。

三、應充分利用我國已有的品種與野生的動植物

我國地大物博,資源豐富,我國的勞動人民勤勉智慧,農業發達極早,植物資源也比其他國家為多。外國學者曾統計中國的食用植物有二千餘種,他們的食用植物只有千餘種,而我國可以栽培利用的野生植物還有很多。故如何搜集研究與利用我國已經馴養栽培的動植物品種與野生的動植物作為創造優良新品種的資料,實為我

國生物學與農學工作者的責任。我們應該這樣來學習米丘林。

1. 我國古代園藝上的成就

我國栽培與馴養動植物的歷史甚為悠久。只拿養蠶一事來說，淮南王《蠶經》說黃帝的元后西陵氏開始養蠶。這種傳說誠然不可靠，但在山西西殷村新石器時代遺址曾發現蠶繭，可見在三代以前已經養蠶。甲骨文中有絲字與蠶字。至於「周制天子諸侯，必有公桑蠶室」。《禮記·月令》篇載有「季春之月，具曲植蘧筐，后妃齊戒，親東鄉躬桑」。可見到了周代，栽桑養蠶已成為自「天子以至於庶人」的事了。我國栽培果樹至少不會晚過於栽桑的時代，因為桑樹便是一種果樹。桑字與杏字都見於甲骨文。《禹貢》有「桑土既蠶」、「厥貢漆絲」、「厥包橘柚錫貢」等句子。《詩經》所載諸果中有桃、梅、甘棠、木瓜、木桃、木李、棗、栗、杜棃（蘡薁）、瓜。《禮記·月令》：「天子……以含桃（櫻桃）先薦寢廟。」可見園藝蠶桑至少自夏時便有，到周代便已普及於民間了。

中國的園圃起於何時，雖無確實的證據，但囿圃兩字已見於甲骨文。囿是雜生林木、蓄有禽獸以供王公貴族遊玩狩獵的公園。圃是栽種菜蔬的菜圃。照《詩經》「園有桃」、「園有棗」的句子，則園是栽培果樹的果園。孟子說周文王便有靈囿，方七十里，而齊宣王在郊關之內有囿方四十里。漢武帝的上林苑，在司馬相如的《上林賦》中有誇張的描寫，他列舉了盧橘、黃甘（柑）、橙、榛（小橘）、枇杷、楟、柿、亭（山梨）、奈（蘋果）、厚朴、胥邪（黑棗、君遷子）、楊梅、櫻桃、蒲桃（葡萄）、隱尖、奠、棣（山李）、羃沓（似李）、離支（荔枝），大部分都是南方的果品而移栽到長安的。《西京雜記》曾載，上林苑有安石榴十餘株，橙十株。《三輔黃圖》載，漢武帝破南越起扶荔宮，移植所得奇花異木，龍眼，荔枝皆百餘本，又載有甘橘百餘本，橄欖百餘本。可見當時要求移栽馴化南方與外國果品的迫切需要了。到了此時園藝技術已極發達，甚至溫室之類的設備都已有了。嫁接的技術可由《周禮·考工記》「橘踰淮而北為枳」的記載而推知。蓋在南方常以枳為砧木，而以橘接於其上，踰淮則橘枝凍死而為砧木的枳復發，遂有此等錯誤的認識。

　　以上所說的都是我國古代栽培果樹的一些史實。但在遠古時代的記載中很少提到果樹的品種。惟《漢書‧地理志》載：「范蠡宅在洞庭湖中，有海杏大如拳也。」此為我國古代果樹品種最早的記錄。宋蘇頌說：「有數種黃而圓者名金杏，相傳種出自濟南郡之分流山，彼人謂之漢帝杏，言漢武帝上苑之種也。」此古代果樹品種之保存至千餘年之後者。至《西京雜誌》載：「上林苑有秦桃、湘核桃、金城桃、綺葉桃、紫文桃；……有紫李、綠李、朱李、黃李、青綺李、青房李、同心李、金枝李、顏淵李（出魯）、羌李、燕李、蠻李、侯李；……有青梨（實大）、芳梨（實小）、大谷梨、細葉梨、金葉梨；……有沙棠、青棠；……有弱枝棗、青畢棗、赤心棗。」品種如此之多，且從它們的品名，可以略知其性狀之差異，上林苑竟是果樹試驗場了！

　　同時民間的果業也極發達。《史記‧貨殖列傳》說：「蜀漢江陵千樹桔，其人與千戶侯等」，又說「淮北滎南河濟之間千株梨，其人與千戶侯等也」。果業既如此發達，而且分布的區域極廣，自必有許多優良品種。而且古代栽培果樹，雖知接木，但多用實生苗，故尤易發生新的品種，而從各種文獻上常看見所描寫的特別優良品種。到了宋朝園藝異常發達，文人學士便有韓彥直著《橘錄》，蔡襄、宋珏、曹蕃、徐（焯力）、鄧道協、吳載碻、鄭熊、鄧慶寀著《荔枝譜》，柳貫著《打棗譜》；而在花卉方面則有歐陽修及鄞江周氏著《洛陽牡丹記》，胡元質著《牡丹譜》，薛鳳翔著《亳州牡丹史》，王觀著《芍藥譜》，劉蒙、史正志、樂休園著《菊譜》，范成大著《范村菊譜》。這些著名的果樹與花卉品種，二千年來可能還有不少留存在民間，如牡丹中的姚黃、魏紫；或在不斷變異與人工選擇下，變成了新的品種；然亦有許多絕好的品種因種種的原因，已經滅絕了。同時在各時各地，在許多不知名的勞動人民的努力下，又創造了許多名貴優異的品種。這些名貴的品種多已遠近聞名。在窮鄉僻壤的地方，也有優異的品種，不過還不為通都大邑所知道。故搜集我國各地的優良品種作為改良舊品種創造新品種的原始材料，實為我們農學家的急務了。

2. 國的梨與柑桔

我國栽培的果樹品種極其豐富。以梨為例，我國栽培的品種出自幾個植物種。東北一帶的梨品種皆出於秋子梨 Pyrus ussuriensis Maxim，河北的沙果梨、香水梨與鴉兒廣皆屬於此種。華北大多數的梨品種如河北的白梨、鴉兒梨、山東的萊陽梨、徐州的黃金墜等品種則出於白梨 P. bretschneideri Rehd.。長江以南的梨品種如徽州的雪梨、江西的秋白梨、浙江台州的箸包梨、湖州的鵝蛋白、諸暨的黃章梨、江蘇碭山的紫酥梨等品種則出於砂梨 P. pyrifolia var. culta Nakai。雲南緬甸的邊境所產重二十四兩的錐梨是否屬於此種尚未能確定，不過此種梨以果大見稱。據匡可任先生說，雲南有一種烏梨可能出自川梨 P. pashia Buch. Ham.。據俞德濬先生說，甘肅的梨有的品種可能出自麻梨 P. serrulate Rehd.或其雜種。而杜梨 P. phaeocarpa Rehd.河北也有栽培品種。我國野生梨不過十餘種而被栽培的就有六種，而棠梨 P. betulaefolia Bge.與鹿梨 P. calleryana 久已用作其他品種的砧木。故我國梨品種極為繁雜，必須詳加搜集研究而加以改良，方能收改良舊品種創造新品種之效。

另舉柑桔為一例。我國栽培柑桔可能遠在三代的時候。即說《禹貢》未必便是夏代的著作，但柑桔之名已見於戰國的著作中，屈原作過《桔頌》以歌頌這種名果。至漢代已廣為種植。柑桔類是有多胚的種子的，亦即是經常有無融合生殖的繁殖現象的。這類植物易於發生變異，故品種甚多。柑桔亞科在我國野生的 10 個屬，而經栽培的有黃皮屬 Clausena，枳屬 Poncirus，金柑屬 Fortunella 與柑桔屬 Citrus 4 個屬；共有黃皮 Clausena punctata Rehd. &Wils.，枳 Poncirus trifoliata Raf.，金彈 Fortunella crassifolia Swingle，羅浮 F. margarita Swingle，月月桔 F. obovate Tanaka，丸實金柑 F. japonica Swingle，黎檬 Citrus limonia Osh.，枸櫞 C. medica L.，檸檬 C. limon Burm. f.，宜昌檸檬 C. ichangensis Swingle，柚 C. grandis Osh.，酸橙 C. aurantium L.，香橙 C. junos Tanaka，甜橙 C. sinensis Osh.，柑桔 C. reticulata Blanco 15 個植物種。就中以柑桔這一種栽培變種與品種特別多。柚也有不少的品種。柚的品種如福建的文旦柚，廣西的沙田柚，江西的齊婆柚，品質皆極好。而福建漳泉一帶的柚，果特別大，味亦甚

佳，為他處所不及。但在南昌一帶的柚則品質惡劣。枸柑的變種佛手柑，在廣東有極大而優良的品種。宜昌檸檬則雖有栽培而少有改進。在栽培柑桔的各省尚有好多品種不甚聞名，如湖南辰溪所產的臍橙即與美國所種的臍橙極為相似。馮言安教授在江西調查江西的柑桔品種，也發現有臍橙，此外尚發現很多的品種一向為人所不知。故如在能栽種柑桔的地區，大規模詳細調查搜集品種以供改良與創造新品種，必能有卓越的成績。

3. 我國的野生果品植物

除去栽培品種外，尤宜搜集野生果樹以供創造新果樹之用。米丘林在這方面做了許多工作，是值得我們學習的。他在逝世的前 3 年曾親自組織了一個到烏蘇里江——黑龍江大森林中去的共青團考察隊，帶回將近 200 種的種子、插條和活的植物。他曾把野生於東北亞的獼猴桃 Actinidia arguta Planch.（我國遼寧、河北、四川、雲南也出產）培育成幾個極好的漿果品種，把我國野生的山豆子培育成一種豐產味美的安都櫻桃。北五味子 Schisandra chinensi Baill.是我國的野生藥用植物，但有可能培育成一種漿果。其他尚有許多我國產的野生果樹，他或者直接培育成新果品，或者以供有性雜交之用。我國得天獨厚，野生的果木種類甚多，我們農學工作者正宜大規模調查搜集培育以供改良舊品種創造新品種之用。

現在讓我舉些例：首先我國薔薇科的櫻桃亞科的李屬 Prunus（包括李、杏桃、櫻桃、稠李）約計有 130 種，廣布於溫帶地區；這是豐富無比的園藝原始材料。在李亞屬 Prunophora 中，我國野李樹野生種不多，但也有幾種可以供試驗之用。野杏樹我國有遼杏 P. mandshurica，與西伯利亞杏 P. sibirica，若用以改良我國杏樹品種，可能將我國杏樹栽培向北推進。在巴旦杏亞屬 Amygdalus，有久已著名的山桃 P. davidiana，甘肅桃 P. kansuensis 與光核桃 P. mira，後二種皆生於寒冷地帶，若用以改良我國桃樹品種，可能將我國桃樹向北及高地推進。而西康扁桃 P. tangutica 除可用以改良巴旦杏外，也可以用以改良桃的品種。但我國最多的為櫻桃亞屬 Cerasus，有百餘種之多，大可用以創造適於我國的櫻桃或櫻花之用。經米丘林改造的安都山豆子即其一例；鬱李 P. japonica 又是一例。我國樹木（稠

李）亞屬 Padus 種類雖不多，但如櫟木（稠李）P. padus 也是最好的育種材料。我國櫻桃亞科有一特殊的屬，即扁核木屬 Principia，共有 3~4 種生於亞洲，我國有 3 種。其中一種遼寧扁核木 P. sinensis（米丘林稱為桃葉刺櫻桃 Prunus pleiosperma Obiv.）米丘林已經培育過。另外還有單花扁核木 P. uniflora 與扁核木 P. utilis，都可供培育品種或雜交用。再則梨亞科的蘋果屬 Malus 我國有 13 種，只有三、四種曾經育成果品，其餘的只供作花卉用。這些種大可供作培育新蘋果品種用。在我國山楂共有 14 種，只有 2 種曾經栽培為果樹。但其他的野生種也可供育成新果品用。我國在梨亞科枸子屬 Cotoneaster 種類頗多，全世界約有 50 餘種，據記錄我國便有 48 種。這是與山楂極相近的灌木，樹矮而果密，多數生於山區。若能好好培育，至少有一部分可育成優良的果樹。花楸屬 Sorbus 我國有 44 種，多數可供觀賞用。但米丘林利用歐洲一種食用花楸與蘋果嫁接。歐洲也有花楸與阿郎果 Aronia，花楸與梨，花楸與唐棣 Amelanchier 的雜種。故此屬大可用以創造果樹新品種。我國有兩種與相近的野生果樹產於四川與雲南，即屬於栘柟屬 Docynia 的紅葉栘柟 D. rufifolia 與西南栘柟 D. delavayi。這兩種樹與梨與蘋果很相近，為半常綠或常綠喬木，這在暖溫帶可以用來改良梨與蘋果品種，或培育成新果樹。我國枇杷品種不多，大有改良餘地，而野生的枇杷，從未用作砧木或雜交之用。我以為四川產的野生大花枇杷 Eriobotrya grandiflora 可用以與枇杷雜交，或培育成新果樹。然我國最有育成新果品希望的為薔薇亞科的懸鉤子屬 Rubus，此屬我國有 150 種以上。此屬常以無融合生殖發生變異，故變異性極大。米丘林曾培育過少數中國種。我以為至少以下數種如三色結 R. tricolor，黃藨子 R. ichangensis，攀枝結 R. flagelliflorus，川結 R. setchuenensis，山拋子 R. corchorifolius，懸鉤子 R. palmatus，美結 R. spectabilis，秀麗結 R. amabilis，二花結 R. biflorus，直莖結 R. stans，薅田藨 R. parvifolius，白葉結 S. inominatus，覆盆子 R. idaeus，腺毛結 R. adenophora，黃果結 R. xanthocarpum，空心藨 R. rosaefolius，種田藨 R. coreanus，毛柱懸鉤子 R. lasistylus 是極有希望培育成優良漿果的。若再詳加研究，還能發現其他有用的種。草莓屬 Fragaria 我國只有麝香草莓 F.

moschata 一個野生種，生於山區，分布頗廣。其果香味都好，可以用來改良草結品種。蛇結 Duchesnea indica 為與草結相似的一種植物，米丘林曾經培育。此植物的果淡而無味。若蛇結均能培育，則與之相近的委陵菜屬 Potentilla 亦可用來與草結雜交以改良其品種。此屬中國有 74 種，分布甚廣，其中當有可以利用的種。尤以木本的金露梅 P. fruticosa，分布既廣，變種又多，若把它與草結雜交，育成木本的草莓，如同米丘林所育成的樹結草結，豈不又是新果品？薔薇一屬我國有 51 種。這也是變異極大的一屬。此屬植物雖主要栽培為花卉，但有些種如翅刺峨眉薔薇 R. omeiensis var. pteracantha 的果可食。中醫常以金櫻子 P. laevigata 的果熬糖供藥用，當然也可食；在貴州便把金櫻子當做果品。還有若干種果頗大，如培育作果品，必能成功。米丘林也曾以玫瑰花 R. rugosa 的花粉與果樹花粉混合授粉而獲得結果，故在這一方面也有重要工作可做。

果樹除薔薇科占最重要地位外，其次應推芸香科。柑桔的栽培品種上面已經論及。柑桔屬的宜昌檸檬為此屬中最耐寒的種。故用以與其他柑桔雜交可能增進柑桔的耐寒性而使柑桔的栽培向北推進。金豆 Fortunella hindsii 為金柑屬一種野生植物，亦宜用與柑桔品種雜交。枳與橙的屬間雜交成為柑桔 Citrange，甚為耐寒，果可製桔汁。廣東化州所產的桔紅即屬此類雜種，皮為著名治咳化痰藥。桔 C. reticulata var. deliciosa 與金柑 Fortunella sp. 的雜交種名為金桔。桔與圓柚 C. paradisi 或柑與柚的雜種曾經有數百種被培養成功，有許多為優良品種。這在我國是應該大量實驗的。但黃皮與柑桔或柚或金柑的雜交則從未試過。我認為此種屬間雜交是大有希望的。此外我國產的柑桔亞科有許多屬如小蘋果屬 Micromelum，山柑子屬 Glycosmis，十里香屬 Murraya，三葉藤桔屬 Luvunga，單葉藤桔屬 Paramignya，柑果子屬 Hesperethusa，蠔殼刺屬 Severinia，綠黃柑屬 Atalantia，皆從未經試驗可否供與柑桔雜交或嫁接用。其中必有可貴的材料。

此外我要提出獼猴桃科的獼猴桃屬 Actinidia，此屬約有 25 種，在亞洲自庫頁島分布至爪哇，我國全部都有。米丘林曾將東北亞所產的獼猴桃培育成優良的漿果。但此種不及自秦嶺分布到廣東的楊

桃 A. chinensis。此種果長至 5 釐米，香味皆好，久供食用。四川青城山的道士用它釀造一種青城酒，氣味芳醇，極為有名。近年新西蘭培育成上等果品，在冬季販賣至倫敦，大為英國市民所讚美。陳封懷先生在浙江搜集到農民栽培的品種，果比野生的大一倍，現在正在積極栽培，將來有極大的希望。若用米丘林遠緣雜交法與東北的獼猴桃雜交，必能育成甚多優良品種。費采德獼猴桃 A. fairchildii Rehd.便是這樣雜交育成的雜種。我在 1919 年在浙江溫州、處州一帶採集植物，發現當地農民將京梨 A. callosa 曬為果乾，這當然是一種有希望的果品。此外文獻中記載有可食的紫果獼猴桃 A. purpurea，芮德（A. Rehder）在原始描寫中稱之為 saporagrato，其味美可知。又如木天蓼 A. polygama，深山木天蓼 A. kolomikta，四數木天蓼 A. tetramera，毛楊桃 A. lanata 果皆可食，而最後一種果特大。此科有這多種產可食的果，若加以雜交與培育，必能育成一系列的新果品。與此科最鄰近的一科是撒羅夷科，撒羅夷屬 Saurauia 共有 60 種，我國有 7 種。其中尼泊爾撒羅夷 S. napaulensis 之果可食，尼泊爾人經常食之。此種產於雲南與貴州，在該區可以試加培育，可能成為優良新果品。另一相近的科為第倫桃科，第倫桃屬 Dillenia 約有 50 種，分布於亞洲熱帶，我國有 2 種，其中印度第倫桃 D. indica 產於雲南，其肉質萼片在果時可食。這也是一種特殊的果樹，可在雲南西雙版納區試行改良培育。

我再要提桃金娘科的桃金娘 Rhodomyrtus tomentosa。這是一種小灌木，在江西贛州與廣東廣西分布甚廣。果大如小李或大櫻桃，味美可食，廣州市上有賣，又可釀酒與製果醬。在抗戰的時期，有人在桂林把它製酒，我曾喝過，其色香味皆與葡萄酒相似。其花又極美麗。此植物叢生山坡的酸性土壤上，成一大片，在利用酸性土壤與果樹上山的號召下，此種野生果品若在積極選種與定向培育之下，必能在華南育成一種豐產的重要果品與花卉，而且建立一種新的釀酒事業。海南還產一種帽形閉萼木 Cleistocalyx operculatus，也是多汁可食的漿果。此外蒲桃屬 Syzygium 我國有 46 個野生種，栽培種只有兩種，品質也不算好。閉萼木屬共有 21 種，米碎葉屬 Decaspermum 我國共有 5 種，其中皆可能有些種可供改良與培育之用。

我國葡萄科至少有三、四種有培育的價值。一為蘡薁 Vitis thunbergii，自周朝起即為經常採食的一種野果。一為葛藟 V. flexuosus，也是一種自古即採食的野果。一為東北葡萄 V. amurensis，在東北即採其果釀酒。此種若與葡萄雜交而加以改良，可使葡萄的栽培往北推進至黑龍江。一為刺葡萄 V. davidii 產於浙江、江西、湖北、雲南。其果特大，直徑 1.5 釐米，味亦不惡。我認為是野生葡萄中最有希望培育的一種。我國長江流域以及華南各省種葡萄成績皆不好，若能以刺葡萄與葡萄雜交而加以培育，可能使葡萄的栽培向南推進。我國野生的葡萄共 30 種，除上述的 4 種外，其他的種也許有若干可供雜交用。

茶藨子科只有茶藨子 Ribes 一屬約 150 種，我國有 35 種。此屬在歐洲有數種產生漿果，甚為重要。但在我國則無栽培品種。然我國頗有特別的種如長序茶藨子 R. longiracemosum Fr. 有下垂總狀花序長 30～45 釐米。若能改良為果品，必能成為豐產品。至於黑茶藨子 P. nigrum 則早經栽培，我國亦宜用野生種為培育試驗之用。其他各種除供觀賞外，或也有若干種可改良為果品。

漆樹科在我國有一種特殊的栽培植物，即人面子 Dracontomelon dao Merr. et Rolfe。這是一種常綠喬木，在廣州近郊栽培。果熟時加以豆豉豆醬油鹽蒸熟，味甘美可當菜蔬吃。這是與歐洲的洋橄欖相類似的果品。但果直徑僅有 1.5 釐米，大有改良的餘地。此科另有一種野果，是為嶺南酸棗 Allospondiaslakonensis Stapf，果甜美可食。這是值得改良培育的。楷木屬的楷木 Pistacia chinensis 可以作為阿月渾子 P. vera 的砧木，想也可與之雜交，這對於在我國培育堅果是有用的。

胡頹子科的胡頹子屬 Elaeagnus 我國有 28 種，東北至遼寧，西北至新疆，南至廣東、福建，西至四川、雲南皆有分布；其果皆可食。其中窄葉胡頹子 E. angustifolia L. 素有俄國洋橄欖之稱，在我國遼寧與甘肅皆有分布。牛奶子 E. umbellata，胡頹子 E. pungens，木半夏 E. multiflora 皆為習見種。其果可生食，亦可作果醬。至少此數種可以培育成優良果品。沙棘 Hippophae rhamnoides L. 自歐洲分布

到中國西部與北部，在歐洲久經栽培。米丘林也曾培育過它。在我國自亦有培育成果品之可能。

藤黃科的藤黃屬 Garcinia 以莽吉柿 G. mangostana（又名山竹仔）為最著名。此種難於栽培的果樹近年來有人在臺灣栽培成功，我相信在海南一定可以栽培。我國此屬的植物有 3 種可以培育成上等果品，一種是雲南莽吉柿 G. cowaRoxb，其果大如小橙，味極甜美。一種是黃牙果 G. oblongifolia，野生於香港、海南，在海南也栽培為果樹。一種是多花莽吉柿 G. multiflora，野生於廣東、福建、江西，為此屬分布最北的一種。此種若能改良，則又可為暖溫帶添一種新果品。

桑科除桑葚、無花果、菠蘿蜜以外，我國有數種野生植物產生可食之果。一為柘樹 Cudrania tricuspidata，除葉可養蠶外，果亦可食，如加以改良，可成優良果品。一為奠芝 C. cochinchinensis，果亦可食。菠蘿蜜屬的桂木 Artocarpus lingnanensis Merr.為華南一種喬木，果可吃。廣州近郊常有栽培。此種如能改良亦可育成一種優良果品。無花果屬 Ficus 我國有一種極特殊的產果的植物，是為地瓜 F. tikoua Bur.為產於陝西、湖北、湖南、四川、雲南的一種灌木，其果生於土中，可食。天仙果 F. erecta Thunb.的果亦可食。此屬在我國有80餘種，其中可能有可以培育成果品的種。楮 Broussonetia papyrifera 本為我國重要造紙原料，但其果亦可食。惟必須加以改良培育，才能成一種真正的優良果品。

楊梅科在我國除了著名的楊梅 Myricarubra 外，還有兩個野生種。一為廣東的青梅 M. adenophora，一為雲南的滇楊梅 M. esculenta。兩種的果皆可食。應該用來與楊梅雜交以培育新品種。

越桔科的越桔屬 Vaccinium 有 180 餘種，在北半球自北極圈分布到熱帶，我國約有 20 種。此屬在外國甚為重要，米丘林即曾加以培育，我國也有些種的果可食。我國最常見的為南燭 V. bracteatum，又名烏飯樹，產於長江流域至廣東。果小，味甜酸可食。我國道家自古用其葉以煮飯名為青精飯，認為補益。此植物為酸性土壤指示植物，若加以改良，可在華南栽培。越桔 V. vitis-idaea 產於歐亞與東北亞，我國東北亦產之。此種久經栽培，果可食及作果醬。此種若

加以培育改良，可成為我國極北地區一種果品，此外其他種或亦可以改良利用。

除了以上這些出產果樹的各科外，我國還有幾科屬特有的野果。其中最特異的為北五味子科。米丘林曾經培育我國北方的北五味子。但此屬在我國共有 9 種，應該都可以培育成果品。而南五味子屬 Kadsura 在我國有 8 種。其果遠較北五味子的為大，應該更易於培育成果品。

木通科主要為東亞的特有科（此外只有智利有一屬）。其中各屬皆產可食的漿果。木通屬 Akebia 有兩種一為木通 A. quinata，果長 6～8 釐米；一為三葉木通 A. trifolia，果更大，味尤美。野人瓜屬 Stauntonia 我國有 8 種，有記錄的為野人瓜 S. hexaphylla 的果長 5 釐米，可食。他種當亦有改良培育的可能。牛姆瓜 Holboellia 有 6 種，產於我國與喜馬拉雅區。其中如八月桃 H. coriacea 果長至 6 釐米，大花牛姆瓜 H. grandiflora 果長至 12 釐米，五月瓜藤 H. fargesii 果長至 9 釐米，皆可食。串果藤屬 Sinofranchetia chinensis 的果雖小，如經改良，想亦可食。貓兒子屬 Decaisnea 共兩種。我國有一種，即貓兒子 D. fargesii Fr.，為一直立灌木。果長 5～10 釐米，此種植物近年只產杜仲膠（硬橡膠），其果味雖平凡，但鄉民食之，當可改良為果樹。

我國山茱萸科有四照花屬 Dendrobenthamia 共 10 種，我國有 9 種。四照花 D. japonicavar. chinensis Fang（Cornuskousa var. chinensis Osborn）的複合果可食，有楊梅之稱。他種的複合果若加以改良，想亦可成新果品。

單子葉產果的植物首推薦芭蕉科的香蕉，此種果品品種繁多。我國特產的牙蕉 M. nana 果味尤佳，但不耐寒，只能在亞熱帶栽培，向北至多在四川南部雲南東部，西康會理等乾燥炎熱的地方栽種。但有些如芭蕉 M. basjoo 在南京可以開花，在江西中部向南尚有一種未定名的芭蕉經常開花。雲南昆明亦有數種芭蕉，向南種類更多。此等芭蕉若加以改良不難育成無種子可食的品種。

我國的堅果首推胡桃科的胡桃，品種既多，品質又好。當南方的野核桃 Juglans cathayensis 有改良的餘地。核桃楸 J. mandshurica

變易甚大，似乎主要還是一種重要森林樹種。山核桃屬 Carya 我國有兩種，產於浙江和安徽的山核桃 C. cathayensis 果雖味美，但還有改良的需要。我以為若與美國的皮甘 C. illinoensis Koch. 雜交而培育，必能育成果大殼薄而品質優良的新品種。產於雲南的安南山核桃 C. tonkinensis 果肉太少，但亦可供遠緣雜交用。

我國山毛櫸科種類至為豐富，產堅果的首推栗 C. bungeana。此種分布最廣，自古栽培。品種以河北的良鄉栗為最佳。但各處皆有地方品種。如江西臨川的大栗則果特別大。在品種方面宜盡力搜集各地的品種以供改良之用。產於長江流域的珍珠栗 C. henryi，每總苞中只有一個堅果，味特甜美，但頗小。若與栗雜交，必可育成更好的品種。至於灌木狀的茅栗 C. sequinii，果味甚佳，惜太小；其變易性極大，以至被鑑定為幾個種；大有培育改良的餘地。若與上兩種雜交，必能育成優良的品種。至於錐栗屬 Castanopsis 我國有 60 餘種，其中如印度錐栗 C. indica，美秀錐栗 C. jucunda，栲樹 C. hystrix，異葉錐栗 C. diversifolia，蒲蘭錐栗 C. poilanei，刺苞錐栗 C. ferox，直刺錐栗 C. orthacantha，德氏錐栗 C. delavayi，王氏錐栗 C. wangiiHu，拉蒙錐栗 C. lamontii 皆產可食之果。又如櫧櫟屬 Pasania 我國產 100 種。石柯屬 Lithocarpus 我國產 12 種。櫧屬 Cyclobalanopsis 我國產 38 種。櫟屬 Quercus 我國產數十種。其中皆有產可食之果的種。此類森林樹木皆為從未開發的堅果原始泉源。在雲南南部櫧櫟森林常綿延數百里，在其中旅行的旅客與騾隊，常數日不帶糧食，以此等森林所產的皂斗為食糧。這是天賦予我國學習米丘林的園藝家何等的寶藏！

榛科的榛屬 Corylus 在我共有 9 種，除習見的榛 C. heterophylla 與遼榛 C. sieboldiana var. mandshurica 的果經常採供食用外，其餘各種如藏刺榛 C. tiletica，滇刺榛 C. ferox，甲氏榛 C. jacquemontii，川榛 C. potaninii(C. heterophylla var. sutchuoanensis)，華榛 C. chinensis，華紀榛 C. fargesii，黔榛 C. kweichowensis，滇榛 C. yunnanensis 果皆可食。皆有培育改良之可能。

雲南有一種異常奇特的堅果，是為葫蘆科的油渣果 Hodgsoniaheteroclita，它結的瓜大約如打子西瓜。其中含有 12 個長

二寸餘有木質厚殼的種子。每兩個種子連合而生，其仁肥大，如以油炙之，味如豬油渣。此種常綠大藤本，產於印度、越南與雲南南部。傣族人視為珍品。這當然是一種可以培育改良的堅果。

我國裸子植物中產堅果的首推銀杏，有若干品種。而榧 Torreyagrandis 在浙江、安徽栽培，有若干品種；尚有改良之可能。至於海松 Pinuskoraiensis 與華山松 P. armandi 之產松子，只能認為林產副業，非銀杏與榧專為其果而栽培者可比。但我國有一種極為特殊的裸子植物而產堅果者，則為買麻藤科的買麻藤 Gnetummontana Mgf.（G. scandens）。此種藤本植物的種子堅果狀，長 12～26 毫米。在雲南大量採為堅果出賣，在海南亦供食用。此種若加培育改良，則真為一種奇特的堅果。

4. 我國野生的食根植物

關於穀類有培育希望的野生種未經調查，暫難多舉。但我國特有的最有希望的種為菰 Zizania caduciflora Hand. Mazz.（Z. latifolia Turcz.），在我國自河北分布到廣東。此為與稻極鄰近的高大水生多年生草本。通常以其嫩莖當蔬菜，食名為茭兒菜；而其莖為菰黑穗病所侵則脹大而嫩，可當蔬菜，名為茭筍。在長江以南各省農民栽種菰於稻田中，利用其受病的莖取為茭筍出賣，此實為我國一種特別菜蔬。但從未培育菰作為糧食，其事甚難理解。實則其穎果長 1～3 釐米，名為雕蓬、雕胡、茭米，古代以為五飯之一。陶弘景說：「可作餅食。」李時珍說：「其米甚白而滑膩，作飯香脆。」《周禮》列於六穀九穀之數。在北美洲印第安人大量採集另一種菰 Z. aquatica 之米為糧食。此米品質既如此優良，則何以未被栽培為正式糧食？我以為有兩種原因：一因落粒太易，一因易得黑穗病而收穫減少。落粒太易為野生禾本科植物的本性，在廣州發現的野稻亦如此，可用選種方法改良。至於黑穗病，亦可設法避免。菰一方面可培育成一種優美豐產的新糧食，一方面可與稻雜交培育成為豐富大粒的多年生稻，如能成功則在農業史上將增添一光燦之頁。蘇聯的齊津院士用鵝冠草與小麥雜交創造成多年生的鵝冠小麥亦不能專美於前，豈不是提高糧食產量的一種重大希望嗎？

中國久經栽培的一種糧食為薏苡，但產量不高。其半野生種名

為川谷，不可食。此種植物與玉蜀黍親緣最近，若以之與玉蜀黍雜交，或能育成新品種。如能育成一種豐產的薏苡，使之成為一種可以廣為栽培的品種，豈不是一種好事？

我國可作為糧食的另一種野草為茵草 Beckmannia eruciformis Host，在東北稱為水稗子。《爾雅》中名此種野糧食為皇，又名守田、守氣。陳藏器《本草拾遺》說：「苗似小麥而小，四月熟，可作飯。」這是值得改良培育的一種禾本草。它與龍爪稗 Eleusinecoracana 親緣相近，應該可與該種糧食雜交。《本草拾遺》所載另一種可以為糧食的禾本科野草為狼尾草 Pennisetum compressam，名亦見於《爾雅》，為童梁、狼茅；李時珍說：「荒年亦可採食。」此草與御穀 P. glaucocum（又名珍珠粟，蠟燭稗）同屬，可用以與之雜交。我國有一種特殊的野生糧食植物，是為藜科的束辮 Agriophyllumarenarium Bieb.（又名沙蓬米、登相、登粟）。司馬相如的賦中便將它與雕胡並稱，可見在漢代即為習見的野糧。《魏書》說：「烏丸地宜東辮，似邵，可作白酒。」清康熙所著《几暇格物編》說：「沙蓬米凡沙地皆有之……米似胡麻而小，性暖益脾胃，易於消化，好吐者食之多有益，作為粥滑膩可食，或為米可充餅餌茶湯之需。」可見是一種甚好的糧食。山東、山西、內蒙古、寧夏皆產之。若加以改良培育，成為一種豐產的糧食，則在內蒙古、甘肅、新疆接近沙漠地帶可成為一種糧食。可與開發黃河的偉大計劃相配合。

我國可供作糧食的野生有塊根的植物亦非少數。如蕨 Pteridium aquilinum，葛 Pueraria pseudo hirsuta Tanget Wang，甘葛 P. thomsonii，食用葛藤 P. edulis，土闊兒 Apiosfortunei，其塊莖或塊根固常用為食糧或以製澱粉，但未被經常利用者亦不少。我國最奇特的塊莖植物要數俞德濬教授在雲南西北角俅江區域所發現的食用觀音座蓮 Angiopteris esculenta Ching。此為高大多年生蕨類，有粗壯肉質根莖，可供食用及製澱粉。此植物如能培育改良成為豐產品種，則在雲南橫斷山脈的河谷中，可成為一種糧食植物。又如薯蕷科除已經栽培的山藥 D. batatas、薯蕷 D. japonica、大薯 D. alata、黃獨 D. bulbifera 在我國或多或少栽培外，至野生可食的種如華紀薯蕷 D. fargesii 與黃薑 D. zingiberensis 則從未栽培。薯蕷屬我國有 46 種，其他的野生

種必有一部分有可食的塊根，可供培育改良成為食糧作物。又如天南星科的蒟蒻屬 Amorphophallus 我國約有 20 餘種。除 A. rivieri（又名麻芋）曾經栽培為食用兼工藝植物（可製雨衣、氣枕、氣墊）外，其餘野生種尚多。可能一部分的塊根有微毒，但若加以改良，不難育成可供食用的品種。又如香蒲科的香蒲 Typhalatifolia，其嫩莖葉可為蔬菜，花粉供藥用，果與其茸毛，名為蒲絨，可以絮枕，其嫩根莖據李時珍《本草綱目》說：「渝過作鮓，一宿可食，亦可煤食蒸食及曬乾磨粉作飲食。」在外國用以為牛的飼料，產量極高。此種豐產植物未經利用，殊為可惜。此種在北方各省廣為分布。他種如蕭薏 T. angustifolia，其用亦同。此皆宜作為糧食的植物。又如百合科的百合屬 Lilium 我國有 35 種，大多數為美麗觀賞植物。惟百合 L. brownii 久經栽培為糧食植物，其餘的野生種如千葉百合 L. myriophyllum，佘堅百合 L. sargentiae，王百合 L. regale，白花百合 L. leucanthum，魏氏百合 L. willmottiae，亨利百合 L. henryi，雲南大花百合 L. giganteum var. yunnanense 皆可培育成糧食植物，宜加以培育與利用。

5. 我國的蔬菜植物

我國植物可以供作菜蔬用的，為數甚多，《救荒本草》與《野菜博錄》兩書所列舉的植物，其中必有一部分可以培育成正規菜蔬。我國栽培菜蔬的歷史與歐西各國多少有所不同。我姑舉兩個顯明的例子：如薺菜在歐洲從未培育為菜蔬，在北京則有栽培品種；而馬齒莧在歐洲有栽培品種，在我國則僅視為野菜。實則在野生有鋪張莖的馬齒莧植株中間常見有直莖的植株；我認為要將馬齒莧培育為栽培品種的蔬菜實極輕而易舉。又如蒲公英 Taraxacum officinale 在歐洲種為蔬菜，在我國並不採為野菜。又如牛蒡 Artiumlappa 在日本久經栽培，為一種重要蔬菜，在我國則少見栽培。而水芹 Oenanthe javanica 則只我國培育為蔬菜。諸如此例，還可多舉。但我國有些野菜，大可培育成為栽培品種。這裡我首先要提蕨科的水蕨 Ceratopteris siliquosa Copel.，這是一種水生一年生蕨類植物，生於長江以南至廣東海南。此種植物古名荳。《呂氏春秋》說：「菜之美者，有雲夢之荳。」可見在周秦的時代認為美味的菜，但近來很少見食。

我國水生的蔬菜，最常見的為蔬菜。蔬菜可以種在菜圃裏，也可種於池塘中而浮於水面。我認為水蕨是一種應該培養改良的蔬菜。在十字花科中我認為有兩種野菜應該從速改良培育。一為菲蔥菜 Orychophragmus violaceus，北京名為二月蘭，南京名為諸葛菜。這是一種極為常見的野菜，味道極佳，要改良也極容易。一為雲南有名的高河菜 Megacarpaea delavayi Franchet，此植物高至三尺，既為美味的蔬菜，亦為美麗的花卉。同科中其他的野菜如薺 Thlaspi arvense，菜 Cardamine flexuosa，銀條菜 Nasturtium globosum，葶藶 N. indicum，皆可改良為蔬菜。豆科的野菜，首推霍州油菜 Thermopsis fabacea。《植物名實圖考》說：「旅館案酒，滿齒清腴。」可見是一種美味的野菜。《本草綱目》載有大巢菜 Viciasativa，古名薇，又名野豌豆。李時珍說：「莖葉氣味，皆似豌豆，其藿作蔬入羹皆宜。」此種本為重要牧草，但亦為菜蔬，應該改良為佳蔬。此外豆科可以改良的野菜尚多，此處不再提及。這裡還要提及一種尚未利用為菜蔬的觀賞栽培植物，便是北京常見的酸漿 Physalis alkekengi（北京稱為豆姑娘）。其漿果直徑約 2 釐米，外包以血紅色膨脹的囊狀花萼。北京通常種植以其果供小孩們玩弄，但果可作蔬菜，與番茄相似。美洲有 3 種，則全栽培供食用。我以為酸漿是可培育為蔬菜的。若與茄或番茄雜交，必能育成大果可作蔬菜的品種。又如枸杞 Lycium chinense 在我國是一種野生的重要藥品，嫩莖葉供作蔬菜用。其漿果一向認為補藥（可能含有大量維生素），但在寧夏雖經大量栽培，卻未培育成果品或菜蔬。若以之與番茄或茄雜交，可能育成大果的枸杞，或多年生灌木狀的番茄，而且增加它們的營養價值。此外茄屬 Solanum 在我國約有 23 種，其中或亦有若干種可供與茄或番茄雜交之用。我還要舉一項奇特的菜蔬，本來是美麗的花卉，這便是產於雲南、四川的美百合屬 Nomocharis。此屬共有 14 種，我國有 12 種，都是十分美麗的花卉。知名最早的是美百合 N. pardanthina 與梅氏美百合 N. mairei。但前一種的鱗莖，在雲南騰沖鄉民是挖取當洋蔥吃的。這當然可以培育成蔬菜，同百合一樣。此外《本草綱目》所載的特殊野菜有薔薇科的翻白草 Potentilla discolor，明朝的周憲王說：「翻白草……根如指大，長三寸許，皮赤肉白，兩頭尖梢，生食煮

熟皆宜。」西康的人參果 P. anserina 的塊根也可食。再舉此二例，可見我國可以利用的野菜，真是千花百樣；只要搜尋培育，不知可以增加若干種的新奇蔬菜。

6. 我國的產油植物

我國利用的油料植物亦比他國為多。乳牛業不發達與不知用乳油是古代漢族農業的特徵。大約在古代漢族所用的食油都是動物的脂膏。油字的本義不訓作植物油而為形容辭或副辭，近代的著名小學家黃侃教授曾說遍考群書不能發現漢民族自何時利用植物油，以及油字自何時得食油的意義。芸苔或大豆用為油料作物不知始自何時。而漆的利用則在三代即已開始。胡麻是張騫自大宛傳入我國的。亞麻也是從外國傳來，故至今栽培不廣。至於以油茶 Camellia oleosa 的種子榨油，當是後代的事，因為油茶根本是長江以南的植物，聚居黃河流域的古代漢族自無從知道。但山茶科的植物產可作植物油的尚不止油茶一種。雲南最美麗的滇山茶 C. reticulata 的野生種在雲南用以榨油。近年在廣東發現的曾經栽培的廣寧茶 C. semiserrata Chi 是近年才為科學所知的。最近林剛先生在浙江南部發現一種紅花油茶，果大如桔，花也甚大，浙江南部農民栽培作油料植物，是一新種，我名之為 Camellia chekiang oleosa Hu。在雲南也發現兩種大果的油茶新種，一為滇南山茶 C. austro-yunnanensis IIu，一為嵩明山茶 C. sumingensis Hu，都可用以榨油。還有幾種油茶種子可以榨油，但都未經栽培。

我在此處提出一種極其奇特的油料植物，這便是羅漢松科的大果竹柏 Podocarpus nagi。這種裸子植物產生於浙江、江西、福建，種子球形，直徑約 12 毫米。此種植物的含油量甚高，每百斤種子可榨取上等淨油 30 斤。此樹的種子在江西龍南縣經常為人榨油以供食用，品質極佳。其產油量與油茶相同，故可在華南大規模栽培以作一種重要油料植物。羅漢松屬的其他種，想亦可同樣利用。又榧屬在日本用其種子榨油。中國的榧樹 Torreya grandis 則在浙江、安徽栽培為堅果。但產於湖北、四川、甘肅的毬果榧 T. fargesii 與產於浙江的浙榧 T. jackii，因種子的胚乳呈深嚼爛狀，即種子的內種皮深侵入胚乳中，使其胚乳不宜供食用，則正好用以榨油，如同日本之利

用日榧 T. nucifera，但直到現在這兩種樹的種子似乎還未被如此利用。又如同科的穗花杉 Amentotaxus argotaenia 的種子，想亦可同樣利用以榨油。

我國還有一屬可以榨油的植物。是為山礬科的山礬屬 Symplocos，此屬在我國有 50 餘種，在長江以南分布甚廣。此屬植物在江西龍南亦用其種子榨油。安息香科的安息香屬 Styraw 我國有 30 種，種子也可用以榨油。若詳加研究，必能發現有多種可用以榨油，而可能培育成豐產油料植物。

7. 我國的飲料與香料植物

我們最有名的飲料植物為茶，其重要性且在咖啡之上。雲南的普洱茶 The acochin chinensis 在雲南許多地區是野生的，而栽培也就是將叢生野茶的山坡上的其他植物除去而已。這是原始的栽培方法。但雲南南部野生的茶屬植物還有多種，未被利用。曾有外國試驗場來信託我為之採集越南北部某幾種野茶。據說曾經分析，其所含茶素的百分比較栽培種為高，認為有栽培價值。雲南與越南接壤，雲南所產的野生茶可能有些種亦有栽培的價值。至於一般的代替茶的植物，雖在各地多少被利用，但其重要性不大，此處可不詳論。惟有一事值得提出：即約在 20 年以前，有人試將烏桕油加以烘炒，製成可可的代用品。我想這種製造應不是難事，烏桕油若能加以實驗製成可可的代替品，則又可新添一種重要飲料了。

香料作物我國出產不少。八角茴是我國特有的一種。但我國不產胡椒。聽說蘇聯曾在溫帶地區試種湖北產的野生胡椒 Piper aurantiacum Wall，不知結果如何？又我國蕈荷科的種屬都不少，若加以研究，必能發現有些種的根莖或種子可供作香料之用。

8. 我國的工藝植物

我國已經栽培的纖維植物已非少數，但還有未被利用的野生植物，其中最有希望的為芨芨草 Achnatherum（Lasiagrastis）splendens。此草自甘肅、內蒙古分布到東北，儲量極大。其纖維可以製繩索與造紙，現已認為一種重要的造紙資源植物。但其纖維的紡織價值尚應研究，無論它僅能製繩索或能製更細的紡織品，其價值都是很大的。如能用以製麻袋，便可代替黃麻了。芭蕉屬 Musa 植物我國有幾

種尚未調查清楚。著名的麻蕉 Musatextilis（馬尼拉麻）在臺灣有一變種，是為臺灣麻蕉 M. textilisvar. tashiroi Hayata。此變種想亦能產有價值的纖維。此外雲南所產的幾種野生芭蕉也宜加以試驗，或有能產有用的纖維的種。又我國的苧麻，為世界上頂好的纖維，其葉可以養蠶。若育成可以兩用的品種，其利又不可勝言了。至於造紙的原料我國竹類甚多，在分類與分布上尚須做許多調查研究工作。此外如在內蒙古、西康、四川分布很廣的狼毒 Stellera chamaejasme 亦是久經用為造紙的原料與殺菌藥。

橡膠植物是異常重要的國防資源與工業原料。我國可以種植巴西橡膠樹的地區只有雲南南部與海南。橡膠草的種植則與食糧增產有衝突。因此尋覓野生橡膠植物以代巴西橡膠樹至少是一種必要的嘗試。在廣西與越南交界處有一種桑科的條隆膠樹 Teonongiatonkinensis Stapf，據《印度支那植物誌》的記載，產良好的橡膠。這便須及早研究試驗其產膠量如何，橡膠的質地如何，並須調查其分布情形，採集其種子試為培育。此外如藤本的鹿角藤 Chonemorpha macrophylla 與乳藤 Ecdysanthera rosea 皆產橡膠。但因尚未研究出合理的利用方法，以至利棄於地。這都是應當積極研究的問題。此外產硬橡膠（又稱杜仲膠）的植物推杜仲科的杜仲 Eucommia ulmoides；杜仲在蘇聯已經栽培利用。此樹在我國雖久經栽培，目的只在供藥用，以後應積極研究培育豐產杜仲膠的品種。另一種產硬橡膠的植物為衛矛科的疣枝衛矛 Euonymus verrucosa，在蘇聯已經利用。在陝西有此種的一個變種華疣枝衛矛 E. verrucosa var. chinensis Maxim，亦應產硬橡膠。大花衛矛 E. grandiflora 亦經試驗，知產硬橡膠。衛矛屬在我國約有 80 種，由東北分布至廣東、雲南。如詳加研究必能發現不少產多量硬橡膠的種，可供培育之用。

此處我要提出一種奇特的工業植物。西洋樂器中有一種蘆管，它有一個發音的蘆頭，過去皆自國外購買，每個值 2～5 元；每月必須更換一個。經我們研究知此項蘆頭是用荻蘆竹 Arundodonax 的稈所製成，而這種植物在湖南、貴州、四川、雲南、廣東皆出產。以後我國可以大量栽培，不但可以供本國之用，以塞大量外匯的漏卮，且可大量製造蘆頭出口，而博取外匯。

9. 我國的藥用植物

我國所產的藥用植物，不勝枚舉。近年揚名於世界的首推麻黃 Ephedrasinica，E. equisetina。最近杜仲與北五味子的功用又為蘇聯所重視。黃常山 Dichroafebrifuga 治瘧疾的效力較奎寧大一百數十倍，惜其毒性太強，至今尚未找到對治的方法，不能利用。此處我要提及毛茛科的春側金盞花 Adonisvernalis，此植物的根經蘇聯研究有強心的功效，與毛地黃相同，而無副作用。側金盞花 A. amurensis 或亦有同樣的效用。後一種植物為我國所產，極宜從速研究與大量栽培，以供代替毛地黃這樣重要的強心藥之用。此處我還要提出另外一種重要藥用植物。近幾年來印度所產夾竹桃科的蛇根草 Rauwolfia serpentina 已經證明為治高血壓的特效藥，並且可治瘋狂、羊角瘋、婦科病、失眠等症，已風行於世界。1954 年巴西國又發表研究報告，報導巴西土產一種同屬的植物，亦有同樣的功效。此屬我國亦有一種植物名為矮青木 R. verticillata，產於越南與我國雲南、廣西、廣東、海南，現中央衛生研究院正計劃積極研究此種植物。又若干年前英國科學家發現無論何種蕨類在發生孢子囊時皆含有奎寧。我國各省蕨類極多，宜作大規模研究。

10. 關於牧草植物

關於牧草植物在此處我不擬列舉。最近出版關於牧草的小冊與論文示知我國富有禾本科與豆科的野生牧草植物，盡足供我國各地草田輪作之用。現在我國對於土產牧草才在調查及小規模試驗階段。西北與康藏廣大地區的牧草尚未調查。以後在全國普查以及大規模栽培之後，才能談到牧草育種問題，其前途是無限光明的。

11. 關於森林植物

關於森林樹木方面此處我只提出以雜交方法培育森林樹木新品種的問題。蘇聯 Л. A.巴拉諾夫在《為蘇聯農業服務的多倍體植物》論文中提及瑞典森林選種研究所以人為的方法在山楊、白楊、樺木、雲杉、落葉松和其他樹種方面育成多倍體類型的工作。這主要是用雜交方法引致的。其他歐美國家亦有類似的工作與同樣的森林育種場。我不是育種家，無自身工作的體驗，但我曾發表過 3 種天然雜交的雜種樹。一為齊頭松 Pinus taihangshanensis Hu et Yao，是油松 P.

tabulaeformis 與白皮松 P. bungeana 的天然雜交種。其形態介於二種之間，但樹幹自基部分為 8 至 10 幹，是一種有園藝價值的新樹種。一為椴楊 Populus hopeiensis Hu et Chow，是毛白楊 P. tomentosa 與山楊 P. trenuda var. davidiana 雜交種。此種自河北往山西、陝西分布到甘肅，成為一種主要的楊樹。一為麻核桃 Juglanshopeiensis Hu，為胡桃 J. regia 與核桃楸 J. mandshurica 的天然雜交種。其形態介於二親種之間，樹甚高大，木材較二親種的為優。舉此 3 例可見以雜交方法培育新森林樹種在我國大有前途。尤以雜交方法，培育生長迅速材質優良的楊樹最為有希望。我以為在南方則宜以雜交方法培育桉樹，必可得生長異常迅速的新類型。葉培忠教授以杉樹 Cunninghamia lanccolate 與柳杉 Cryptomeria fortunei 雜交而獲得生長迅速的幼苗。現在知道水杉 Metasequoia glyptostroboides 生長極為迅速，三年生的幼樹即能結實。若以與杉或柳杉雜交，可能育成生長異常迅速的新類型。總之以雜交方法培育森林樹種新類型實為一種偉大的培育樹木的新事業，望林業家加以深切的注意。

12. 關於觀賞植物

我國野生的觀賞植物種類之多，簡直無法可以列舉。歐美國家有一句俗語：「沒有中國花卉則不成花園。」但是因為我們自己不注意搜集栽培野生的觀賞植物，至今我國的花卉園藝遠落在外國之後。若此後急起直追，用米丘林方法大規模培育我國野生的花卉與觀賞樹木，則我國將為最美麗的花國。

四、應引種國外的新品種與野生植物以供試驗培育改良之用

我國引種外國的農作物，恐須遠溯到史前期。大麥小麥皆是起源於中央亞細亞而傳入我國的。稻起源於南越（廣州郊外發現野稻）。瓦維洛夫（Н. И. Вавилов）認為黍稷梁粟起源於我國。勃基爾（I. H. Burkill）則以為黍稷可能仍是發生於亞洲內部，高梁起源於非洲，自印度傳入我國。玉蜀黍、馬鈴薯與煙草同在哥倫布發現美洲後始逐漸傳入我國。胡麻、亞麻皆自國外傳來。在果樹中葡萄、安石榴則在漢武帝時始傳入中國。柑橘是原產，還是自南越傳入尚難確定，一般學者似乎公認中國是柑橘的第二中心。棉花傳入我國甚晚。草棉自西域傳入，樹棉則從東南亞傳入。歷史上有記載的，早稻是宋

仁宗自占城傳入。為了不斷增加我國農產品的多樣性與改良其品種，從外國輸入我國所無的農產品的品種或新種是十分需要的。這個題目若寫開來可以無盡無休，在此處我只稍舉幾項。我們現在正討論如何學習米丘林，則最好先從果樹談起。

我國熱帶的果品曾經引種了不少，如香蕉、鳳梨（菠蘿）、番石榴、番荔枝、番木瓜 Carica papaya、羊桃 Averrhoa carambola 等，都已成習見種。我國熱帶果品栽培最少而品質最差的首推檬果 Mangifera indica。它雖然是熱帶的果品，但在不丹 3000 英尺的地區亦能栽種。品種以菲律賓所產的為有名，但印度尤有最好的品種。印度總理尼赫魯贈送我國八株檬果苗木，都是最好的品種。我們應當在福建、廣東、海南與雲南南部開闢果園，從印度數百品種的檬果中挑選多種頂好的來培育。好的檬果品種常能用種子繁殖而品質不變，則尤易種植。又錫蘭檬果 M. zeylanica 能耐較涼的氣候，在錫蘭可栽種在 3000 英尺的高處。陳煥鏞教授在戰前曾在廣州引種，成績甚好，果的風味甚美，與平常的檬果不同。若檬果在中國能大加提倡，則我國又能增加兩種有名的果品。又如無花果 Ficus carica 在我國除少量栽培為觀賞植物外，從未大規模栽培成為果業。原因是無花果為西南亞洲的植物，其新鮮果不能經霜或遇雨，故在生長季節有雨的地區不宜種無花果。換言之必須要地中海式的氣候，凡溫度不低於攝氏 18 度的地區皆可種植。雲南西康交界的會理、昭通、金沙江兩岸應該是適宜於大規模種植無花果的地區。新疆的塔里木盆地想來也適宜種植此果。惟種植優美的士末拿（Smyrna）無花果品種必須有無花果蜂傳粉而須引種野無花果，技術很複雜，宜在國營農場中經營之。海棗（波斯棗、番棗）Phoenix dactylifera 雖載在稽含的《南方草木狀》書中，但在我國亦從未大量栽培。凡宜於栽種無花果之地區，大體宜於栽種海棗；而新疆南部綠洲應為種海棗的理想地區。若能將此兩種自古栽培的重要果樹在我國建立起來，必能為我國農民增加大量的財富。

美洲熱帶有兩種重要果樹宜大規模試驗引種。一為樟科的樟梨（又名油梨）Persea americana，此果味不甜而芳香多油，可為蔬菜，亦可榨油，樹高大而產果極豐。我國廣東、海南、廣西、雲南皆能

種植。一為赤鐵科的芝果（又名人心果）Achraszapota，現在廣州已試種成功。不但果味美，且可製口香糖的嚼膠。其餘美洲熱帶所產的熱帶果種品類甚多，皆可引種，此處暫不細述。只說蘇聯引種的產於美國北方的巴婆果 Asimina triloba。此為美國東部所產番荔枝科的野生果樹，在美國從未栽培，但因為它是此科分布最北的種類，而果味美，故蘇聯培育為果樹，我國當然也可引種。

鳳梨在廣東生產甚多，在雲南西雙版納傣族自治區亦有大量生產而價極賤，但品質大小皆不如外國品種。將來或引種外國品種或積極改良，果必可增大一倍。同樣，我國的番木瓜亦不大，外國優良品種之果，大如西瓜。故此果除在原產地外尚未在國內廣泛銷售，亦有引種外國品種與積極改良本國品種的必要。又如椰子品種亦極多，果有大有小。菲律賓所產椰子，果有極大的，製一噸椰乾只需 2800 個椰果；而一般椰果製一噸椰乾需要 5600～6000 個椰果。另有些品種的果特別宜於製椰酒。菲律賓另有一個品種，果的內部全部充滿柔軟而甜的組織，可供食用。此種椰果價比普通種高 3～5 倍。可見我國栽培椰子，亦有引種外國品種的必要。又如香蕉，印度、馬來亞、菲律賓與非洲有甚多變種，如能輸入栽培，也能增加我國香蕉的多樣性。

關於堅果，此處首要提出北美洲的皮甘（Pecan）Carya illinoensis，早年有人把他輸入我國試種，也成功了，但從未大規模試種。我認為若將此種堅果輸入推廣，可能創造一種新果業。可試與我國所產的山核桃雜交，可能育成新品種。又我國巴旦杏（扁桃）栽培極少，其地位為杏仁所替代。但在開發西北的號召下，巴旦杏的栽培應該提倡。我們可能從蘇聯輸入引種歐榛 Corylus avellana 的好品種與土耳其榛 C. colurna。這兩種以在新疆栽種為宜。又阿月渾子（Pistachio）Pistaciavera 在我國古書雖早已知名，但從未大規模栽培。此種堅果原產於小亞細亞、敘利亞與巴勒斯坦，適宜於地中海氣候。在新疆南部應能栽培。西康會理與雲南昭通的金沙江兩岸或亦能栽培。楷木 P. chinensis 可用作砧木。這是一種優良堅果，我們是應當注意栽培的。

關於溫帶的果品，我們應該大規模引種米丘林所育成的蘋果、

梨、杏、櫻桃、葡萄、樹莓等果品。我國正在計劃開發黑龍江的北大荒。若大規模引種此類品種，我們可使黑龍江成為我國的重要產果品的省份。而米丘林自山豆子所育成的安都櫻桃，河北省應該把它迎接回外婆家。

關於糧食，我希望能引種蘇聯育成的多年生雜種鵝觀小麥與分枝小麥等優良品種。尤希望引種蘇聯的好種馬鈴薯。我國栽種馬鈴薯實在太落後了，若能引種馬鈴薯的優良品種，我國馬鈴薯的產量必定可以提高幾倍。油料作物中我們應該引種東德育成的油與纖維兩用的亞麻。

我這裡要鄭重提出一種糧食兼飼料植物，這便是地中海區與小亞細亞區的角豆樹 Ceratonia siliqua。這是一種常綠小喬木，其莢果長 10～30 釐米，含有大量糖與蛋白質，可為人類的食品，尤為良好的飼料。英國每年輸入數千噸磨粉以作飼料。其含糖量高至 40%，蛋白質為 7～8%，147.5 千克的角豆的營養價值等於 100 千克的小麥每株出產豆莢 100～1380 千克，其果又可以製糖漿與釀酒，凡能種植柑桔的地方皆能種此樹，而以乾燥的地區為宜。故在廣西、雲南與新疆南部最適宜種此樹。此樹若經大規模種植，必能改變這些地區的畜牧業面貌。因為在乾燥地區一定面積的角豆樹出產飼料遠高過同面積的苜蓿。此樹自古即被栽培，故品種不少，其產量與對於土壤的適應性亦各不同，除黏土與濕土外，皆能生長。此樹生長緩慢而壽命長，可與桃樹相間栽培，或用其他作物為間作。總之此種重要農作物不應不從速引種培育，以成為我國主要作物之一種。

五、結束語

以上所述，表明我國的經濟植物資源異常豐富，同時氣候與土壤的複雜性亦宜於引種外國的經濟植物。近年來舉國上下皆學習米丘林，米丘林的最大成就為利用本國的植物資源，育成數百種適宜於蘇聯的氣候的新果樹。我國的氣候條件既優，植物的資源尤富。我們的農學與生物學的工作者，尤宜學習米丘林的理論與方法，利用我國的植物資源以創造新品種。以此而往必能在我國農業上作出劃時代的貢獻。

在過去，我國的農業工作者對於植物分類學的知識是相當貧乏

的,而且農業工作者與植物分類學工作者各幹各的,互不聞問,所
以利棄於地,徒然辜負了我們祖國無限寶貴的植物資源。今天是農
業科學工作者與植物分類學工作者密切合作的時候了。今後如能成
立農業植物研究所,配合育種研究機關的工作,則利用我國豐富植
物資源以創造農藝與園藝新品種的願望可以實現了,以後我國的農
業將呈現空前未有的光明,謹拭目以俟之!〔註2406〕

　　8月10日～25日,為貫徹雙百方針,陸定一提出要在遺傳學領域召開個
座談會。中國科學院和高等教育部聯合在青島召開了遺傳學座談會。參加座談
會的有中國科學院、高等教育部、農業部、教育部、林業部系統的遺傳學、育
種學、細胞學、胚胎學、生理學、生物化學、生態學和分類學等各個領域的科
學家,出席43人,列席73人。座談會按下列六個專題依次進行:一是遺傳的
物質基礎;二是遺傳變異與環境的關係;三是遺傳與個體發育;四是遺傳與系
統發育;五是遺傳學研究工作;六是遺傳學教學工作。座談中,第一和第二兩
個專題,第五和第六兩個專題,有時結合在一起討論。這次座談會,是在自然
科學中貫徹黨中央所提「百家爭鳴」方針的第一次全國性學術性討論會,安排
16天學術討論,共56人,166人次發言。在分四個專題安排的14次座談會
中,談家楨發言6次,而胡先驌發言11次,胡為發言中的冠軍。光遠回憶:
「如胡先驌對過去批判他很有意見,在自由討論時,敞開思想談政治與科學的
關係的問題,我那時算開明,耐心地向他做了解釋。」〔註2407〕「從座談會54
人集體留影中我們可以看到,一個遺傳學會議,坐在前排(共四排),15個人
正中的是植物分類學家胡先驌。」〔註2408〕這次會議在中國遺傳史上具有重要
地位,是「一次歷史性轉折」。會議結束後,正式決定在大學恢復開設摩爾根
學派理論的課程和開展對這一理論的研究。

　　在青島遺傳學座談會上,應竺可楨專門邀請前來參加會議的中國植物學
的主要開拓者胡先驌,在大會的14次專題討論會上的發言次數達到11次,成
了與會發言人的「冠軍」。

〔註2406〕 胡先驌著《我國學者應如何學習米丘林以利用我國的植物資源》,中國科學
　　　　　院秘書處編《科學通報》1956年8月號,第18～34頁。
〔註2407〕 李佩珊、孟慶哲、黃青禾、黃舜娥編《百家爭鳴——發展科學的必由之路》,
　　　　　商務出版社,1985年11月版,第18～35頁。
〔註2408〕 談家楨、趙功民主編,《中國遺傳學史》,首頁首幅巨照,上海科技教育出版
　　　　　社,2002年版。

1956 年 8 月中國科學院和高等教育部聯合召開遺傳學會議，這次會議在中國遺傳史上具有重要地位，是「一次歷史性轉折」。前排居中為胡先驌

胡先驌曾因在編寫的《植物分類學簡編》教科書中，對李森科關於物種的一些錯誤見解提出了批評，而在「米丘林誕辰一百週年紀念會」上受到了批判。

附：關於在青島召開的全國遺傳學會議的部分史料。

「為了貫徹『百家爭鳴』，黨決定，對學術問題，黨不做決議，讓科學家自己討論。」8 月 10 日，遺傳學座談會在中科院青島療養院開幕，於光遠在發言中開宗明義講道。

時任中科院生物學地學部副主任的童第周致開幕詞。他說，當前中國遺傳學界處在一個尷尬的境地：「過去摩爾根學說被批判了，不敢介紹；現在李森科學說也被批判了，更覺得無所適從。」為此，他號召大家：「本著百家爭鳴的精神，把自己的見解盡情地發表出來，不怕爭論，要爭論得愈熱烈愈好。」

起初兩天，大家還有些拘謹。隨著會議的進程，氣氛越來越寬鬆，越來越多的人加入到討論中去，開始搶著發言。有時，到了吃飯時間，會還沒有開完。

「整個會議其間，『摩派』發言較多。一些剛從美國回來的『摩派』學者，說話比較直接，不僅否定『米派』，還直指國內一些『摩派』學者的知識結構也老了。」黃青禾回憶。

但大家都還保持著學者風度。最多也就是說：「這個東西已經證明是正確的，你們再抱著一些舊觀念已經不夠了。」

作為「摩派」代表人物，中科院植物研究所研究員胡先驌在整個會議中的發言多達十一次。之前，他因在其編寫的《植物分類學簡編》一書中說，李森科派是蘇聯政治干預學術的產物。為此曾遭到點名批判。該書原本用作高校教材，也被銷毀。胡先驌的發言給黃舜娥留下了深刻印象。她回憶說：「胡先生雖然之前遭受了很大的打擊，但他並沒有在發言中流露出個人情緒，而是非常生動地、像講故事一樣精彩地表達了自己的學術觀點。」

會議討論最熱烈的問題之一，是獲得性究竟能不能遺傳。「米派」認為，後天獲得的性狀可以遺傳。而「摩派」認為，起決定作用的是基因。他們舉例說：一隻被切掉尾巴的老鼠，生出來的老鼠還是有尾巴。

摩爾根的嫡傳弟子、復旦大學教授談家楨反駁說：「我們搞生物科學的人，也希望獲得性能遺傳。比如我們現在念了書，以後生了兒子不念書也能有知識，這不是更好嗎？但是我們不能把願望作為結論。」〔註2409〕

8月14日，在青島召開全國遺傳學會議第四次座談會發言。主要討論遺傳變異與環境的關係。首先幽默開場：我是以外行的身份來說話的。我的專業是植物分類，將來討論物種形成問題時，我可以說是內行。我對遺傳學沒有很好研究過。……但是對遺傳學不是這樣，外行人也喜發表意見。有一位同志曾向我說，贊成李森科學說的多半是外行，這當然可能說得有些過分。而我這個外行人，的確對米丘林學說是相當相信的。

列舉了兩個古代嫁接例子，再講自己親歷例子。江西臨川縣的西瓜是很著名的，一隻瓜大的可到 30～40 斤，小的也有 20 斤，而且很普遍。這種瓜品種很多，其中有一種叫做「枕頭瓜」，形狀長圓，種子小形，紅色，瓜瓤是深黃色，很甜。我幼時在新建縣，曾遷到鄉下居住，家裏種了一點地，我家就在山地上種上從臨川拿來的枕頭瓜種子，但結果長出的瓜全部是圓形的小打籽瓜，雖瓜籽仍然是

〔註2409〕時間：2011 年 08 月 08 日 14 時 28 分 15 秒，來源，中國新聞網，作者錢煒。

小形紅色，但瓜瓤帶淡黃，甜味也差得多，我很驚異。第二年我又把收下的種籽種下去，結果仍然全部是打籽瓜，肉色更淡，更不甜，但種籽和枕頭瓜還是一樣。當時我不知道什麼原因，近來看看遺傳學的理論，我認為這是環境影響的好例子。所以我很相信米丘林學說，因為這個例子是我小時親眼看到的。

又有人把芥疙瘩從北方移到南方來種，結果不結塊根。還有江西會昌縣的荸薺很出名，很大，水分很多，丟在地上就碎，但把它移到別的地方種，卻和當地普通的荸薺一樣。這是否也是環境影響遺傳呢？

進一步指出：我們要問究竟環境能否影響遺傳呢。這是一個大問題，兩個學派就是爭論這個問題。蘇聯有一位古植物學家 A. Wulff 在他著的 An Introductionto Historical Plant Geography 一書中說，環境並不能真正改變遺傳的。他舉例說，兔子花（Cyclamon）這一屬原產於地中海區，是秋末冬初開花的。但在歐洲中部，夏熱冬冷，秋末冬初開花便不適合環境的要求了。由於不適應環境，生長很不好。他說。有些古代殘餘植物，不能適應環境，環境也不能改變它，要不就是死亡，要不就成為子遺的植物。它們的命運是要死亡的。

地質年代的第三紀時期，還有很多生物，但到了造山運動期，歐亞洲的高山、高原升起來了，印度洋暖流不能流入北冰洋，氣候變了，常綠樹慢慢向溫暖地帶遷移，而北極的落葉樹，如椴樹等則向南遷，一直遷到廣東、海南，這時草本植物佔了上風。據植物學家看植物的演變，將來木本植物會少，草本植物會多起來。為什麼不優勢的植物不能適應環境？當然也有能適應環境的。如益母草（Leonurus sibirica）由西伯利亞一直分布至廣東，適應性很強。植物學家按植物的分布不同來分，有的植物分布很廣，有的分布很狹窄，只有一個角落。這些情況我們不能用環境與遺傳關係來解釋，因為植物本身有它的遺傳特性。

說到這裡，環境影響遺傳問題，就要提到約翰遜所提出的兩個詞：即體型（Phenotype）和遺傳型（Genotype）。遺傳型即摩爾根所說的遺傳物質基礎。遺傳因子只能使性狀在體型上表現出來，但不就是性狀。李森科學派，連李森科自己也包括在內，最大的錯誤，

是看到環境影響體型的改變，就認為環境可以影響遺傳。

另一點，究竟環境對遺傳影響到什麼程度，歐美的學者做了很多工作，而我們則研究很少。我們也應該做，即把同一植物種放在不同的環境或把不同環境的植物放在同一環境下看它們的變異如何。

最早研究環境與遺傳關係的是法國學者 Gaston Bonnier，他在1884～1920 年，做了 36 年的工作，由低地到高地研究環境對種的改變，最初他得出的結論，認為環境可以遺傳。後來美國學者Clements 和另一些人的試驗研究，認為環境只能改變體型，不能使一個物種改變為另一個物種。如經過 20～30 年可改變，也是不穩定的，回到原來的環境又恢復原狀。故環境對遺傳的影響並不大。〔註2410〕

8 月 15 日上午，在青島召開全國遺傳學會議第五次座談會發言。探討植物中的雌雄花與生物性的改變的問題。他指出：

李先生談到雌性銀杏上長雄花是很有趣的例子。

最近在植物園中，一株楮樹，是雌雄同株但雌雄異花的，雄花花序是長形的，雌花花序是球形的。今年在北京動物圈裏發現在一株樹的雌花序上長許多雄花，而且很均勻。不是兩性花，而是雌雄花。我要他們把這棵樹好好地保護著。

談到生物性的改變的問題，生物學家做得不多，基因學說解釋決定性別的是性染色體，但事實並不常是那樣。無花果某些栽培種，一年可結幾次果子。早春生的無花果所有的都是雄花，到晚期所生的無花果就是一個花序中雌雄花都有。這與受粉時期的一種昆蟲有關，它與受粉的一種子蜂同時出現。

在植物上，許多植物一個花序中有雄花，有雌花，也有兩性花。常發現有個別植株雄花多，個別植株雌花多，個別植株兩性花多。

還知道動物中有雌雄轉變的現象，有時一隻母雞會叫，冠變成紅色。有時因為卵巢生了結核病而退化。改變了第二性徵的雌雞，有時居然可與別的雌雞交配，而且可以受精。

改變性的現象，在人也有。古書上曾有過男變女和女變男的記載。

〔註2410〕 張大為、胡德熙、胡德焜合編《胡先驌文存》下卷，中正大學校友會出版發行，1996 年 5 月版，第 453～459 頁。

性的改變是一種生理現象，在無花果卻是經常的現象，而這現象在生物學上有重要意義。

關於性的轉變現象，是生理學家值得做的工作，如果 xy 染色體是那麼固定的話；xy 染色體是否能說明這問題呢？〔註2411〕

8 月 17 日上午，在青島召開全國遺傳學會議第七次座談會發言。獲得遺傳物質的物體，才能遺傳。我以外行人的資格講幾句話。

兩位（徐豹、李璠）作的春麥變冬麥的最終材料不知道經過細胞學的分析沒有，就是說檢查過染色體的數目沒有，如自己不能作也可以請別的細胞學家幫助作一下。

硬粒小麥（T. durum）有 28 個染色體，軟粒小麥（T. vulgare）有 42 個，假若染色體的數目由 28 個變為 42 個時，那麼就是真的變了，李森科的一個種由於生活條件之改變變為另一個種的說法就對了。

但是就是染色體的數目變了也還不能說明是獲得性遺傳。Wulff 曾指出在不利的條件下有時可以產生多倍體，仍是屬於突變的現象之一。

我在美國讀書時先生說有一種植物胡椒樹（Pepper tree Schinus molle）是美洲熱帶的植物，後來移到美國加里福尼亞州的大學去。因為環境變了，它的開花期也變得很不規則。這也是環境條件引起體型之變異，而不是遺傳型之變異。春麥變冬麥可能也是這樣的變化。〔註2412〕

8 月 20 日，在青島召開全國遺傳學會議第十次座談會發言。對生物階段發育進行討論，同時指出：

階段發育是生物界極普遍的事實，這是每個人都可體會得到的。

在有些昆蟲裏，幼年和成年區別不算很大，像直翅目（Orthoptera）就是這樣。知了的幼蟲和成蟲雖然有階段的區別，但不大，但有些昆蟲像蝴蝶，由卵→幼蟲→蛹→蝴蝶，階段發育在形

〔註2411〕 張大為、胡德熙、胡德焜合編《胡先驌文存》下卷，中正大學校友會出版發行，1996 年 5 月版，第 459～460 頁。

〔註2412〕 張大為、胡德熙、胡德焜合編《胡先驌文存》下卷，中正大學校友會出版發行，1996 年 5 月版，第 460～461 頁。

態與生理上就異常顯明，是用突變式來表現的。

　　生理的階段發育現象是很多的，環境影響表現更大。我不談春化這些東西，而從另一角度來談這些現象，是育種的人不大注意的，可能大家會覺得很有趣味。

　　有些病菌，像銹病菌分春孢子、夏孢子、冬孢子。夏孢子、冬孢子在一種寄主上，春孢子在另一寄主上。分佈在不同寄主上的，形態上不同生理上也不同。這也是很好的事實。更有趣的是冬蟲夏草（Cordyceps sinensis），是一種菌寄生在昆蟲身上，昆蟲受病死了，在昆蟲嘴的地方會長出一個結實的部分，叫「草」，但寄主的蟲屍體還存在。中國的古博物家就相信這是一個物種變成另一物種，冬天是蟲，夏天是草，和李森科學說相似。冬蟲夏草有兩個階段發育，在冬蟲夏草階段是子囊（Ascus）型，而另一階段是頂端孢子（Conidiospore）型，當時沒有把它貫穿起來，給它另一屬名叫 Isaria。頂端孢子階段寄生在知了幼蟲身上，知了幼蟲冬天到土裏休眠，那時患病死了，頭部就長出子實體，形態和冬蟲夏草大不相同，是分叉的，叫蟬花。蟬花可做藥用，在民國初年時我曾親自在江西採到標本。

　　還可看到一種最特殊的現象——竹子開花。竹子平常只有很少種能夠年年開花，年年結實，一般都是經常不開花的。但有它的階段發育，有的 30 年開花，有的 60 年開花……

　　落葉植物到秋天葉子會掉的。水杉也落葉，落葉性如何形成呢？一般以為水杉落葉是冬天太冷的緣故。經過研究後結果不是這樣。在北極發現水杉化石是發現在水杉之前，當時都認為是世界爺（Sequoia），一般古植物學家都奇怪說在北極發現了常綠大喬木。自日本蘭術茂發現水杉（Metasequoia）屬後，王戰在四川也發現了現代的 Netasequoia，他以為是水松（Glyptostrobus），我和鄭萬鈞經過研究發現這就是化石的水杉，這在北極圈處都是落葉植物。所以落葉是因為在北極半年有太陽，半年沒有太陽，沒有太陽時光合作用不能進行，因而水杉形成了落葉性。還有其他的被子植物也落葉，這些植物與水杉都叫作北極第三紀植物。由於古代地球氣候變遷，它們慢慢往南移，水杉移到四川、江西，水松移到廣東，直到海南

島還有落葉植物。落葉現象在植物中也是系統發育的結果。

　　階段發育可逆不可逆呢？舉個例子。很多果樹如海棠偶而會一年開兩次花，如果是不可逆的話，這種現象怎麼解釋呢？果樹在正常發育時，氣候對其生理可引起很大改變，使一年開兩次花。這是否定階段不可逆的一個例子。〔註2413〕

8月21日上午，在青島召開全國遺傳學會議第十一次座談會發言。

　　我是沒受到摩爾根訓練的，過去我在發言中間，有人認為我是摩爾根學派，但我對他應用在植物學上有些意見。

　　在中國生物學史上，我是頭一個對魏斯曼種質學說抱有不同意見的人，種質學就在植物學上是說不通的。

　　秋海棠（Begonia）葉子可以繁殖，這是很普遍的。在主脈附近切一小塊插入沙內，就可長根，任何一種秋海棠都可以。

　　在園藝學上，杜鵑花（Rhododendron）也同樣可以。

　　魏斯曼種質學說只能用在高等動物上，而在低等動物上，如扁蟲等，都是行不通的。我認為植物與下等動物的種質分化還不夠，因此遺傳方面是值得研究體質的。

　　我補充一下李繼侗先生由體質變為生殖細胞的例子。赫胥黎說，高等植物雖無種質，但在表皮上有一層營養細胞，也帶有種質的性質。

　　奧國 Wettstem 1923年苔（moss）的實驗，苔下部是營養部分，具精子體，它的染色體是單倍的（n），精子體受精後生出蒴是孢子體，它的染色體是二倍（2n），它的實驗以幾種苔的蒴上取一個無性細胞（2n）下來，用人工培養，成為一個絲狀體（2n），再由它長出一個精子體（2n），以後的受精卵便變為（4n），再生長為蒴，也是（4n），其值得注意的是以後的精子體都是（4n）的，就認為染色體學說很重要。〔註2414〕

〔註2413〕張大為、胡德熙、胡德焜合編《胡先驌文存》下卷，中正大學校友會出版發行，1996年5月版，第461～465頁。

〔註2414〕張大為、胡德熙、胡德焜合編《胡先驌文存》下卷，中正大學校友會出版發行，1996年5月版，第465～466頁。

8月23日上午，在青島召開全國遺傳學會議第十三次座談會發言。

今天我想分成四個方面來談，即（1）種的概念，種的定義；（2）變異性；（3）物種形成；（4）系統發育與分類系統。

首先談到種的概念問題，最早的時候，人們對於種的概念是模糊的，中國人對於種屬、品種的概念也是模糊的。在歷史上，林奈是建立種的概念的第一人，但後來很快就有人發現，他所確定的種概念並不是絕對的，不唯近代的看法如此，就是在與達爾文同時代的，最有名的植物學家德堪多（A. De Candolle）很快就看出，種的下面還有東西。在林奈時代有一種傾向，就是把他所認定的種看作是固定的東西，而把種以下的亞種、變種等看得不重要。

所以說漸變與突變的概念也值得考慮。究竟是漸變呢還是突變？近代遺傳學者認突變為物種形成最重要的因素。突變有大突變與小突變之分，Goldschmidt 認為大突變為物種形成的主要形式，這就類似李森科所謂的飛躍，但隨時隨地都有小突變。但這並不是說一個小的突變就能形成新種，而只是其某一性狀有變異。達爾文認為物種形成為變異與選擇的結果，但我認為可以說是小突變與選擇的結果，這在本質上有區別，達爾文似乎認為是從量變經過選擇而成為物種，而 J. Huxley 所說的小突變根本就是質變。這種小突變供給了選擇的素材，藉此才能選擇成為物種。

變異性中有地區、生態的不同，即有所謂生態型（ecotype）的存在。同一物種，在不同的生態條件下，有特殊的性質以適應於生態條件，此在動物中稱為亞種，在植物中則不稱亞種而稱生態型。生態型中有分別得很清楚的，彼此完全間斷的，也有不完全間斷的。另有所謂生態級（ecocline），它在一個連續分布的廣大面積中，由此端到那端有差別，但中間之差別卻不能截然分開，即其不間斷為一斜面形（　），如上述 Aster 亦然，如果要把它們連成一個東西則不合適。

最近我在做山茶科木何樹屬 Schima 的研究，此屬在我國有7～8種（一共十幾種），但印度尼西亞一位植物學家認為東南亞的木何樹只有一個種，我不同意，如按其廣義而畜，那麼全世界柳樹可認為一種。

物種形成方面，但在植物中梁色體的多倍性在物種形成過程中顯得特別重要。一般說來，多倍體形成的種不如小突變所形成重要，但在高山區如帕米爾高原區或乾旱的地區則甚重要，就是說困難的地理環境（過冷，過熱，過乾旱，易發生染色體多倍性現象），對物種形式很重要，冰川時期因為生活困難而易發生多倍性的新種。故如在中國高山地區，如杜鵑花、報春花等屬變異性大，種類亦多，多由於多倍體所形成。總的說來多倍體在植物界的重要與在動物界不同。

雜交對新種形成的重要性，大家都知道。當然雜交對新種形成是很重要的。地理隔離亦同樣重要。但在植物中，地理隔離不一定就會形成新種。不少植物，歐洲有，亞洲有，美洲也有，雖經地理隔離，但有些種完全一樣。所謂不連續的分布便是這種例子。

關於植物分類系統、形態與生理有密切關係。我舉一例，即血清鑒別法 Serum diagnosis，此法為德國 Carl Mez 教授及其同僚與學生做的一系列工作。以不同植物的蛋白質注射於兔身體內，取其血清混合，看發生沉澱與否，可表現植物各科、屬的血統關係。他們用這種研究的結果，建立一種被子植物的分類系統與根據形態而建立的血統大致相同。血清鑒別法為生理的表現，證明用外部形態做植物分類，相當可靠，是有生理基礎的。但亦有差別，即內容與形式有點距離。

另外在種間互助更多，最顯著在共生現象。自達爾文《物種起源》一書發表後，生存競爭這一論點被資本主義佔用，俄國無政府主義者克魯泡特金特別為此寫了一本《互助論》。內引證許多科學事實，甚至在各種植物中都有互助。在螞蟻中競爭與互助都有，種間鬥爭有多種多樣。有一種強盜螞蟻，它把別的螞蟻蛹搜來，孵出後便當奴隸而自己坐享其成，以後它自己失去了單獨尋食的能力。〔註2415〕

8月24日上午，在青島召開全國遺傳學會議第十四次座談會發言。對遺傳學方面的教育、中學教材、研究、翻譯書籍留、學交流等方面談個人看法。

我認為這幾年中學的生物教學成績相當不好。其原因是達爾文

〔註2415〕張大為、胡德熙、胡德焜合編《胡先驌文存》下卷，中正大學校友會出版發行，1996年5月版，第466～475頁。

主義不能引起學生的興趣和信任，先生也很煩惱，束手無策。在這種情況下，說這幾年中學的生物教學成績好，我不同意。

據我知道中學生物學編寫教材的任務是交給人民出版社的，負責編寫的人有幾個是我的學生。他們編好的稿，都拿來給我校正修改，和我商討，故這方面我瞭解一些。

我認為要發動大學教授和中學教師一起來編寫課本，寫出一本能夠深入淺出的說明科學內容的教科書。高中的生物學，應該多講生物學的基本知識，並講一部分達爾文主義和創造性達爾文主義，給學生有全面的生物學知識，並從發展觀念來看問題，把辯證唯物主義觀點貫徹到教材中去，使學生能切切實實地得到知識，這樣我認為中學的生物學教學可以好些。

陳楨先生十多年前編的高中生物學，也講一點進化論，只要加以修改補充，還可以用，希望高教部能組織人力修改。

師範學院是培養中學普通生物學的師資，要教生物學就逃不脫有關遺傳學的問題，如細胞學、染色體的行為，以及基因理論等，因此教師自己也要準備。如果教師只會米丘林學說，雖然對哲學的有好處，而不懂細胞學、遺傳學就很難講授陳楨先生的教本。因此師範學院應該教米丘林學說，尤其應該教細胞學、遺傳學，介紹摩爾根遺傳學，使學生看到染色體，知道染色體並不是唯心的。這樣他們學了米丘林學說，要批判其他學說也曉得如何去批判。

在研究方面，大家談了很多，我希望趕快把遺傳研究所成立起來，各方面湊人，在北京湊五六位高級人員是不難的。同時遺傳研究所還要招收研究生，辦進修班，和過去舉辦達爾文主義講習班一樣辦進修班，學習時間可以長些，把各校（包括師範學院）的教師調來訓練一下。

在翻譯書籍方面也很重要，談家楨先生已作了準備。應該多翻譯教科書。我還希望農學院多翻譯瓦維洛夫學派的大量著作，他在一次學術會議上，就提出 2500 頁的論文，就算其中有些理論有問題，但資料是很豐富的。因此農學院要把 1948 年以前蘇聯農業科學院的大量論文翻譯過來，一定有無窮的知識可供我們參考。

我們的研究所，過去有這種現象，除本所有一種刊物外，再出

一種譯載蘇聯的論文的譯報，這樣很不好。我希望遺傳學研究所將來出版的譯叢，應該包括世界各國學者的論文，不管它們政治制度如何，只要在學術上是好的，我們都要吸取，遺傳方面還可專門出各國遺傳研究情況的情報。動物、植物等學科的文摘也不要限於一個國家，各國的都要介紹。

研究工作不僅在室內做，還應到大自然去研究。李繼侗先生在植物研究所領導植被和生態方面的研究，我認為必須把中國的植被研究搞起來，植物進化的研究也要搞起來。我們要訂計劃，不是五年計劃，而是五十年計劃，來做植物栽培工作。

培養幹部方面，應派大批人去蘇聯列格勒大學遺傳專業學習遺傳學，再在蘇聯實地考察二三年，也可以跟蘇聯學者研究（如齊津院士很願意帶我們學），學完後再回來工作。〔註2416〕

正是胡先驌、李汝祺、談家楨、吳仲賢等生物學家的大力呼籲與積極建議，在青島遺傳學座談會以後，中學生物學才開始逐步改用重新編寫的高中《生物學》課本，包括「孟德爾遺傳定律」等內容在內的生物學知識，又回到中學課堂教學中。〔註2417〕

《科學通報》雜誌

〔註2416〕 張大為、胡德熙、胡德焜合編《胡先驌文存》下卷，中正大學校友會出版發行，1996 年 5 月版，第 475～477 頁。

〔註2417〕 馮永康著《遺傳學在中國的初創與曲折變遷——1978 年之前的中國遺傳學》，上海教育出版社 2022 年 11 月版，第 123 頁。

8月，《「百家爭鳴」是明智而必要的方針》在《科學通報》（8月號，第68
～71頁）開闢「筆談百家爭鳴」欄目發表。摘錄如下：

　　　　今日政府號召在學術上要百家爭鳴，在文學藝術上要百家齊放；
　　　並且指出科學不能強分為社會主義的或資本主義、封建主義的；甚
　　　至指明即使是唯心主義亦許爭鳴。這在全國科學進軍的偉大號召下，
　　　確是一種明智而且必要的方針……

　　　　就我的專業植物學而言，亟待爭鳴的問題甚多。被子植物的起源
　　　為今日百家爭鳴的一大問題。究竟被子植物出於一元或多元？出於本
　　　勒蘇鐵目或麻黃目，或竟遠溯於種子蕨？被子植物與麻黃皆有退化的
　　　精子體，這是否定由於平行發達或有系統的關係？葉子性
　　　（Phyllospermy）與軸子性（stachyospermy）是否為被子植物的最早
　　　的分歧？是否遠導於葉子性與軸子性的裸子植物？單子葉植物與雙
　　　子葉植物是否出於一元或非一元？單子葉植物是否一元或二元抑或
　　　不止二元，此皆今日未解決的問題，且亦不易於解決。至於分類系統，
　　　在蘇聯則知名的已有四五家，在歐美亦有數家，皆彼此是非，未為定
　　　論。今蘇聯科學院有集體創立一被子植物分類系統的計劃；歐美各國
　　　亦有集體創立一被子植物分類系統的計劃。此皆有待於爭鳴的問題。

　　　　至於遺傳與演化的問題，尤為百家爭鳴的焦點。後天獲得性質
　　　能否遺傳，成為一百五十年來辯而未決的問題。基因學說既已風行
　　　一時，亦為攻擊的主要目標，究竟基因的性質如何？核酸的作用，
　　　是否與酵素、維生素相類似？細胞質中含有物是否與遺傳有關？雜
　　　交與突變在新種的發生中哪樣更重要？染色體多倍性在產生新種中
　　　其重要性如何？因環境引起染色體多倍性因而引起變異與適應是否
　　　即可認為環境影響遺傳？甚或即為獲得性遺傳的證據？外斯曼的種
　　　質學說是否完全錯誤？抑或種質學說在高等動物尚有根據？又如生
　　　物種是否為絕對的範疇，與變種或變型不能相提並論？抑或種與變
　　　種僅有相對的區別？新種發生是由於突然發生的變異，抑或由於長
　　　期自然選擇的結果？又如種內有無互助與競爭？馬爾薩斯的學說是
　　　否可以應用於生物界？又如優生學說是否應該全部否認？此皆至今
　　　未能完全解決的問題而有待於百家爭鳴的。

　　　　由於科學問題的深奧性與複雜性，由於這些問題不易獲得完美

無缺的解決，故宜任其自由討論，百家爭鳴。在爭鳴的過程中，必不免有若干最後必須拋棄的言論，但亦必有若干真理、若干論據可以爭鳴而被發現而公之於世，對於學術的進步有所裨益。故切不可有任何先入為主的成見，以為對待學術爭論的權衡，尤不可以把哲學與政治與科學混為一談，否則百家爭鳴必至受到嚴重的阻礙，而科學不能發達。〔註2418〕

傅雷給胡先驌的書信

10月26日，傅雷致胡先驌信函。

得便轉交，胡先驌先生親啟，傅託。

先驌先生道席：

昨得手書並詩作，深知天資學力，具有優長為喜，原件附郵查收可也。現今研究書畫，先從古人遺跡詳審，源流派別，參以造化自然，抒寫自己性靈。

百年來，海上名家僅守婁東虞山，揚州八怪面目，或藍田陳老蓮，惟蒲作英用筆圓勁得□，書法山水雖粗率已不多覯。此外，如陳崇光，何暖叟，趙之謙，翁松禪畫傳不詳，精品稀如星鳳。道咸名賢包慎伯，周保借，鄭子尹，雖珂瓏版俱無覓處良可浩歎。

中國學者自乾嘉以來，莫閟以高麗國王索畫，致重名周少白等，無不遊日本，朝鮮。日本大村西產氏著《中國文人畫之研究》，考據頗精確，惜未能見中國道咸之文人畫，故未能周全。內憂外患、風湧雲起，常州學派昌言革命，□□畫尤不能推崇鄒衣白，惲本初、

〔註2418〕 中國科學院秘書處編《科學通報》，1956年8月號，第67～68頁。

笪重光、朱竹坨諸人。即最近之羅頌西、振鏞署畫話及書餘。隨識論畫與其自畫,求以已不可得詢之,友人已多不知自云,與高郵宣古愚為表兄弟,其載陳不逸事為畫傳,並無陳姓名,回憶予廿餘年,初至揚州守時,有姻戚何芷□、程尚齊兩連轉官隱僑居,家富收藏出古今卷軸畫得觀覽。

因遍訪時賢所作畫,光遊觀市肆中,俱有李蓮溪習氣,聞七百餘人以畫為業,外文人學士近三千計,惟陳□木畫花齊最著名。已有狂疾不多畫,索價亦最高。次則吳讓之、包慎伯所傳宋元遺跡,自南逃後,多入石渠寶笈中,上古三代,魏晉六朝,尚內美有法而不言法,右觀者之自悟作畫,以不似之似物像者,古人畫訣有「實處易,虛處難」六字秘傳,見先生學畫,又勤修詩文,兼習之,其理相通。

匆此即頌

道綏不一

弟傅雷拜啟　十月廿六日午後。〔註2419〕

【箋注】

傅雷(1908~1966),字怒安,江蘇南匯縣下沙人,中國著名的翻譯家、作家、教育家、美術評論家,中國民主促進會的重要締造者之一。

《菊花》文章在《旅行家》雜誌(10月號)發表

〔註2419〕　胡啟鵬輯釋《胡先驌墨蹟選》(初稿),2022年2月,第371~373頁。

10月，《菊花》文章在《旅行家》雜誌（10月號）發表。摘錄如下：

　　菊花是中國最名貴的花，亦是起源於中國的花。菊花之名，最早見於《禮記》的《月令》：「季秋之月，菊有黃華。」《山海經》亦載：「女幾之山，其草多菊。」屈原《離騷經》有「朝飲木蘭之墜露兮，夕餐秋菊之落英」之句，可見菊花自古便為我國先民所認識了。

　　今日栽培的菊花，乃園藝品種。自古以來，菊花品種眾多，花的大小、顏色、形狀都不同，爭奇鬥異，極天下之奇觀。野生種自河北至廣東皆產之，到了秋季，滿山遍野，燦爛如黃金，為我國的秋光增色。

　　李時珍在《本草綱目》上寫著：「菊之品九百種。」花有黃、白、紫、紅、粉各種顏色。小花品種，花大只如「折二」錢；大花品種，則花可徑尺，其舌狀花或甚闊，或細長如筒。花的形狀，顏色之多，只要看有紀錄的品種名，如「金芍藥」、「黃鶴翎」、「鴛鴦錦」、「剪金球」、「荔枝菊」、「錦牡丹」、「波斯菊」、「金懷玉盤」、「玉芙蓉」，「蓮花菊」，「玉樓春」、「紫牡丹」、「紫褒姒」、「慶雪紅」、「醉楊妃」、「醉西施」、「八寶瑪瑙」、「二喬」、「綠牡丹」、「紫絨球」、「刺蝟菊」、「藤菊」，便可見其一斑了。

　　菊花最易變。用宿根栽培，一二年後常變得與原品種不同；若以種子栽培，則尤易發生新品種。《群芳譜》說：「時種其花色多變，或黃或白，或紅紫更變，至有變出人所不識名者，甚為奇絕。」我國幅員廣大，菊花栽培歷史悠久，各地皆有特殊珍貴的品種，並且時常發生新品種，不過還沒有以科學方法大規模搜集。

　　菊花除供觀賞外，還供食用、飲用與釀酒用。在南京，居民於春日採野生菊的嫩苗炒食，名為菊花仁，味清香可口。清《異錄》載：「廣陵法曹宋龜造縷子膾，其法用鯽魚肉、鯉魚子，以碧筒或菊苗為首。」南北各地，在秋季菊花盛開時，盛行菊花鍋。法以銅鍋盛雞湯，下以器盛酒精作燃料，至沸時，以雞片腰片等物雜以白菊花瓣投入，烹煮食之，別有清香風味。又「或用淨花拌糖霜，搗成膏餅食，亦甚清雅」。至於用菊花釀酒，自古有之，《聖惠方》載：「九月九日，取甘菊花曬乾為末，每糯米一斗蒸熟，入花末五兩，加細面曲，搗拌如常。造酒法，候熟，澄清收藏，每服一二盞，能

治頭風頭旋眩暈。」《荊楚歲時記》：「九月九日佩茱萸，食蓬餌，飲菊花酒，令人長壽。」《西京雜記》：「菊花舒時，並採莖葉，雜黍米釀之，至來年九月九日始熟，就飲焉，故謂之菊花酒。」《唐書·李适傳》載：「凡天子饗會遊豫，惟宰相及學士得從。秋登慈恩寺，獻菊花灑稱壽。」可見以菊花釀酒，自西漢至唐代皆盛行。至於以菊花為飲料，則自古至今不衰。宋鄭景龍《續宋百家詩》載孫志舉《訪王主簿同泛菊茶》詩：「妍暖春風蕩物華，初回午夢頗思茶。難尋北苑浮香雪，且就東籬擷嫩芽。」洪遵《和其弟邁月臺》詩：「戶小難禁竹葉酒，睡多須借菊苗芽。」這是以菊芽或菊苗作茶的例子。唐釋皎然《九日與陸羽飲茶》詩：「九日山僧院，東籬菊也黃。俗人多泛酒，誰解助茶香？」陸放翁《冬夜與溥庵主說用食》詩：「何時一飽與子同，更煎土茗浮甘菊」，並注：「人或有以菊花磨細入茶中啜之者」。《仙經》載：「或用甘菊曬乾，密封收藏，間取一撮，如烹茶法烹之，謂之菊湯，暑日大能消渴。」可見古代即以菊花代茶，或與茶同烹。《九域志》：「鄧州南陽群土貢白菊三十斤。」《越州圖經》：「菊山在蕭山縣西三里。多甘菊。」在今日以菊花泡茶，一般皆用杭州白菊，猶有古代之遺風。江西修水尚以黃菊花泡茶。

　　我國自古即以菊為藥品。《本草經》列為上品，故有「延年」、「更生」之別名。菊除能作藥料外，有的還認為「久服輕身耐老延年」，尤能治眼目昏花及白內障等病。杭白菊作茶飲，通常謂可明目，不過今日還未經科學研究，其藥理還不完全明白。

　　菊花的栽培在我國既有二千多年的歷史，因此我國歌詠讚美菊花的文學作品十分豐富。魏文帝《與鍾繇九日送菊書》：「……是月律中無射，言群木百草無有射地而生，惟芳菊紛然獨榮。非夫含乾坤之純和，體芬芳之淑氣，孰能如此？故屈平悲冉冉之將老，思餐秋菊之落英。輔休延年，莫斯之貴。謹奉一束，以助彭祖之術。」晉傅玄《菊花賦》亦稱：「服之者長壽，食之者通神。」詠菊詩最為人所稱誦的有陶潛的「採菊東籬下，悠然見南山」；「秋菊有佳色，裛露掇其英。泛此忘憂物，遠我遺世情」的名句。陸游詩：「菊在如端人，獨立凌冰霜。名紀先秦書，功標列仙方。紛紛零落中，見此數株黃。高情守幽貞，大節凜介剛。」歐陽修詩：「豁然高秋天地肅，

百草衰零誰暇弔？君看金蕊正芬芳，曉日浮霜相照耀。後時寧與竹爭榮，媚世不爭桃李笑。煌煌正色秀可餐，藹藹清香寒愈峭。高人避世守幽獨，淑女靜容修窈窕，方當搖落看轉佳，慰我寂寥何以報。時攜一樽相就飲，如得貧交論久要。」一般詩人皆以菊花比之高人淑女，而稱讚其高情大節，可見我國文人對於菊花的評價了。

相傳菊花在日本桓武天皇以前或在仁德天皇時，自百濟（朝鮮之一部）間接傳入日本。由於日本人士珍愛此花，已育成二千餘品種，約分為大中小三大類型，歷代皆有菊花品評會，且日本皇家選菊花作為徽章。

10 月，中國科學院聘請 21 人為特級研究員。

中國科學院決定新聘任院屬單位 21 位著名科學家和人文社會科學學者為特級研究員，他們是：尹贊勳、盛彤笙、吳學周、張大煜、葉渚沛、李薰、朱洗、王家楫、伍獻文、童第周、陳世驤、胡先驌、羅宗洛、陳煥鏞、趙九章、侯德封、斯行健、羅常培、金岳霖、向達、范文瀾（見竺可楨 1956 年 10 月 7 日的日記）。1956 年 7 月 4 日發布實行《國務院關於工資改革的決定》沒有設定專業特級，專業技術人員的最高級被定為一級。胡先驌為一級研究員，工資 345 元。〔註 2420〕

11 月，《中國雲南山茶科二新屬：華核果茶及雲南茶》文章在《植物分類學報》雜誌（第 5 卷第 4 期，第 279～283 頁）發表。摘錄如下：

一、華核果茶 Sinopyrenaria 新屬

花單生葉腋間，有梗。萼片與苞片幾相似，葉狀，脫落。花瓣 5 個，基部連合。雄蕊多數，基部微與花瓣連合；花絲無毛；花藥丁字形。子房有 5 至 6 角，有毛，頂端微張開；每室有 2 個重疊胚珠；花柱 5 個，分離；柱頭成小頭狀。果為核果狀，不升裂，頂端張開，子房室有時退化。種子長形凸出或壓扁，無翅，種臍長形。喬木。葉革質，有葉柄，有鋸齒。

〔註 2420〕 王希群、楊紹隴、周永萍、王安琪、郭保香編著《中國林業事業的先驅與開拓者——胡先驌、鄭萬鈞、葉雅各、陳植、葉培忠、馬大浦年譜》，中國林業出版社，2022 年 3 月版，第 096 頁。

此屬 3 種，產於亞洲熱帶，其中 2 種產於中國雲南。

此屬的親緣關係多少有疑問。其不完全連合的心皮及分離的花柱與核果狀的果，顯明指出它與核果茶屬（Pyrenaria）的 Mastersia 組有密切關係，亦與匹克茶屬（Piquetia）與實果茶屬（Stereocarpus）有關係。但其葉狀小苞片與萼片與上面數屬不同，而近似紫莖屬（Stewartia）與赫德木屬（Hartia）。顯然它是一個有分別的新屬，而我曾誤認為屬於核果茶屬。

1. 雲南華核果茶 Sinopyrenaria yunnanensis，新組合。Pyrenaria yunnanensis Hu，靜生生物調查所彙報，植物組，第 8 卷 137 頁，1938。

2. 車裏華核果茶 Sinopyrenaria cheliensis，新組合。Pyrenaria cheliensis Hu，靜生生物調查所彙報，植物組，第 8 卷 140 頁，1938。

3. 加納華核果茶 Sinopyrenaria Garrettiana，新組合。Pyrenaria Garrettian Craib.丘園彙報 1924：87 頁。

照邊沁與虎克的《植物誌屬》第一卷第一部第 185 頁，核果茶屬（Pyrenaria）的原始描寫為「萼片常為 5 個，不等，與小苞片及花瓣幾逐漸蛻變，頂端尖」。但華核果茶屬與之不同處在後者有葉狀小苞片與萼片，顯然與幾圓形白色的花瓣有別。照 Craib 的原始描寫，他的 Pyrenaria Garrettiana，亦有「2 個小苞片，矩圓形至矩圓披針形，頂端鈍，有時微不等，約長 10 毫米，闊 4 毫米，綠色，有 1 中脈……萼片 5 個，與小苞片幾相似……」顯然如我往年所指出與 Sinopyrenaria Yunnanensis Hu 與 Sinopyrenaria cheliensis Hu 有關係，因為它有葉狀小苞片與萼片而與花瓣不同。故有此新組合。

二、雲南茶 Yunnanea 新屬

花單生，大形，有花梗。萼片與苞片相似，但逐漸較大，革質，不脫落。花瓣 5 個，下部連合成一較長管，另有 1 個較小的。雄蕊多數，成數組，外面數組各連合成一組，與花冠高度連合，內面一組僅下部連合；花絲幾無毛；花藥丁字形，頂端鈍，無毛。子房未見。果核果狀，極遲緩開裂？托以大形革質苞片與萼片，有細果梗，3 室，其中 2 室通常退化；外果皮木質，極厚，內果皮薄，子房室甚小，中柱細瘦。種子 2 個，迭生，無翅。常綠喬木。葉革質，有葉

柄,有細鋸齒。

此屬 1 種,產於中國雲南南部。

雲南茶 Yunnanea xylocarpa,新種

小喬木高至 6 米小枝圓柱形,有條紋,幾無毛,有極少黑色腺體。葉革質,橢圓形至闊披針形,長 6 至 10 釐米,闊 2 至 3.8 釐米,頂端長漸尖,基部楔形至幾圓形,有胼胝狀細鋸齒,無毛,中脈與側脈在兩面均隆起,細脈在上面凹陷,下面成網狀;葉柄上面有深槽,長 6 至 10 毫米,無毛。花單生,側生。萼片革質,幾圓形,在果時直徑至 2.5 釐米。花瓣 5 個,倒卵形,長 3.5 釐米,闊 2.5 釐米,下部連合成管,長至 1.2 釐米。雄蕊多數,成數組,外面數組各連合成一組,與花冠高度連合,內面一組僅下部連合,有極少毛,但有黑色腺體;花藥頗大,卵圓形,頂端鈍,無毛,黑色。幼果有 3 室,2 室退化,頂端有短尖,具長毛;成熟果幾球形,直徑 3.5 釐米,外果皮木質,厚 1 釐米,外面有細突起,在基部微開裂,子房室長 7 毫米,闊 4 毫米,內果皮薄;果梗細瘦,無毛,長 1 釐米。種子 2 個,幾三角形,長 5 毫米。

雲南,順寧縣,雪山,高 2400 米,生森林中,喬木高約 6.5 米,花紅色,果木質,暗褐色,常見,俞德濬 16021 號(模式標本),1938 年 5 月 27 日。

此特異屬顯然與山茶屬(Camellia)相近似,其紅色大花與多數各連合成一組的外面雄蕊皆似山茶屬,但與之相異處在花瓣連合成管長至 1 釐米及花絲與花冠高度連合。子房與花柱未見。幼果 3 室,其中 2 室退化。本屬最特異的性質屬于果,初看時似一未成熟未開裂的蒴果。與山茶屬的果的首要區別為本屬之果托以大形革質苞片與萼片。見有一果的厚外果皮在基部微開裂。但此一極厚的術質外果皮是否最後將分裂為果瓣而脫落,大是可疑之事。外果皮如此之厚,使其果貌似一木質核果,但其性質則與核果迥異。果的甚小的子房室在山茶亞科中無可比擬。中軸之細小與在山茶屬和榻捷木屬(Tutcheria)皆不相同。從表面觀之,果不開裂,與核果茶屬(Pyrenaria)似有關係。但後一屬的花絲僅在基部連合及與花冠連合,花柱分離(亞屬 Mastersia),核果頂端多少分離而有花柱的殘餘,

革質外果皮遠為較薄，種子較大。在花與果的性質上，兩屬相距頗
遠。又本屬不開裂的果亦多少可與實果茶屬（Stereocarpus Hallier）
相比，僵後者花冠基部僅有短管，花絲不連合成一組亦不高度與花
冠連合，子房 5 室，成五角形，不開裂，基部有柄，外果皮頗薄，
果室大，中各有 3 個頗大種子。〔註 2421〕

12 月 15 日，討論推舉中國科學院學部委員名單。

　　出席在中國科學院地球物理樓 4 樓舉行的中國科學院生物學地
學部第 14 次常委（擴大）會議。會議由竺可楨主持，討論增補學部
委員之問題。

　　《竺可楨日記》：

　　12 月 15 日

　　午後二點至西郊，開生物學地學部常委擴大委員會，討論增補
學部委員名單。經過去函徵求意見後，暫時定出：生物部門湯飛凡、
胡先驌、劉思職、朱元鼎、張香桐、曾呈奎、饒欽止、劉慎諤、馬溶
之、談家楨、李汝祺、陳心陶、吳光等十三人，地學部門擬出馮景
蘭、傅承義、任美鍔、王之卓、喻德淵、李善邦、王鴻禎、翁文波、
孫敬之九人。經分組討論，我參加地學組，到謝家榮、張文佑、黃
汲清、孟憲民、田奇攜、尹贊勳、侯德封及竺可楨，列席施雅風、
裴秘書長。地學原有學部委員 24 人，計地質古生物 18，地理、地球
物理 6。今日提議地質古生物加馮景蘭、王竹泉、王恒升、李春昱、
徐克勤、喻德淵及王曰倫（祁連山覓得大鐵礦鏡鐵山）等七人；地
理加任美鍔、孫敬之二人；大地測量加方俊、王之卓二人；地球物
理加傅承義、李善邦、翁文波三人。此外因李連捷也參加討論，提
出熊毅和馬溶之。宋達泉歸生物組決定。地學組共加十四人。

　　　　　　　　　　（《竺可楨全集》第 14 卷，第 467 頁）〔註 2422〕

　　是年，胡先驌曾上書教育部。

〔註 2421〕　張大為、胡德熙、胡德焜合編《胡先驌文存》（下卷），中正大學校友會出版
　　　　　　發行，1996 年 5 月，第 446～452 頁。
〔註 2422〕　張立生編著《謝家榮年譜長編》（上下冊），上海交通大學出版社，2022 年
　　　　　　12 月版，第 872～873 頁。

　　胡教授曾上書教育部，建議在全國高等學校恢復講授摩爾根遺傳學派的理論。他終於在 1956 年下半年在他列席毛澤東召集的最高國務會議，聽取毛主席《關於正確處理人民內部矛盾問題》初次報告的會上，聽到毛主席曾提及：「談家禎、胡先驌關於在大學恢復講授摩爾根學說的建議，有利於學術上貫徹『雙百』方針」。不久，在全國遺傳學會議上，才正式決定在大學中恢復開設摩爾根學派理論的課程和開展對這一理論的研究。〔註 2423〕

　　是年，Yunnanea，A New Genus of Theaceae from Yunnan，China（中國雲南山茶科一新屬）Rhod. & Camellia Year Book（1956 年第 11 期，第 105～107 頁）。

中國雲南山茶科一新屬

1957 年（丁酉）　六十四歲

　　1 月 17 日，確定林業科學院研究研機構及組成人員。

　　　林業部同意中央林業部林業科學研究所成立 11 個研究室：植物研究室，由林剛任主任；形態解剖及生理研究室，由張伯英任主任；森林地理研究室，由吳中倫任主任；林木生態研究室，由陽含熙任主任；遺傳選種研究室，由徐緯英任主任；森林土壤研究室，由陽含熙任主任；造林研究室，由侯治溥任主任；種苗研究室，由侯治

〔註 2423〕 林英著《我們的首任校長胡先驌》，江西師範大學校慶辦秘書處編《穿過歷史的煙雲——紀念江西師範大學建校六十週年》，江西高校出版社，2000 年 10 月版，第 6 頁。

溥任主任；森林經理研究室，由黃中立任主任；森林經營研究室，由王寶田副主任；森林保護研究室，由王增恩、薛楹之負責。〔註2424〕

1月，《〈栽培植物的起源變異免疫與育種〉評介》文章在《科學》雜誌（第33卷第1期，第123～124頁）發表。摘錄如下：

《栽培植物的起源變異免疫與育種》（The Origin, Variation, Immunityand Breeding of Cultivated Plants），蘇聯瓦維洛夫（N. I. Vavilov）著，美國切士特（K. Starr Cheter）譯，美國植物學時報公司（Chronica Botanica Co.）1950年出版，394頁。

這是蘇聯最偉大的育種學家、列寧農業科學院第一任院長瓦維洛夫院士的選集。在評價這部名著以前，有將這位偉大學者的簡歷向讀者介紹的必要。

Nikolai Ivanovich Vavilov 於1887年誕生於俄國。1913年至1914年在英國劍橋大學農學院從畢芬爵士（Sir Rowland Biffen）及在英國園藝研究所（John Innes Horticultural Institution）從貝特生（William Bateson）作研究。1914年任莫斯科大學教授。1916年到波斯及其鄰國搜集穀類作物。1917年在沙拉拖夫（Saratov）任農學植物學與育種學教授。1921年任列寧農業科學院院長兼應用植物學研究所所長。1921年至1934年建立與領導400餘研究所與試驗站，指揮2萬工作人員。1923年至1931年組織多次採集隊往阿富汗、阿比西尼亞、中國、中美洲與南美洲收集經濟植物，包含26000小麥品系。1931年至1939年指導對於世界範圍所搜集的植物作精細的研究，並用以育種；對於包括牛馬豬鹿在內的牲畜亦與以同樣的研究。1929年被舉為蘇聯科學院院士。1931年被任在英國舉行的國際科學史會議的蘇聯代表。1939年被邀任國際遺傳學會議會長。1942年被舉為英國皇家學會外國籍會員。卒年不詳。

……

在《植物育種作為一種科學》文中作者敘述了各國自古到今的育種活動的歷史。在討論育種作為一種科學應當包含些什麼的論題

〔註2424〕 王希群、江澤平、王安琪、郭保香編著《中國林業事業的先驅與開拓者——樂天宇、吳中仁、蕭剛柔、袁嗣令、黃中立、張萬儒、王正非年譜》，中國林業出版社，2022年3月版，第121頁。

中，作者舉出了：（1）原始的變種，種與品種的潛在力的研究（育種的地理基礎）；（2）遺傳的變異的研究（包括關於變異的規律，突變的研究）；（3）環境對於變種性質的出現的影II向之研究（變種與環境，環境的某些特別因素的影響，關於植物發育的階段的研究與此研究對於育種的應用）；（4）關係親近或疏遠的類型的雜交的理論；（5）關於育種方法（植物的自花受粉，無性繁殖與無配偶繁殖）的理論；（6）育種的主要目的：對於疾病的免疫，某些生理性質（冬季耐寒性，耐旱性，光照期），對於工業用途的有用性質，與化學成分；（7）個別育種——特種作物的種七大綱領，並與以詳明的解釋。

在《植物育種的植物地理基礎》中首先提出了研究全世界各地栽培植物品種資源的重要性。從其所領導的應用植物研究所研究的結果，他認為最重要的栽培植物的全世界起源中心共有八個：（1）栽培植物起源的中國中心；（2）栽培植物的印度中心，包括（2a）栽培植物的印度馬來中心；（3）栽培植物的中央亞細亞中心；（4）栽培植物的近東中心，（5）栽培植物的地中海區中心；（6）栽培植物的阿比西尼亞中心；（7）栽培植物的墨西哥與中美洲中心；（8）栽培植物的南美洲（秘魯、厄瓜多、玻立維亞中心），包括（8a）栽培植物的戚羅島（Chiloe）中心，與（8b）栽培植物的巴西、巴拉圭中心。他並指出了農作物應該劃分為主要與次要的兩類，又指出某些作物有重要的次生中心。他尤其著重植物的新變種的引種與育種，認為牧草植物、纖維植物、藥用植物與芳香植物有大量的材料可供試驗之用。他也重視春化作用的重要性。

《變異的遺傳之相同性質系列律》是作者對於育種學的一種極重要的理論。他首先指出有機物質遺傳的一致性的基本觀念遠在德國大詩人歌德的《植物的變化》著作中即已指出，後來聖迪來（Geoffroy St. FIilaire）與德勒塞（Christopher Dresser）亦提出了多樣性中的一致性的觀念；而達爾文在其經典著作《物種起源》中也提出了平行變異的事實。但這些生物學權威對於這個問題研究得還不夠深入；只有在作者以極大的規模來研究全世界的栽培植物時，才深刻地體會到平行變異的普遍性。他證明在各種栽培植物的林奈種（Linneon，即普遍所承認的物種），如各種小麥、大麥、燕麥、粟、

油菜、南瓜、黃瓜等，都有一系列的變異出現於備品種中。即在不同的屬之間，如黑麥與小麥，如豌豆、草豌豆、小扁豆與巢菜，如瓜類，如十字花科，茄科各屬，亦有同樣的變異。即在全科中亦有同樣的變異趨向。甚至於在不同的植物科中，亦可能有同樣的變異。……因此作者便創立了變異性遺傳之相同性質系列律。此律可以指示研究人員與育種工作者找尋變異性質的方向，可以幫助系統連鎖的發現而擴大工作的視野，以發現大量的物質的變異，因而利用它們以供育種之用。

在《植物對於傳染病免疫性的研究》這一著作中，作者對於現代與育種問題有關的免疫性的知識各方面作一系統的介紹。首先指出在植物，後天獲得的免疫性不如先天免疫性的重要。復指出先天免疫性的多樣性。此種多樣性首先由於在寄主植物與寄生物在它們的演化過程中寄生物的生物學的專化，寄主的抵抗病害能力多由於寄主植物的形態與解剖構造的特性，再則由於寄主的組織的化學性質，又或因寄主的早期成熟而得逃避流行病的高度發展。這些免疫性皆有程度的差異。作者又討論了環境與免疫性的關係，認為免疫性與感染性的因素有三種，即品種的遺傳性，病菌的專化性與環境。環境條件有改變，免疫性亦多少有改變。作者又討論了免疫性的遺傳學，指出免疫性多少有改變。作者又討論了免疫性的遺傳學，指出免疫性是按孟得爾定律遺傳的。接著便討論了免疫性的育種，這正是現代各國育種學機關所大力進行的工作。最後附有關免疫性研究的大量參考文獻。

《小麥育種的科學基礎》無疑的是作者最重要著作之一。它總結了作者數十年來對於小麥廣闊而精深的研究，他所主持的應用植物研究所在蘇聯境內與國外搜集了 31000 個小麥樣品，都有確實的生態與地理記錄，都經用差別分類學（Differential systematics）的方法（包括細胞學與遺傳學）研究過。1921 年英國著名的小麥專家勃西窩教授（Prof. J. Percival）所著的《小麥》專誌只描述了 195 個小麥的植物學變種，而作者在寫此文時，蘇聯小麥專家已鑑定了 650 個變種，後來加到了 800 個變種。並且由於研究變種與品種還發現了幾個小麥新種。由於用差別分類學的精細分析方法對於小麥的性

質亦有極精細的研究，又進行了小麥的生態分類與小麥的遺傳與環境關係的研究，而得到一種重要的結論：即全部農業技術科學與施肥主要與產量與品質等不能遺傳的個體變異有關。近代的作物學逐漸自一般的農業技術與施肥變為品種的農業技術與考定品種與施肥的關係。

接著作者以甚大的篇幅討論了小麥的遺傳性與基因；又討論了小麥品系雜交的世系，與近緣雜交及遠緣雜交的結果。又敘述了小麥的屬間雜交如小麥與黑麥，小麥與 Aegilops，小麥與鵝冠草（Agropyrum）間的雜交以及三個屬間的雜交，如小麥、黑麥與 Aegilops 的雜交而形成三個屬的雜交屬，Aegilotricale 與三個種的雜交，也討論了小麥的變變。

接著作者以更大的篇幅討論了小麥育種的目的與理想的小麥品種。又敘述了世界各國的小麥育種工作，包括我國的研究工作在內，與蘇聯的小麥育種工作。最後列舉了將來小麥有種的課題。在正文以後附列了相當大量的《小麥育種與遺傳學的基本的世界文獻的摘選目錄》，可供進一步的參考。

無疑的栽培植物的育種在瓦維洛夫數十年領導之下，不但在蘇聯的農業科學開一新紀元，即以全世界而論，亦已進入一新時代。這在歐美各資本主義國家的學者對於這位蘇聯的偉大學者所表示的崇敬可以看出。歐美的學者認為瓦維洛夫的研究是空前的，恐怕也是絕後的；因為沒有一個國家能有計劃地作世界範圍的搜集與研究工作如瓦維洛夫所作的。瓦維洛夫的卓越成就可與米丘林媲美，而理論上貢獻，尚出乎米丘林之上。不幸得很，我們對於這麼偉大的一位蘇聯育種學家的成就與著作，知道的極少。在蘇聯科學院刊布瓦維洛夫的全集以前，我希望我們能將此英譯本（蘇聯瓦維洛夫（N. I. Vauilov）著，美國切士特（K. Starr Chester）譯。美國植物學時報公司（Chronica Bontanica Co.）1950 年出版，394 頁。）趕緊翻譯出來，不但農業工作者可從中汲取無盡的寶貴知識，以改進其工作；便是生物學工作者，亦可從此書得到莫大的啟發。〔註 2425〕

〔註 2425〕張大為、胡德熙、胡德焜合編《胡先驌文存》（下卷），中正大學校友會出版發行，1996 年 5 月，第 481～486 頁。

春節，胡先驌致盧弼信函。

慎之先生侍席：

奉春節手教並大作，知吟興甚豪，老而彌健，以此期頤之征，誠當世人瑞也。並悉《三國志集解》中華準備出版，尤為慶幸，極盼出版後，能以一部見贈，以記當年一段因緣，則為佳事矣。

木齋先生遺稿早已收到，前函歉未道謝。金夫人詩今重撿出一讀，的是海藏家學，惜尚有欠錘鍊處，想以餘事為詩，不欲以此爭長壇坫，然在當代已不易得。茲特郵還，即希查收重誦。《憶昔遊》章，蒼茫浩瀚，文稱其題，今日政府重視開拓邊荒，先生夙願可遂矣。錢默存君後起作家，可搉巨擘，而學貫中西，前可比嚴幾道，近可肩隨陳寅恪。先生與之唱和，誠旗鼓相當，而有忘年交之樂，可羨可羨。

驌以年逾周甲，而本業亟待董理，是以屏謝一切，惟從事草木箋疏之作。今值政府號召提高我國科學，以期到達國際水平，愈不敢浪費精力，再耽吟事，杜門伏案，有似枯僧，亦殊可哂。疏簡之罪，尚希諒之。

專此敬頌

春禧

胡先驌 拜啟

春節後三日（1957 年）〔註 2426〕

2 月 11，中國科學院植物研究所學術委員會成立，胡先驌任委員。

中國科學院植物研究所學術委員會成立大會於 1957 年 2 月 11 日至 16 日舉行。應邀參加大會的有 80 多人。來中國考察的蘇聯科學院森林研究所所長蘇卡切夫院士，列格勒科馬洛夫植物研究所費德洛夫教授等七位蘇聯科學也應邀參加大會，並做了六篇學術報告。

會上，植物研究所所長錢崇澍做了關於植物研究所過去的工作概況和今後任務的報告。

關於植物研究所今後的工作方向是解決同文化和建設有關的植物科學的問題，並從解決這些問題入手，來充實植物科學的內容，

〔註 2426〕《胡先驌全集》（初稿）第十七卷下中文書信卷，第 497～498 頁。

逐步提高我所的科學研究水平。參加大會的科學家，對植物研究所的發展方向、長遠規劃、培養幹部等方面進行了熱烈的討論。

植物研究所學術委員會的成員是：王伏雄、曲仲湘、吳仲倫、吳征鎰、汪發鑽（續）、李繼侗、林鎔、胡先驌、侯學煜、姜紀五、俞德濬、唐進、秦仁昌、耿以禮、祖德明、張景鉞、張肇騫、錢崇澍、鍾補求、戴松恩。〔註2427〕

1957年2月中國科學院植物研究所歡迎蘇聯專家合影，前排左起：侯學煜、夏緯琨、鍾補求、汪發鑽、吳征鎰、蘇聯林業研究所專家、林鎔、秦仁昌、（費多洛夫）、錢崇澍、（蘇卡切夫）、（什尼特尼科夫）、胡先驌、唐進、俞德濬、耿以禮、王伏雄、吳素萱、關克儉、姜紀五（摘自胡宗剛著《雲南植物研究史略》）

2月27日，毛澤東在最高國務會議上作《關於正確處理人民內部矛盾的問題》的報告中提到：談家楨、胡先驌關於在大學恢復講授摩爾根學說的建議，有利於學術上貫徹「雙百」方針。對科學上、藝術上的是非，應當保持慎重的態度，提倡自由討論，不要輕率地作結論。採取這種態度可以幫助科學和藝術得到比較順利的發展。3月12日，在中國共產黨全國宣傳會議上，毛澤東接見了談家楨。他向毛主席彙報了青島會議的情況。毛澤東說：「你們青島會議開得很好嘛！要堅持真理，不要怕，一定要把遺傳研究搞起來！」〔註2428〕

2月，當選《植物分類學報》第二屆編委會委員。

〔註2427〕《科學通報》1957年第6期，第188～189頁。

〔註2428〕馮永康、田洛、楊海燕等著《當代中國遺傳學家學術譜系》，上海交通大學出版社，2016年7月版，第39頁。

《植物分類學報》公布第二屆編委會，主任編輯錢崇澍、常務編輯由在京委員擔任：成員方文培、劉慎諤、匡可任、汪發纘、陳邦傑、陳煥鏞、吳征鎰、林鎔、胡先驌、耿以禮、秦仁昌、鄭萬鈞、張肇騫、裴鑒、蔣英、錢崇澍、戴芳瀾、鍾心煊、鍾補求、饒欽止。其中方文培、匡可任、胡先驌、耿以禮、鄭萬鈞、裴鑒、蔣英、鍾補求為增補委員。〔註2429〕

4月1日，《空果茶與擬匹克茶，雲南山茶科兩新屬》文章在《科學通報》雜誌（第6期，第170頁）發表。摘錄如下：

空果茶屬 Kailosocarpus Hu 只含有空果茶 K. perplexus Hu 一種，為常綠小喬木。其特性在有單生於葉腋間頗小的幾無梗的白色花。其雌蕊約45個；花絲在基部連合，肉質，扁而甚擴大，頂端驟尖；花藥丁字形著生；子房3至4室，有3至4個無柄柱頭；果大而不開裂，頂端有3至4個相距頗遠的柱頭遺跡，有開口；子房室頗大，子房壁頗薄；中柱與種皮幾附著子房壁內面，種子多單生，與種皮分離，在膨脹而脆的種皮內可以搖動作響聲。

擬匹克茶屬 Parapiquetia Hu 含有兩種小喬木。其模式種為 P. camellioides Hu=Pyrenariac amellioides，葉頗小而有鋸齒；花單生，幾頂生；花柱4至5個，分離，基部不膨大；果頂端4至5裂，開口而將中柱頂部露出，每裂片間各有1個大孔，直徑5毫米；中柱頂端有4至5棱角，闊至1釐米。

另一種為順寧擬匹克茶 P. shunningensis Hu。此種的果開裂，頂端裂片甚小，亦開口，每裂片間微有凹下處而不成孔。〔註2430〕

4月1日，《中國山茶科小誌（一）》文章在《科學通報》雜誌（第6期，第170頁）發表。摘錄如下：

此文報告以下各屬的新種計18種：滇南匹克茶 Piquetiaaustro-yunnanensis Hu，紅花油茶 Camellia Chekiang oleosa Hu，嵩明山茶 C.

〔註2429〕 王希群、楊紹隴、周永萍、王安琪、郭保香編著《中國林業事業的先驅和開拓者——胡先驌、鄭萬鈞、葉雅各、陳植、葉培忠、馬大浦年譜》，中國林業出版社2022年3月版，第161頁。
〔註2430〕 《胡先驌全集》（初稿）第一卷植物學論文，第354頁。

sumingensis Hu，滇南山茶 C. austro-yunnanensis Hu，景東山茶 C. gintungensis Hu，福建山茶 C. fukienensis Hu，毛柱山茶 C. pilostyla Hu，梨茶 C. latilimba Hu，寒露油茶 C. meiocarpa Hu，龍巖山茶 C. lungyaiensis Hu，緬寧山茶 C. mianningensis Hu，厚果山茶 C. pachycarpa Hu，披針葉山茶 C. lancifolia Hu，疏葉毛蕊茶 C. amelliastrum laxiflorum Hu，麻栗坡毛蕊茶 C. marlipoense Hu，鎮康茶 Theachenkangensis Hu，麻栗坡茶 T. marlipoensis Hu 與大果茶 T. macrocarpa Hu。匹克茶屬為新發現於中國的。〔註 2431〕

4 月 1 日，《中國榆科朴樹小誌》文章在《科學通報》雜誌（第 6 期，第 171 頁）發表。摘錄如下：

此文報告 16 個新種，包括屏邊朴 Celtispinbienensis Hu，景東朴 C. chintungensis Hu，維西朴 C. weisiensis Hu，鄭氏朴 C. chengiana Hu，馮氏朴 C. fengiana Hu，文山朴 C. wenshanensis Hu，秋海棠葉朴 C. begoniifolia Hu，長柄朴 C. longipedicellata Hu et Hsiung，王氏朴 C. wangi Hu et Cheng，硯山朴 C. yanshanensis Hu，矩圓葉朴 C. ablongifolia Hu et Cheng，車裏朴 C. cheliensis Hu，羊毛果朴 C. lanaticarpa Hu，皺葉朴 C. rugosa Hu，麻栗坡朴 C. marlipoensis Hu 與桂葉朴 C. cinnanomomifolia Hu。前 12 種屬於真朴組 sect. Euceltis；後 4 種屬於復果序朴組 sect. Sponioceltis。此文為初步報告，最近即將把我國朴屬作一全部研究。〔註 2432〕

4 月 16 日，《中國樹木新種小誌（一）》文章在《科學通報》雜誌（第 7 期，第 208 頁）發表。摘錄如下：

此文報告 7 個中國產樹木新種，包括肉豆蔻科的提琴葉何菲德木 Horsfieldia pandurifolia Hu，長序何菲德木 H. longipendunculata Hu，玉蕊科的滇南玉蕊 Barringtoniaaustro-yunnanensis Hu，梭形果玉蕊 B. fusicarpa Hu，七葉樹科的王氏七葉樹 Aesculuswangii Hu，山毛櫸科的五穗？Pasaniapentastachya Hu 與毛果櫧 Cyclobalanopsis

---

〔註 2431〕《胡先驌全集》（初稿）第一卷植物學論文，第 355 頁。
〔註 2432〕《胡先驌全集》（初稿）第一卷植物學論文，第 356 頁。

tomentosinux Hu。〔註2433〕

4月27日，中共中央在《人民日報》發布《關於整風運動的指示》，決定在全党進行一次以正確處理人民內部矛盾為主題，以「反官僚主義、反宗派主義和反主觀主義」為內容整風運動，發動群眾向黨提出批評建議。1958年8月底，整風運動結束。

4月，Kailosocarpus and Parapiquetia，New Genera of Theaceae in Yunnan（空果茶與擬匹克茶，雲南山茶科兩新屬）Scientia 刊於《科學通報》（1957年第6期，第170頁）。

4月，Brief Note on Chinese Theaceae I.（中國山茶科小誌）Scientia 刊於《科學通報》（1957年第6期，第170頁）。

4月，Brief Note on Celtisin China（中國榆科朴樹小誌）Scientia，刊於《科學通報》（1957年第6期，第171頁）。

4月，A Brief Note on Chinese Trees I（中國樹木新種小誌）Scientia，刊於《科學通報》（1957年第7期，第208頁）。

是年，政府宣布再度整風，至為快慰。〔註2434〕

1957年5月在上海新村54號三樓，胡先驌與晚輩合影，左起，前排：胡啟坤（孫女），夏菲（外孫女）；後排：夏祖禹（外孫），胡啟超（長孫），胡昭文（長女），符式佳（長媳）

〔註2433〕 《胡先驌全集》（初稿）第一卷植物學論文，第357頁。
〔註2434〕 胡先驌著《自傳》，1958年。《胡先驌全集》（初稿）第十五卷人文科學文章，第656～659頁。

1957年5月在上海新村54號三樓，胡先驌與胡啟坤（孫女）、胡啟超（長孫）合影

5月16日，《應該設立保護天然紀念物的機構》文章在《科學通報》雜誌（第9期，第288頁）發表。摘錄如下：

《應該設立保護天然紀念物的機構》文章

世界各國動植物被滅種的報導已屢見不鮮，例如非洲的珍奇裸子植物維物且（又名百歲蘭，Welwitschia mirabilis Hk.），歐洲唯一不會飛的椋鷗，都已經完全消滅了。行將絕種的動植物也不勝枚舉，例如非洲的野牛（Bison）和歐洲的野牛都只有少數存在於人工保護區中，蘇聯政府正在大力繁殖它。

　　我國的土地開闢甚早，同時在長期的封建制度之下，森林被破壞，土壤被侵蝕，動植物被毀滅絕種的為數必甚大。所惜過去生物學不甚發達，無從調查統計，著名的大動物四不像即為一例。由於前人的任意摧殘，在國內行將滅亡，急宜保護的植物種類亦有很多。除著名的水杉外，利川與恩施交界處所發現的十餘株偉大的禿杉（Taiwania flousiana）（臺灣杉的另一種），也是一種極其珍貴的樹木。華南植物研究所近來在廣西發現的銀杉，是另一種活化石。在動物方面，則有熊貓、野牛（Takin）等等，都是珍貴而稀少的。諸如此類，不勝細舉，都應該加以保護。

　　保護稀少的動植物，是一個頗早便有的運動。在某些熱帶地區，對於某些種稀有的蘭科植物便有禁令，每個植物採集者只許採集兩個標本。美國落機山的大稀桂（Sequoiadendron giganteum）（「世界爺」的一種），現在只存在數百株，概被禁止砍伐。1926 年在日本東京舉行的第三次太平洋科學會議上，一致通過在太平洋區域推動保護天然紀念物（動植物與地質紀念物）的工作。日本對此種工作做得極好，有一個天然紀念物保存委員會，隸屬於內務省。當時由東京帝國大學退休的植物學教授三好學博士主持，出了多冊報告（我都捐給了中國科學院植物研究所的圖書室）。回國後，我也曾寫過文章宣傳此事，但是當時的反動政府不知重視此類科學事業，所以未發生任何影響。

　　自水杉發現以後，國內外人士對此千餘株活化石十分重視，曾發起過水杉保存委員會，擬過章程。但反動政府毫不重視，也沒有發生任何作用。

　　現在在政府向科學進軍、大規模造林與保持水土的號召之下，建立保護天然紀念物的機構的時候已經到了。由於建設事業的突飛猛進，各地的森林正在大量開發，原始森林消失，而次生森林一時又不能恢復，林區的環境將有強烈的變化，許多的林間草本植物將不能生存，而許多動物亦將受到影響，因此極宜從速開始保護天然紀念物的工作。今建議由中國科學院各植物研究所、動物研究室，地質研究所、地理研究所，會同林業科學研究所與內務部，共同組織一保護天然紀念物委員會，擬訂計劃與章程，並協同各省人民委

員會作全國性的天然紀念物的調查與保護，使之不受摧殘與毀滅，其重要性必不在設立文物保存機構之下。〔註2435〕

　　5月23日～30日，在北京召開第二屆學部委員會全體會議，會議期內增選學部委員21人，如物理學數學化學部7人，生物學部5人，地學部3人，技術科學部3人，哲學社會科學部3人。大多是上次學部大會後回國的科學家，同時生物學地學部一分為二，成立了生物學部和地學部，至此，學部委員總人數位254人。薛攀皋認為：「以上兩批選聘的中國科學院學部委員，雖然經過了科學家提名推薦的程序，但都不通過選舉，經有關黨政部門協商最後由中央決定的。」〔註2436〕1955年5月31日，1957年4月1日，國務院兩次分別批准中國科學院學部委員名單，胡先驌榜上無名。而當時中國科學院上報給中宣部學部委員名單中，兩次都有胡先驌的名字，只是在中宣部上報給國務院時，把胡先驌的名字刪除。當時評選的標準主要是：「學術水平，但是政治條件也得考慮。」〔註2437〕

《橡子和橡樹》文章

〔註2435〕 胡先驌《應該設立保護天然紀念物的機構》，《科學通報》雜誌，第9期，第288頁。

〔註2436〕 薛攀皋著《科苑前塵往事》，科學出版社，2011年7月版，第41頁。

〔註2437〕 於光遠、李佩珊同志訪談錄「中宣部科學處與中國科學院」，中國科學院院史文物資料徵集委員會辦公室編《院史資料與研究》1994年第1期（總第19期），第12頁。

6月，《橡子和橡樹》文章在《旅行家》雜誌（第 12 期，第 11 頁）發表。
摘錄如下：

　　酒是人們生活中一種重要的飲料，而酒精則是重要的工業與醫
藥用品。我國人口眾多，工業逐漸發展，每年對於酒與酒精的消耗
數量是巨大的。通常我國釀酒都用糧食。但在目前糧食需要日益增
多的情況下，發展代用品釀酒以節約糧食是十分必要的。我國各地
可以利用的釀酒代用品也很豐富。其中有不少產量大、出酒率高的
品種，如橡子、廢棄果、蔗渣、糖蜜（糖鹵水）、糖泡、糠餅、紅薯
茹等。據估算，以上 7 種代用品如能利用一半來釀酒，一年即可產
酒 90 萬噸，大約相當於 1957 年全國酒的產量。

　　在這 7 項代用品中，以橡子最為重要。食品工業部製酒工業局
在今年 10 月召開的全國酒精技術會議上著重研究了推廣橡子釀酒
的問題。據初步調查，估計全國年產橡子約 460 萬噸。只須使用此
數的 9% 即可全部代替目前製酒的糧食（約計 14 萬噸）。我國利用橡
子釀酒以河南南陽酒精廠為最早，該廠在 1953 年即進行了研究，到
1954 年投入生產，現已獲得橡子澱粉利用率 73.78% 的成績。此外在
四川、湖北、湖南、安徽等地試驗用橡子製酒也獲得成功。橡子酒
的色、香、味與高粱酒無大差別。

　　據 17 個省的不完全統計，每年可產橡子 100 多萬噸，但以我國
橡樹種類之多、分布之廣來估計，橡子的產量應遠遠超過此數。今
特在此處略談各省橡樹的性質與其分布及利用。

　　我國橡樹有數百種之多。照最新的分類，計有櫧櫟屬、石柯屬、
櫧屬、櫟屬等四屬。櫧櫟屬我國有 100 餘種，都是常綠喬木，多生
於暖溫帶與亞熱帶，木材堅硬，用途很廣。有幾種如石櫟、豬櫟等
的果還可以生食。其他種類的果因含單寧稍多，不宜生食，但也可
取其澱粉釀酒。石柯屬與櫧櫟屬相似，我國有 12 種，亦為常綠喬木。
木材的用途也很廣。廣東、雲南產的石栗也可作乾果。櫧屬為常綠
喬木或灌木，我國約有 40 種，分布於長江以南各省，遍及雲南、廣
東（包括海南島）。木材堅硬，可作種種用途。其中如鐵櫧與面櫧（又
名苦櫧）分布最廣。勞動人民一貫將它們的果磨粉做豆腐，因為含
有少量單寧，有些澀昧。現此屬中有許多種產量很大的果，未加以

利用。雲南產的王椆的果直徑大至 5 釐米，馮氏與西疇椆的果直徑 4.5 釐米。王椆在雲南南部驟馱用它的果貫串成串，供作驟馬尾部帶用。櫟屬為落葉或常綠喬木或灌木，我國有數十種，分布自東二化到廣東、雲南。其中如槲樹、櫟、柞樹、遼東櫟、槲櫟、橡（栓皮櫟），皆廣布南北各省。木材供種種用途，且用以培植香菇與木耳；樹皮可以鞣製皮革；葉可用以養柞蠶；殼斗可以製染料；堅果可食或作豬的飼料。櫟屬在雲南有些特別種，如王氏櫟的堅果扁球形，直徑到 5 釐米，殼斗碟狀，直徑到 5.5 釐米，這是少見的。

位於果與椆、櫟等屬之間的一個重要屬是錐栗屬，又名栲樹，中國有 60 餘種，常為常綠大喬木，有時成灌木狀，產於長江以南到廣東、雲南諸省，木材甚好，可供種種用途，有多種的果可食，樹皮可以鞣製皮革。

總計橡櫟一類的樹木，在我國約有二三百種，分布極廣。所產的堅果有不少種人類可食，如同普通的栗子。有些種因為堅果含有少量的單寧，味略苦澀，故北方農民多用來養豬。此類樹木在雲南南部特別發達，往往連成數百里遮天蔽日的大森林。過去自雲南往泰國貿易的驟馱往往數日不帶糧食，人與牲畜全靠森林中的橡栗充饑。此外，這些大量的堅果，是很少被利用到的。

日本侵略我國的後期感到糧食不足，便有人研究他們全國所產的橡子，據他們估計，若能全部利用作糧食，糧食可以增加一倍。我國所產的橡栗之類的堅果，比日本多出幾倍，應該設法研究，利用此類富源直接製造糧食，則比僅用來製造酒與酒精以節省糧食，成績要大得多了。〔註 2438〕

6 月 8 日，中共中央發出《關於組織力量準備反擊右派分子的猖狂進攻的指示》。指出反動分子猖狂進攻。10 月 15 日，中共中央發文「中共中央關於《劃分右派分子的標準》的通知」。

6 月，赴江西師範學院講學。主要講栽培植物的起源、塔赫他間的被子植物的起源和水杉的發現及其重要科學意義等專題。並看望了當年中正大學戰

〔註 2438〕張大為、胡德熙、胡德焜合編《胡先驌文存》（下卷），中正大學校友會出版發行，1996 年 5 月，第 487～489 頁。

地服務團烈士姚名達教授的遺孀巴怡南。

　　我任江西師範學院生物學系系主任，當時擔任植物分類學教學的林英同志被派往蘇聯學習，該課程便由華東師大研究生班一畢業生接任。植物分類學是生物學系專業基礎課之一，理論與實踐並重，又具有地域性特點。故此，在教學質量的保證上，確有一定的難度。我商之於當時的師院領導劉瑞林同志，提出擬請我國近代植物分類學奠基人之一，原正大首任校長胡先驌博士來院講學，並得其首肯。消息傳出，師生無不歡欣。蓋許多師生只知胡師在植物分類學上貢獻，只知道他是我國孑遺植物水杉的命名者，是國際著名學者，且學貫中西，對古詩詞造詣很高，而終未拜謁其人。眾人認為如能親聆博士教益，定為一生之幸事。當時一位學生說：「一識胡博士，我學生物學之願足矣。」

　　南昌四五月間，風和日麗，胡師從上海乘火車來昌，我與彭先蔭副教務長代表學院到站迎接，是日正值省委召開的黨外人士幫助黨整風鳴放會開幕。彭教授在接站後，徑直赴會座談。我留下安排胡師生活和確定講學內容。晚間彭教授代表學院設便宴洗塵，我亦敬陪末座。胡師心情舒暢、談笑風生。這是他解放後首次返鄉，遂藉此參觀家鄉新貌，探望久別的親友，其情其景，給我留下深刻的印象。

　　講學時間被確定為一個月，每週三次，隔日進行，共講四個專題。我將講學內容分別通知農學院及有關業務部門。當時，上課地點設在第一教學大樓階梯教室，而聽眾卻達 300 餘人。於是只好臨時加凳子。胡師在授課中，為照顧不同對象，深入淺出、旁徵博引，理論與實際並重。他堅持科學，對偽科學則義正詞嚴，使聽者受益匪淺。每次講課結束前，胡師有意留下一段時間，解答問題，效果極好。

　　課餘，胡師到生物系看植物標本室時，看到解放後不僅保存得完好無損，還有新的充實。他要某一標本，楊祥學同志立即拿出，他高興得動了感情，口中念念有詞，說共產黨好，要我們好好工作，做出成績。

在此期間，應胡師在南京高等師範學校任教時的學生、中科院學部委員、江西農學院院長楊惟義教授之請，他赴農學院座談一天，楊院長設家宴接待。其學生黃野蘿、張明善教授等，也來作陪，席間，其樂融融、其樂陶陶！而今，胡、楊、黃、張諸公均先後魂歸道山，追憶此情此景，頓生白雲、黃鶴之感觸。

講學結束後，楊祥學同志護送胡師赴廬山，故地重遊，並在其親手創建的廬山植物園講學。此時，我已率領學生赴青島進行遠程實習，從是年春開始，國內風雲突變，掀起了反右鬥爭。實習結束後，我率隊返院，而彭教授已接受批判；北京中科院植物所，亦先後三次派人調查胡師在江西情況。當時，我並無顧忌地如實寫出胡師在贛講學情況，交出講學計劃、講義以及我的筆記本等，其他則無可奉告。外調者悻悻而返。胡師和我在此非常時期方取得「雙安」。但在「文革」中，我仍未能為此脫逃，成為「漏網大右派」，被關進「牛棚」，胡師亦遭迫害含冤謝世。〔註2439〕

6月，聆聽胡校長《讀書學習與生命的意義》的演講。

待到1957年夏天，胡校長從北京到江西上廬山進行植物分類考察的科研工作，並且到幾所高校講學，曾來江西師範學院演講，題為《讀書學習與生命的意義》。其中著重指出：不管從事何種職業。都應學有所長，尤其是傳道解惑、作育人材的教師，更應做到一專多能，方可更好地為祖國作出貢獻。胡校長之見解對師院教師予以鼓勵和期望。那時，我在江西師院中文系任講師，擔任現代文學的課程。這一次我有機會與睽違十餘年的胡校長重逢敘談，實在是無比欣愉的事情。經過師院教務長兼數學系主任彭先陰教授向胡校長介紹我的情況之後。胡校長得知我大有長進，他非常高興，滿面笑容地與我交談，並且一再勉勵我：「要奮發向上，做個一專多能者，為祖國多作貢獻。」（在臺灣校友會紀念胡校長百歲冥壽的專輯上，我有一篇專門寫胡校長1957年到江西師院作學術報告的文章，此處

〔註2439〕鄧宗覺著《胡先驌教授在江西師院講學記》，江西師範大學校慶辦秘書處編《穿過歷史的煙雲——紀念江西師範大學建校六十週年》，江西高校出版社，2000年10月版，第10～11頁。

不再重複。）多年來，我想到昔日胡校長對我的嚴厲批評，後來於
1957 年對我親切勉勵，這個對比說明胡校長愛護他的門生，先前的
批評是教育我為學校搞好戲劇活動和人際關係，後來的勉勵是希望
我事業有成。〔註 2440〕

7 月～8 月，反右派運動中，胡先驌看到社會現象。

　　7 月，在廬山休假，突見右派對黨瘋狂進攻，不勝詫怪。

　　8 月，回京，參加反右與雙反運動，思想益趨正確。自「大躍
進」運動展開，日益認識黨的領導的偉大，與我國科學與文化發生
了史無前例的發展，十五年趕上英國，實屬輕而易舉之事。尤深切
體認到政治掛帥的意義，立志徹底轉變立場，改造自己，變為又紅
又專的科學工作者，以我的餘年為建設社會主義而努力。〔註 2441〕

8 月，武漢分院致中國科學院院部秘書長郁文信函。

　　陳封懷先生由廬山來武漢，在這裡研究了武漢植物園和廬山植
物園的問題。他說：廬山植物園的隸屬問題久懸未決，大家很有意
見，現在是需要解決的時候了。廬山植物園的同志們不同意隸屬南
京，陳封懷先生意見應隸屬武漢。它各方面特點都是華中區的特點，
而且地區靠的近，交通極便，因此他已向汪志華同志提出建議。同
時，他已明確表示，願擔任武漢植物園主任，兼管廬山植物園，這
樣可以把整個地區的植物園工作都搞起來了。據他說，南京人很多，
他走了沒有什麼影響，而華中則是整個地區的工作能否搞起來的問
題。因之，從整個科學事業的利害來看，陳封懷先生回華中，把武
漢植物園的工作和廬山植物園的工作同時搞起來，是很合理的。他
表示，在南京沒有人和，與當地的關係，以及所內的認識都有很多
矛盾，同時廬山植物園是他經營二十年的事業，不能丟掉。武漢孫
祥鍾和章文才在植物園的做法上和認識上和陳封懷先生完全一致。
陳認為到武漢植物園工作，有天時地利人和，所以他表示決心，根

〔註 2440〕　熊大榮著《胡先驌校長對我的批評和勉勵》。胡啟鵬主編《撫今追昔話春秋
　　　　　　——胡先驌學術人生》，北京燕山出版社，2011 年 4 月版，第 314 頁。
〔註 2441〕　胡先驌著《自傳》，1958 年。《胡先驌全集》（初稿）第十五卷人文科學文章，
　　　　　　第 656～659 頁。

據他的理想，從頭搞起，把武漢植物園建設成一個他理想的植物園。現在的問題是，要請求您大力協助，給以實現的問題，勢在必行。目前第一關是林鎔、第二關是裴鑒、第三關是南京黨內負責同志。林鎔、裴鑒都曾對我當面表示過，只看陳封懷先生本人意見怎樣，現在陳的態度已有肯定，希望您向他們以及南京黨內負責同志做做工作，支持一下新區的困難，十分企盼王志華準備有信給您，因為他參加和陳封懷先生及我們幾人當面談的，詳情他可能告您。分院籌委會已批准，我們將在新的基礎上前進，信心很高。〔註2442〕

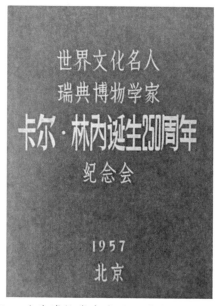

《世界文化名人、瑞典博物學家卡爾·林內誕生 250 週年》紀念會

　　9 月 12 日，在北京，參加由中國人民保衛世界和平委員會、中國人民對外文化協會、中國科學院、中華全國自然科學專門學會聯合會主辦的《世界文化名人、瑞典博物學家卡爾·林內誕生 250 週年》紀念會，並作《卡爾·林內對近代植物分類學的貢獻》報告。會議程序：一、中國科學院副院長、中國人民保衛世界和平委員會全國委員、中國人民對外文化協會常務理事、中華全國自然科學專門學會聯合會全國委員竺可楨作開幕詞。二、瑞典王國駐華大使布克先生講話。三、報告。1. 中國植物學會理事、《生物學通報》主編、北京林

〔註2442〕 胡宗剛著《從一封書札看陳封懷任武漢植物園主任之原委》，公眾號註冊名稱「近世植物學史」，2021 年 10 月 30 日。

學院教授汪振儒作《卡爾·林內事略》報告。2. 中國科學院植物研究所研究員胡先驌作《卡爾·林內對近代植物分類學的貢獻》報告。3. 中國動物學會理事、中國科學院動物研究所研究員壽振黃作《卡爾·林內對於動物學的貢獻》報告。中場休息，播送瑞典音樂唱片。四、電影。胡先驌作《卡爾·林內對近代植物分類學的貢獻》報告，摘錄如下：

一、林內對於植物學的活動

林內在烏帕沙拉大學學醫的時候，讀到某些法文的植物學著作，使他觀察了花的生殖器官。他從而發現了這些器官在植物生活中的重要性，而認為應當用這些器官來建立一個植物的分類系統。他寫了一篇討論此問題的著作，於是被邀請為植物學教授的代表。

在 1732 年林內被烏帕沙拉科學院選定為拉帕蘭的採集員。他獨自旅行了 4600 多英里，觀察了多種動物並發現了 100 餘種的新植物。此後，他周遊了德國、法國、英國與荷蘭。在這些旅程中他草擬了他的名著「自然界的分類系統」，同時還刊布了幾種植物學著作。其中最重要的是植物學基礎（Fundamenta Botanica 1736 年出版），植物學評論（Critica Botanica 1737 年出版）與植物綱誌（Classes Plantarum 1738 年出版）。

林內回到瑞典後，任烏帕沙拉大學自然歷史與醫學教授，極受歡迎。他的最重要成績之一為組織學生到各處採集，他自己還主持植物園、醫學會與烏帕沙拉皇家學會。

林內在 1735 年即發表他的「自然界的分類系統」。在多次重版中大大修正與補充了這部傑作。而他的最重要的著作為植物種誌（Species Plantarum）。此書在 1746 年開始寫作，1752 年脫稿，1753 年出版，以後會經大加增訂。

二、林內對於植物分類學的貢獻

（1）林內將他所知的植物全部分為屬與種，同時創立雙名法來命名各種植物。即每一種植物有一屬名與一種名。在他以前，遠自希臘羅馬，命名都沒一定的規則。到了十八世紀上半紀植物分類學家對於植物命名常用一個描寫的短語以為種名的一部分，有些作者不知剪裁使種名等於一細密的描寫，結果使學名變為過於冗長而不合用。

　　林內在植物學評論書中極力反對過去那種冗長的學名，建議學名以 12 個字為限。他自己在命名時亦盡可能把學名限於 12 個字以內。這種限於 12 個字的正規種名，實際乃每種植物的性狀的簡短描寫，另外，在此正規種名（nomina specificum legitium）的邊緣上他建立了「日常名」（nomina trivialia）。此種日常名都含有兩部分，前者為屬名乃一名詞，後者為種名乃一形容詞，或為性狀，或為地名，或為棲地，或為人名。此種便於使用的雙名便是一直至今為全世界動植物學命名所遵守的命名法。林內在建立命名法中的貢獻是偉大的。

　　（2）林內在其「植物屬誌」與「植物種誌」兩書中，都是用中古的拉丁文采作描寫的。他力求描寫的精確明白與簡短，因此不用動詞，而只用名詞與形容詞，且每一名詞必有一精確不移的含義，指明為植物的某種器官；而形容詞則求其豐富，使能形容一切器官的性狀。林內所用的名詞，雖有自古以來的根源或為前人所用，但皆經過選擇，且每一名詞給以特殊的精確含義以免混淆。他所命名的大部分皆為後人所遵用，因而統一了植物分類學的術語。因此在其兩部巨著中所用的拉丁文，已非原來的拉丁文，而成為林內所創建的植物學拉丁文。由於後人對於他的兩部名著的高度評價，用拉丁文作為全世界公用的描寫植物的工具，已成為 200 多年來普遍遵守的習慣。

　　（3）林內在其「植物種誌」書中共收羅了 5938 種植物，分隸於 1098 屬，其中有 285 種為新種。他儘量搜集了當時所已知道的植物種。

　　（4）林內早已認明植物的生殖器官在植物生活中的重要性，因而他便使用這些器官來建立一個分類系統。他用花的性質以區別屬，而用葉的性質以區別種，這是十分恰當的，而也是他的另一重要貢獻。雖然他的分類系通是人為的，而終為後來裕蘇（A. L. de Jussieu）以及德堪多（A. P. de Candolle）諸人的自然分類系統所取代，但林內仍然是對於當時所知的植物第一個建立完整系統的人。

　　從以上的簡單敘述，我們可見林內對於近代的植物分類學有劃

時代的貢獻。這便是後來全世界的植物學家對他一致景仰的原因。

9月13日,《人民日報》刊載會務消息,北京七百多個科學家和科學工作者集會,紀念世界文化名人瑞典博物學家林內。

> （新華社 12 日訊）世界文化名人、瑞典博物學家長爾‧林內誕生二百五十週年紀念會,今晚在北京共青團中央禮堂舉行。七百多名中國的科學家和科學工作者出席了今晚的紀念會。應邀參加紀念會的還有亞洲及太平洋區域和平聯絡委員會副秘書長何塞‧萬徒勒里（智利）等人。

> 中國科學院副院長竺可楨在紀念會上致開幕詞時說,卡爾‧林內（1707～1778）是近代自然科學史上劃時代的人物,恩格斯在「自然辯證法」一書中,曾經稱十六,七世紀歐洲近代自然科學萌芽時代為牛頓（1642～1727）和林內為標誌的一個時代。那個時代自然科學家最重要的工作,是整理過去所積累的大量材料,使之成一體系。林內在 1753 年所創的「雙名製」拉丁文簡潔敘述法,鑒定了數以千計的植物、動物學名,為以後全世界生物學家所採用,從而廓清了過去動植物命名混亂不清的狀態。

> 竺可楨說,目前我國正在進行社會主義建設,必得大規模地從事於全國動植物的普查,這一工作正在期待著分類學家發揮巨大的力量。同時,我們也要學習林內畢生同自然界作鬥爭的精神。

> 應邀出席紀念會的瑞典駐華大使布克接著講話。他代表瑞典政府和瑞典人民,感謝中國人民保衛世界和平委員會、中國人民對外文化協會、中國科學院和中華全國自然科學專門學會聯合會為紀念卡爾‧林內所給予的重視和好意。

> 隨後,中國植物學會理事汪振儒介紹了林內事略;中國科學院植物研究所研究員胡先驌和動物研究所研究員壽振黃,也分別介紹了林內對近代植物分類學和對動物學的貢獻。〔註2443〕

9月13日,《林奈對近代植物分類學的貢獻》文章在《科學通報》雜誌（第17期,第544頁）發表。摘錄如下:

〔註2443〕 《生物學通報》,1957 年 10 月號,第 7 頁。轉載 1957 年 9 月 13 日《人民日報》。

《林奈對近代植物分類學的貢獻》文章

　　林奈為近代第一個偉大的植物分類學家，1707 年誕生於一個貧寒的教士家庭中。今年正是他誕生的 250 週年。林奈在烏卜剌拉學醫的時候，讀到了某些法文的植物學的著作，使他觀察花的生殖器官。當他確信這些器官在植物的生活中的重要性後，他便認為應當用這些器官來建立一個分類系統。他寫了一篇不甚有創作性的著作，於是被邀請為植物學教授的代表。

　　在 1732 年，林奈被烏卜剌拉科學院選定為拉伯蘭的採集員。這時他獨自旅行了 4600 多英里，觀察了多種動物，並發現了 100 餘種新植物。此後他周遊了德國、法國、英國與荷蘭。在這些旅程中他草擬了他的名著《自然界的分類系統》，同時還發表了幾種植物學著作其中最重要的是《植物學基礎》（1736）《植物學評論》（1737）、《植物屬誌》（1737）與《植物綱誌》（1738）。

　　林奈回瑞典後，任烏卜剌拉大學自然歷史與醫學教授，講授植物學、化學、病理學、營養學與本草學，是極受歡迎的教師。他組織學生到各處採集標本。他還主持植物園、醫學會與烏卜剌拉王家學會。

　　林奈在 1735 年即開始寫作他的《自然界的分類系統》。以後在多次重版中大大修正與補充了這部傑作。現在的生物學家一般都選擇了此書的第十版作為分類學基礎。

　　而林奈最重要的著作則為 1753 年出版的《植物種誌》，此書在以後曾經大加增訂。

　　1778 年林奈逝世後，他的標本與書籍為一英國富有的自然歷史學家 J. E.施密士所購買。傳說當時瑞典國王聽見這個消息時，曾派船追趕，沒有追上。英國植物學家因而在倫敦建立了舉世聞名的林奈學會，而林奈的標本與圖書至今還保存在這個學會中。

　　林奈對於植物分類學的貢獻可分為四點：

　　1. 林奈將所有的植物分為屬與種，同時用雙名法來命名各種生物，即每一種生物有一屬名與一種名。

　　最初希臘的大植物學家希阿弗來士塔士在他所著的《植物的研究》中曾記錄了約 500 種植物的名稱，不論是屬、種或變種，全部是名詞或加以形容詞的名詞。後來羅馬人以希臘人的意見為基礎，對於他們所知道的植物，他們用拉丁名；對於其他植物，他們則採用希臘作者尤其是希阿弗來士塔士所用的名字。因此他們所用的植物名稱與希臘人仍相同，為一名詞或一名詞與一形容詞，後者是分為兩個字來寫的。在只知道每屬中的幾個種時，給予它們以分別性的名字是很簡單的，但當種數知道得多了以後，此種命名法一定不夠使用。因此植物分類學家不用一個形容詞而用一個描寫的短語以為種名的一部分。有些作者所用種名等於一細密的描寫，冗長而不合用。

　　林奈在《植物學評論》一書中，極力反對此種冗長的學名，建議學名以 12 個字為限。他自己在命名時，亦盡可能把學名限於 12 字之內。他在《植物種誌》的序言中仍舊保留了此項主張。這種限於 12 個字的正規種名，實際乃每種植物的性狀的簡短描寫。另外，在此種正規種名的邊緣上他建立了「日常名」。此種日常名都含有兩部分，前者為屬名，乃一名詞；後者為種名，乃一形容詞，或為性狀，或為地名，或為棲地，或為人名。此種簡短便於使用的雙名便是一直至今為全世界動植物學命名所遵守的命名法。林奈在建立這種命名法中的貢獻是偉大的。

　　2. 林奈在其《植物屬誌》與《植物種誌》兩書中，都是用中古的拉丁文來作描寫的。他力求描寫的精確明白與簡短，因此不用動

詞，而只用名詞與形容詞。且每一名詞必有一精確不移的含義，指明為植物的某項器官；而形容詞則求其豐富，使能形容一切器官的性狀。林奈所用的名詞，雖有自古以來的根源或為前人所用，但皆經過選擇，且每每給以特殊的精確含義，以免混淆。他所命名的大部分皆為後人所遵用，因而統一了植物分類學的術語。因此在其兩部巨著中所用的拉丁文，已非原來的拉丁文，而成為林奈所創建的植物學拉丁文。由於後人對於他的兩部名著的高度評價，用拉丁文作為全世界公用的描寫植物的工具，已成為 200 年來普遍遵守的習慣。

3. 林奈在其《植物種誌》一書中共收羅了 5938 種植物，分隸於 1098 屬，其中大約有新種 285 種。儘量搜集了當時所已知道的植物種。

4. 我們在開始就已提到林奈認明植物的生殖器官在植物生活中的重要性，因而他使用這些器官來建立一個分類系統。他用花的性質以區別屬，而用葉的性質以區別種，這是十分恰當的，這是他的另一個重要貢獻。至於他所發表的分類系統，首先用雄蕊的數目，再用子房的位置為分類基礎，這是不合於植物親緣關係的人為分類系統，為後來裕蘇以及德堪多諸人的自然分類系統所取代。然而林奈仍然是近代對於當時已知植物第一個建立完整分類系統的人。〔註2444〕

9 月間，翻譯達爾文的《動植物在馴養下的變異》一書，完成部分手稿。

1995 年中正大學校友會在編印《胡先驌文存》時，從胡先驌校長的哲嗣胡昭靜女士處，見到了胡先驌校長的兩本未刊譯稿。

一本是達爾文的《動植物在馴養下的變異》，只譯了引論和第一二三章，（包括狗、貓、馬、驢、豬、牛、羊、山羊等動物），毛筆字的稿紙上塗改多處，是一本未謄清的稿本，翻譯的時間約在五十年代初期，由於此書在 1957 年 9 月有葉篤莊的譯本，書名為《動物和植物在家養下的變異（上卷）》由科學出版社出版，胡先驌才終止了翻譯。

〔註2444〕 張大為、胡德熙、胡德焜合編《胡先驌文存》（下卷），中正大學校友會出版發行，1996 年 5 月，第 478～480 頁。

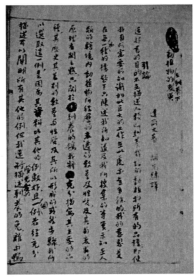

翻譯達爾文的《動植物在馴養下的變異》一書部分手稿

生物學家達爾文對中國古代人民在人工選擇及物種變異等理論和實踐方面所作的先驅工作，給予了高度的評價。他在《物種起源》（1859）《動物和植物在家養下的變異》（1868）和《人類由來與性選擇》（1871）等著作中，在談到蠶、兔、豬、金魚、雞、鴿、綿羊以及竹、杏、桃、牡丹、水稻、小麥等動物和植物的時候，特別把注意力轉向我國，僅在上述達爾文三大著作中，就有 100 多條來自中國的資料，其中四分之一以上直接引自李時珍的《本草綱目》（1596）或賈思勰的《齊民要術》（533～544）。為了證明中國歷史上在生物遺傳和變異方面擁有極為豐富的文獻，記載著我們祖先的許多具有先驅作用的工作和卓越的認識，這些認識史料可靠並且先於歐美各國。這可能是胡先驌要翻譯此書的動機。葉篤莊是農科院研究員，曾留學日本，而且是在 1957 年打成右派時翻譯此書，當時不得不用筆名出版，後來與方宗熙合作，對該書重新修訂出版。九十年代還譯完了達爾文的全集這是後話。

查爾斯·羅伯特·達爾文（C. R. Darwin，1809.2.12～1882.4.19），英國生物學家，生物進化論的奠基人。1817 年～1825 年在施魯斯伯里私立中學就讀。1825 年～1827 年在蘇格蘭愛丁堡大學攻讀醫學。1828 年～1831 年在英國劍橋大學攻讀神學。1831 年～1836 年隨貝格爾號軍艦環球考察。1837 年開始寫作第一本物種演變筆記。

　　1931 年以博物學家的身份，參加了英國派遣的環球航行，做了五年的科學考察。在動植物和地質方面進行了大量的觀察和採集，經過綜合探討，形成了生物進化的概念。1859 年出版了震動當時學術界的《物種起源說》。書中用大量資料證明了所有的生物都不是上帝創造的，而是在遺傳、變異、生存鬥爭中和自然選擇中，由簡單到複雜，由低等到高等，不斷發展變化的，提出了生物進化論學說，從而摧毀了唯心的「神造論」和「物種不變論」。恩格斯將「進化論」列為 19 世紀自然科學的三大發現之一（其他兩個是細胞學說、能量守恆轉化定律）。

　　1868 年發表《家養動物和培育植物的變異》。1871 年發表《人類起源和性選擇》。1872 年發表《人類和動物情感的表達》。1880 年出版的《植物的運動力》一書中總結了植物的向光性的實驗。1881 年發表關於蚯蚓的著作。（張大為著）

10 月 20 日，擔任「全國樹木誌編寫協助委員會委員」。

　　根據國家科學規劃委員會的工作部署，全國樹木誌編寫由中國科學院植物所及林業科學研究所負責，要求於 1967 年前完成。為組織完成此項工作提出以下建議：一是「組織全國樹木誌編寫協助委員會」，在京委員：胡先驌（植物所）、秦仁昌（植物所）、張昭（林業部）、陳嶸（林研所）、吳中倫（林研所）。二是關於全國分區問題。經過各方面往來協商初步擬定 10 個分區。三是成立「地區樹木誌編寫委員會」。〔註 2445〕

10 月，《談談沙漠植物》文章在《旅行家》雜誌（第 20 期，第 36～37 頁）發表。摘錄如下：

　　沙漠有各種各樣的，有熱帶的沙漠，有寒帶的沙漠，有幾乎終年完全沒有雨的沙漠，有一年中有些許雨量的半沙漠，有流沙性的沙漠，有礫石性的沙漠，沙漠中且有潛藏著大量地下水的沙漠綠洲，可以有農業與園藝。除了寒帶或高原的沙漠外，各種不同的沙漠一

〔註 2445〕 王希群、楊紹隴、周永萍、王安琪、郭保香編著《中國林業事業的先驅和開拓者——胡先驌、鄭萬鈞、葉雅各、陳植、葉培忠、馬大浦年譜》，中國林業出版社 2022 年 3 月版，第 162 頁。

般都是氣候炎熱，雨量稀少，一日之間，氣溫的變化極大。白日溫度極高，夜間則溫度大降，成為所謂嚴酷的大陸氣候。

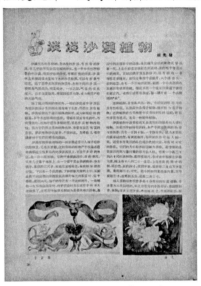

《談談沙漠植物》文章

除了絕對無雨的地區外，一般的沙漠或半沙漠因為可以獲得少量的雨水或有地下水源，仍然生長有植物。沙漠植物由於適應特殊的環境，或為環境影響的結果，多半有些特殊的性狀。常綠革質或有毛的葉，與肉質莖葉，或無葉而有多刺的莖，都是沙漠植物的特性。因為它們所具有的特殊性狀，常常有園藝觀賞的價值。沙漠植物各類繁多，不能細述。且略提幾項使讀者對於它們約略有些認識。

沙漠植物中最奇特的一種要推通常歸入裸子植物的維物且，又名百歲蘭。這種奇特的植物產於西部赤道非洲鄰近尼格羅海角沙漠高原上，它生於多沙的地區，是一種木質植物。它的幹是倒圓錐形，長約兩尺，只有幾寸露於地面上，是一個扁平圓桌狀的物體，分為兩半，直徑約三尺多，長成後呈暗褐色，全面都堅硬而開裂。下部是一個圓錐根，下伸到數尺深的土中，從圓桌狀幹的頂端的深槽間長出兩片極大的革質葉，扁平帶狀，長到六尺，每幹的半片有一片這樣的葉。一株植物一生只有這兩片葉，種子萌發時另有兩片葉子不久便脫落了。這兩片葉極容易撕裂為長條在地面扭卷。靠近葉的基部在幹的邊緣，生出兩叉分枝的聚傘花序高至一尺，上生小形直立猩紅色的花球，長約等於普通雲杉的毬果。花球的鱗片覆瓦狀排

列，每片載有一朵兩性花或雌花。兩性花有四個花被片，六個連合為一組的雄蕊，各有一個三室的花藥，圍繞一個中央胚珠外面裹以管狀胚珠被。雌花只有一個直立胚珠藏於囊狀花被之內。成熟後毬果有四棱，每一鱗片有一個具闊翅的「果」。

這種植物，全世界只此一種。它的花的形態與麻黃有些相似。從前認為是裸子植物，現在稱為蓋子植物。這種植物在古代地層中沒有找到它的遠祖，在近代亦沒有近親，真是一種特殊植物。

沙漠植物中最奇特而又最美麗的無疑是仙人掌科植物。這是西半球特有的科，多產於南北美洲的熱帶與亞熱帶，共有一百四十屬，一千四百種。絕大多數有肉質緊縮的莖，有刺而無葉，有葉的僅有葉仙人棒一屬。通常多有美麗的紅色或白色的大花，與有時可吃的漿果。它們的大小形態往往極為懸殊。最奇怪的是美國西南部與墨西哥的巨大仙人柱。它是一個高二十到六十尺柱狀植物，直徑有兩尺，有時在中部橫生少數大枝，柱上有十八到二十一條肋，上生有長約兩寸的刺，花白色，長約四寸，夜間開放，直到第二日白天才萎謝。果長兩三寸可吃。最小的如同某些鹿角掌，莖節長兩三寸，直徑四五分，花長二至三寸。

仙人掌科植物有許多是十分美麗的觀賞植物，亦是常為人所栽培的。如北京常見的令箭荷花，莖扁闊如帶，無刺；花在日間開放，外面猩紅色，內面洋紅色，長十五至二十釐米，直徑十至十五釐米，花瓣多數，廣為開張。而夜間開花的所謂曇花，尤為人所稱道，它的莖扁平略如令箭荷花；花白色，長約三十釐米。因為它的花夜間開放，第二天便萎謝了，格外覺得稀奇而可貴。

但尤為常見的是仙人掌，它的莖節扁平，有刺，全株高至三四米，花黃色，直徑七至十釐米，果紫色或紅色，可吃，原產地不明，在熱帶與亞熱帶地方廣為栽培，供觀賞與供作綠籬用。這種植物在雲南與西川西昌一帶已成為歸化植物。除此種外還有許多其他的仙人掌，皆為觀賞植物。

仙人掌雖是美洲原產，但在其他熱帶與亞熱帶地區，極易繁殖。這裡有一件極有趣的故事：澳洲內地是沙漠與半沙漠，澳洲本來不產仙人掌，但有某個澳洲人，以為仙人掌可以在澳洲生長，便引種

了這種植物。不料仙人掌繁殖得極快,不多年便到處都是,人力已不能控制。於是便侵佔了廣大的牧場,引起了重大的損失。澳洲政府每年花幾百萬磅,還去不乾淨,直到自墨西哥輸入專蛀仙人掌的節的害蟲,才把這多年的禍害殲滅盡了。

另外一類貌似仙人掌的植物是霸王鞭,它是屬於大戟科的植物,是一種直立灌木;莖有五個鈍棱,棱上有成行的乳頭狀突起,上生黑色分叉的短刺;枝微輪生,頂端生矩圓形鈍頭厚葉。花帶綠色,生鳥巢花序合成聚傘花序生於葉腋同。這種植物供觀賞用及作綠籬用。此外還有其他的種類。

另一類肉質植物屬於番杏科,多生於南非洲、澳洲、南北美洲西部乾燥石岩上或乾燥沙地上。這裡提出冰花果作代表,它是木質多年生草本。莖偃伏在地上,葉對生,肉質,有三棱,彎刀形,花黃色至薔薇紫色,有多數花瓣與退化雄蕊,果可食。這種植物種在斜坡上,極為美觀。

另外一類的肉質植物是蘿摩科的五星國徽屬,這屬植物外貌看來極似仙人掌。這裡可以巨花五星國徽做代表,它是無葉植物。莖粗厚,肉質,自一偃伏的基部直立,高四至八寸,直徑半寸,有四棱,有細毛。花一或兩朵,生於莖的基部或中部,直徑一尺到一尺四寸,淺黃色而有褐色橫條,有紫色毛,花冠裂片長四至六寸。因為它的形態奇特,所以被栽培作觀賞植物。

最後提一下內蒙古與新疆的一種著名的沙漠植物,這便是藜科的鎖鎖,鎖鎖這個名字見於元朝陶宗儀所著的《輟耕錄》,可見久已知名。它是一種灌木或喬木,高至一丈左右,樹幹粗而槎枒;小枝細瘦,淡綠色;鱗片狀葉短三角形。花小,生於葉腋間。果有增大的花被。鎖鎖的重要性是因為沙漠地區沒有樹木,而鎖鎖卻能生長在其他樹木不能生長的地方,而且它的木材作為薪炭材火力極大,同煤一樣,它的嫩枝又可為駱駝的飼料。所以被稱為沙漠中的一件寶物。現在內蒙古自治區正在試驗用鎖鎖造防沙林。〔註2446〕

〔註2446〕張大為、胡德熙、胡德焜合編《胡先驌文存》(下卷),中正大學校友會出版發行,1996年5月,第490～493頁。

12 月 20 日，胡先驌致盧弼信函。

　　慎之先生侍席：

　　　　日前寄上一函，想登記室。昨日取到大著《三國志集解》，皇皇
　　巨製，展閱之際，佩仰讚歎，匪言可喻。王葵園補注之後，得見是
　　書，猶是清儒規範，非近代淺學者所能望其涯涘。回思當日付梓經
　　過，此書韞櫝幾二十年，至今始能公諸於此，得非文運復興之兆
　　耶？！快慰快慰！

　　　　專此致謝，敬頌

　　年禧

先驌　拜啟

十二月廿（1957 年）〔註 2447〕

　　12 月，著《經濟植物手冊》下冊，（第一分冊），52.4 萬字，共 499 頁，
印數 2510 冊，科學出版社初版。正文前有內容提要。

　　　　內容提要

　　　　本書為適用於我國全國各地區廣泛性的經濟植物手冊。所有在
　　本國土產或栽培或可能栽培的重要農藝、園藝、森林、藥用、牧草
　　及工藝植物，皆搜羅具備。按科、屬、種有系統地排列描述，並有
　　分科分屬分種檢索表。每科有一圖，以表示該科的性質。經濟用途
　　則記於種的描述之下。

《經濟植物手冊》下冊，（第一分冊）

〔註 2447〕《胡先驌全集》（初稿）第十七卷下中文書信卷，第 498 頁。

此書以篇幅甚多，規模較大，故分為上下兩冊；每冊又分為兩個分冊刊印，以期早日得與讀者相見。上冊的第一、第二分冊業已出版。

此書雖收集不少白外國引種的經濟植物，但主要的仍為國產的種類，也有些植物曾經在外國栽培而在國內尚未栽培以及少數極有栽培價值而尚未經栽培的種類概經收入，以供一般從事農林、畜牧、醫藥的專家、幹部與學校師生參考之用。

目錄

1958 年（戊戌） 六十五歲

1 月 22 日，胡先驌致盧弼信函。

慎之先生侍席：

　　前奉一月十五日手教，藉悉《三國志集注》印行經過，將來談及亦屬一段掌故也。「整理國故方案」誠為遠期支票，或在三個五年計劃完成以後，始能議及此事。鄙意宜直寄毛主席，至郭院長處由他人轉交，反較由驌代達為宜，此中緣因亦不必細述。《慎園詩文集》如數分配，請以三份見寄，一份當珍襲，其餘二份當以轉贈章行嚴與張校彬二公。驌之文字交近年亦只此二位也。《毛詩》《爾雅》之草木鳥獸之精確解答亦非易事。《管子‧地圓篇》近來始由一植物學家詮釋明白。讀舊籍亦非易事，英儒李約瑟以生物化學名家，近年鑽研我國之科學遺產，將成書九冊，兩冊已出版，於是知讀周秦古籍亦非無科學根柢者所能盡得其奧窔也。

　　專此敬頌

著安

弟 胡先驌 拜啟

一月廿二日（1958 年）〔註 2448〕

────────────

〔註 2448〕《胡先驌全集》（初稿）第十七卷下中文書信卷，第 498 頁。

1月，《植物的新系統學引論》文章在《科學》雜誌（第34卷第1期，第2～10頁）發表。摘錄如下：

新系統學這一名詞的提出，不過是近二三十年的事。新系統學顯明是對舊系統學而言。舊系統學即所謂古典系統學或正統系統學，亦即杜律爾（W. B. Turrill）所稱謂 α——系統學，即一般通行的分類學。古典系統學是根據顯明可靠的形態的性狀分別生物為種（species）。在一個種中若有顯明可靠的但是較小的形態區別，則可再分為亞種或變種；在亞種或變種之內，或僅在種內，若有顯明可靠但是更不重要或只有一個形態區別，則可再分為變型。但是用為作區別的是外部的形態性狀。這種分類的方法是正統的或古典的分類方法。而這種學問便稱為古典系統學，或正統系統學，或舊系統學。

提出新系統學的口號是不是便證明了舊系統學已經是陳舊了，過時了，需要推翻，需要革命，而用新系統學以代之呢？不是的。過去千百年來的舊系統學已經收穫了巨大的成就，而尚有巨大的工作還需要用舊系統學來完成。舊系統學為一切生物學科的基礎。正因為舊系統學有了莫大的成就，新系統學的建立才有可能。就我國來說吧，我國的種子植物估計約有三萬種。若要寫成中國植物誌，便需要二百個專家編寫二三十年才能完成。其他的區域如東南亞洲、非洲與南美洲亦是如此。而編寫這些植物誌是要用舊系統學的方法的。所以赫胥黎（J. Huxley）說，「對於新系統學抱有希望，並不暗含對於舊系統學的不敬」，便是這個意思。古典系統學家在世界廣大的各個生物分布區內所有各部分採集材料，對於各群的生物作出區分，給與學名，並作出愈分愈細的區別。因為這些工作獲得了巨大的成就，於是引起了許多新問題與若干一般性的問題。

近代他支生物科學的興起，對於系統學家的眼界發生甚深切的影響。遺傳學、細胞學、解剖學、生態學、生物地理學、選擇學說、古植物學、胚胎學、花粉學，甚至發育生理學，皆證明與系統學這方面或那方面有關。此外如細菌學、真菌學、農學、醫學、農業昆蟲學等應用學科的精深的應用方面研究，亦揭示出古典系統學家所

未能發現的事實。

系統學的研究可分為兩方面：一為研究小規模的演化，或如梯摩菲夫—羅索夫斯基（Timofeeff-Ressovsky）所稱為小演化（microevolution）；一為研究大規模的演化——亦可稱為大演化（macroevoiution）。這兩方面的研究目的與方法是大不相同的。研究小演化的目的是研究物種如何起源，各種形成物種的因素的效應如何，種以下的單位如何分析等問題。研究小演化的方法是用分析與試驗的方法，以研究物種的細胞、遺傳、生態、地理分布、生理等等。研究大演化的目的是研究種以上的單位，如屬、科、目、門等的性質的起源，研究的方法是用比較形態學（包括花粉學、解剖學、胚胎學）、古生物學、歷史生物地理學、血清試驗法等的比較與綜合的研究。

現代的新系統學對於小演化的研究特別重視，但同時對於大演化——尤其是在植物學方面亦有重大的貢獻。除了個人發表分類系統外，如蘇聯的科學院與第八屆國際植物科學會議皆建議，以集合研究來建立一個較切合科學事實的高等植物分類系統。

……

結論

以上所陳，指明在今日研究系統學，必須在正統系統學的方法外運用更多的其他研究方法。有些方法還不算完善而需要在將來發展，一方面這些方法的效用亦有限度。然而這些方法確有其優越性，因為它們的精確性與客觀性。在做較為粗放的植物區系誌的工作，或者正統分類學的方法暫時適用，尤其在我國業務繁重人才缺乏的情況下是如此。但我們必須有一更高的目標，而在將來必須進一步運用新系統學的綜合方法，用形態學、解剖學、細胞學、抱粉學、生態學、地理學、遺傳學與古植物學的方法與資料綜合來研究，才能得到最後的正確的系統學的結果。這便是新系統學的使命。〔註2449〕

〔註2449〕張大為、胡德熙、胡德焜合編《胡先驌文存》（下卷），中正大學校友會出版發行，1996年5月，第494～514頁。

胡先驌著《植物分類學簡編》（修訂本），科學技術出版社出版

1月，《經濟植物手冊》上冊，第一、二分冊合訂本，70.5萬字，印數820冊，科學出版社第2版。

3月，為《植物分類學簡編》修訂本，作序。

因為想供給植物分類學以一中文本的教科書，著者在一九五一年刊布了一部種子植物分類學講義。此書大體取法於赫經生（J. Hutchinson）的有花植物科誌（The Families of Flowering Plants），將所有的被子植物各科完全敘述，而加上裸子植物各科，共計三百六十一科。在科的描寫之外，再按其需要，對於亞科與族以及中國產的重要屬，亦有簡短的鑒別性的描寫；再加上第一篇花之分析：基本原理，共為九章，以為教導初學之用。

在中國尚無適當的植物分類學的教科書時，此書能供給其需要。然其缺點在於材料過多，不但我國所不產的各科沒有時間講授，而且亦不必講授；便是中國所產的各科亦沒有時間完全講授。因此我的門人四川大學植物學教授方文培與西南師範學院植物學教授戴蕃瑨函請我仿施文古教授（Prof. Deane B. Swingle）所著的植物分類學的體裁再寫一部植物分類學簡編，以供各種高等學校與農林學院之用，並供中學植物教員以及農林幹部參考之用。這便是編寫此書之動機。

　　施文古的植物分類學教科書，篇幅雖小，但對於理論與技術方面寫得頗為精詳，如第一章演化與分類學的關係與第十二章植物分類學的原理兩章是極其重要的討論植物分類學的理論的。簡編的此兩篇大體依據該書的內容編寫而有重要的增加與修正。第二章高等植物鑑定的方法，第三章標本室的建立，第四章植物分類學的術語，第十一章命名；這四章是討論採集、鑑定、描寫植物與植物命名的一切技術的。第五章苔蘚植物與第六章蕨類植物兩章，是按現時學制的規定而寫的。苔蘚植物甚少經濟價值，故寫得較為簡略；真苔目五十餘科皆未分別敘述。但蕨類植物則有較大的經濟價值，而且我國的一般植物分類學家對於此門植物都少有研究，故此書中敘述特詳。蕨綱的十八個科學照柯潑侖德（E. B. Copeland）的新分類系統有詳細的描寫，並介紹了中國所有的重要屬，同時有多幅精圖，如此初步講授蕨類植物的困難便可以解決了。在第八章裸子植物各科，第九章雙子葉植物各科與第十章單子葉各科，一共敘述了一百個科，皆是我國所產或所栽培的富於經濟植物種的各科。在某些科中尚述及亞科、族以及重要的屬與種。故所敘述的科，雖不過種子植物分類學講義中所敘述的四分之一，但重要的科大多數都有了。第十三章植物分類系統，對於重要的分類系統有詳細的介紹與評論，連一九五四年對於蕨類植物、裸子植物與被子植物的新分類系統都敘述了，這對於瞭解各家分類系統的內容與短長是有益的。第十四章植物分類學文獻，初次將關於研究植物分類學尤其是關於研究中國的植物分類學文獻，包括一九五七年出版的幾部重要著作介紹於讀者，這是有助於治此學的人們的進修與建立小規模的植物分類學的圖書室的。

　　此書在各方面看來，可以算是一部很適當的參考書，亦可用為各種高等學校的植物分類學教本。但在某些情況下，這書的分量可能還嫌過重，執教者可以斟酌與以減損。若時間不夠或要求不高，則關於討論植物分類的理論與技術各章，可以只作簡略的介紹，而多著重於蕨類植物與種子植物百十餘科的描述。若再有減損的必要，則可略去本地區所無的植物科不講，這全靠教師們的靈活運用，而是不能預先說及的。

　　中國科學院植物研究所副所長林鎔教授曾將此書原稿全部校閱一遍，並提出甚多寶貴意見，特此致謝。

　　　　　　　　　　　　　　一九五八年三月著者序於北京寓齋

　　3 月，中共中央發出《關於開展反浪費、反保守運動的指示》，對知識分子，當時做法：一方面是對知識分子的「資產階級思想」展開「拔白旗，插紅旗」活動，一方面是知識分子自我批判的「交心運動」和「向黨交心」運動。中國科學院植物研究所檔案有一份當時的檔案材料，1958 年植物所作出「對研究員胡先驌的改造計劃」：

　　1. 解放前後的經歷及政治態度

　　1940 年由朱家驊等介紹加入國民黨，先後為維護國民黨的政權發表過不少反動文章和演說，如《中國政治之改造》《中國經濟之改造》等等。故是國民黨文化科學戰線上的一名大將。曾任極為反動的偽中正大學校長，對學生灌輸崇美反共的反動思想，歌頌蔣介石國民黨。據其自云，因與蔣經國不和而脫黨。

　　解放前夕曾與幾個反動分子組織了「獨立時論社」，發表了極其反共的反對解放的「十六教授宣言」。解放後，對內對黨的政策不滿，對外崇美反蘇，思想改造運動時受到批判，加之黨在各項事業上政策的勝利，胡也感到大勢所趨，對蔣介石也只能是「恨鐵不成鋼」，因此，此後以第三者立場自居，常談：「不在其位，不謀其政，過去我是領導，現在我是被領導。」對黨的各項政策沒有公開反對，但是不滿牴觸情緒言論經常流露，牢騷滿腹。在交心運動時說，生產大躍進，認為共產黨領導有辦法，這樣大的中國要我來搞，也沒有辦法，現在我才衷心地佩服共產黨。

　　2. 整風反右運動中表現及目前情況

　　整風反右時在所內沒有什麼活動。1957 年 6 月 18 日應江西農學院院長（筆者注：副院長）黃野蘿（右派分子）之邀去講學，與黃一同發出了「王止川（前獸專校長）死得冤枉，死得不明不白，這次要把他的問題搞清楚，要給王立碑紀念，並要在碑上把王弔死之前後經過寫出來，以示平反」。對儲安平「黨天下」受評判，表示說：「整風為什麼轉了風？為什麼不是言者無罪了呢？」等等。對肅反、知識分子改造、三反五反等，都很有牴觸。雙反交心對其許多

反動的政治立場觀點及關係都未談及。

在所中搞大躍進時，提出許多條件，水平規格論，表現出保守觀潮促推，對大字報極其怕。在討論會上，對許多不正確的意見不敢公開反對和堅持。在獻禮時也想些辦法和拿一些知識和研究成果來表示自己是積極工作，擁護黨，給自己掛上一筆進步賬。在討論公社時，產生各種錯誤的曲解，什麼我是專家吃小灶，我愛人是家庭主婦吃大灶，老伴吃不同的，我不安心的。什麼公社成立之後，母愛沒有了。

胡還存在著嚴重的資產階級特權思想和作風，在治安保衛運動前，群眾對他貼了許多大字報。當同志要他來上班時，他說：「我老了思想落後，改造不過來了。我現在不要求別的，只要像秉志一樣，把我放在一邊。我不和任何人發生關係，安靜做一些工作，也是黨需要的。」由這一系列看來，胡在政治排隊上是老右派。

在業務上，胡是一個植物分類學家，古植物學、植物地理學家，最近專攻樺木科、山茶科、安息香科。1951年曾發表過一個多元系統，對第三紀植物研究獲得一定成就。在學術觀點上，公開承認他是摩爾根學派，認為李森科是由政治力量抬起來的，科學研究上粗糙，沒有什麼。對瓦維洛夫非常佩服。胡雖知識淵博，廣閱博覽，但是學術作風則極為惡劣；追名求利，搶新種新屬發表，科學態度極不嚴肅，自己公開承認其許多工作是粗製濫造。直到最近還爭稿費，對黨的科學研究必須為生產服務，以任務帶學科的方針，沒有表示反對。黨提出要搞經濟植物誌，他認為他早就提出過要搞經濟植物，寫了《經濟植物手冊》，其這種做法並不是體會了黨的這一正確方針而做的。他這一部著作是脫離實際搞出來的，並不能解決生產上的問題。他現在積極做植物誌的工作，同時仍然熱心發表新種。

3. 改進計劃

總的方針因胡已年高，思想一貫反動，但學術上有一些成就，因叫他在政治上不容亂說亂動，抓住一切可能對他進行工作，能改變多少算多少。在業務上，要他按黨的要求工作，調動他的科學知識這一積極因素，為社會主義建設服務。具體辦法：

（1）爭取他參加政治學習（因胡每天只上班2～3小時），參觀

有教育意義的展覽會,聽報告,使他頑固的反動思想不斷受到新事物的衝擊。

(2)通過其學生與他經常的交談聯繫,瞭解他的思想情況。同時也使他多接受一些新思想。

(3)在業務上,這兩年要他經常如期完成經濟植物誌他負擔的部分,帶好學生,把他的對社會主義建設有用的知識傳授給學生。

(4)端正他的學術態度,如不改變,可用大字報等方式批評並開會爭論。

(5)打掉他的資產階級特權作風和思想,不容他對別人吹鬍子瞪眼睛。如不服,就鬥他一下,使他老老實實,夾著尾巴巴,以平等勞動者的身份工作。〔註2450〕

胡先驌晚年在北京石駙馬大街照片

5月,胡先驌按組織要求,坦誠寫出《交心》,一連寫出29個不滿意。反映了他對國家外交政策關心,對國家內政的擔憂,還有對植物所工作的意見和建議。特別是對蘇聯米丘林生物學崇拜,而忽視了蘇聯瓦維絡夫在遺傳育種學上的研究。在文化遺產方面,過分強調厚今薄古口號,導致年青人對祖國文化膚淺認識和瞭解。如下:

〔註2450〕 胡宗剛撰《胡先驌先生年譜長編》,江西教育出版社2008年2月版,第601~604頁。

一、我對於斯大林時代的蘇聯不滿，認為是赤色帝國主義。但仍然認為他在建立社會主義是功多於過。

二、我尤不滿意於蘇聯劫走東北的機器，共管中東鐵路，佔領旅順、大連與共同開發新疆的石油。

三、我不滿意於斯大林逼迫我國承認外蒙古獨立，因為此倒一開，內蒙古、西藏、新疆皆可引以為口實，而我將無辭以對；幸共產黨的賢明，民族政策在某種程度上克服了這種危機，然在西藏與新疆這種危機仍存在。

四、我對於馬林柯夫、赫魯曉夫主政以後，對於我國種種無私的幫助十分滿意，因為這是不能望之於資本主義國家的。

五、我不滿意於解放後初期一邊倒的號召。

六、在朝鮮戰爭時期，我怕美國向我國本土，尤其是向北京轟炸。

七、我不滿意於叫囂要解放臺灣，而對於解放香港、澳門一字不提，我認為這違反了反殖民主義的原則，但亦體諒政府不欲多樹敵的政策。

八、我不滿意於一時要以武力解放臺灣，一時又要和平解放臺灣；一時稱蔣匪，一時稱蔣幫；一面要解放臺灣，一面連近在咫尺的金門與馬祖兩島皆不解放。

九、我對於土地改革中發生的偏差不滿意，但認為在大革命中個別的偏差是難避免的。

十、我不滿意於以八億元贈與阿爾巴尼亞，以為我國與阿爾巴尼亞風馬牛不相及。

十一、我不滿意於在本國糧食荒欠的情況下，以巨量的糧食救濟印度。

十二、我不滿意於我國對南斯拉夫的模棱兩可的曖昧態度。

十三、我不滿意於歷年招待國外來賓的浪費。

十四、我不滿意於在第一個五年計劃期間忽視農民的疾苦；但對於今年發展農業與小型地方工業的種種措施覺得異常興奮，以為這是我國有史以來所未見的。

十五、對於三反五反運動的偏差我不滿意，但對於資產階級的不流血革命甚為佩服。

十六、我不滿意於低級公務人員的低薪待遇。

十七、我對於前數年反對邵力子的節育主張不滿意，但對於現在的大規模的節育運動十分擁護。

十八、我對於普選不感興趣。

十九、我不滿意於國內物價的高漲，而同時以同樣的物品向國外傾銷。

二十、我不滿意於解放初期一律模仿學習蘇聯而忽視學習資本主義國家的科學，以為這引致了巨大的損失。

二十一、我瞧不起民主黨派，故不肯加入任何黨派。

二十二、我對於現在厚今薄古的口號擔憂，以為又導致青年們輕視我國文化遺產。

二十三、我不滿意於前數年對於所謂米丘林生物學的過分崇拜，我根本不承認有所謂米丘林生物學；雖對於米丘林的園藝學上的貢獻甚為佩服。

二十四、我不滿意於科學院忽視瓦維洛夫在遺傳育種學上劃時代的貢獻，認為我國的農業科學只有研究瓦維洛夫的學說，並學習他的研究方法才有進步的希望。

二十五、我對於米丘林誕辰百週年紀念會上對於我的攻擊不滿意，尤其是在1954年《科學通報》刊布了蘇聯植物學會對於物種形成問題的討論總結以後。

二十六、我不滿意於植物所的保守傾向，尤其不滿意對於新系統學的研究一無計劃。

二十七、我不滿意於我所不積極與國外建立標本交換。

二十八、我不滿意於我所忽視經濟植物的調查與研究。

二十九、我不滿意於我所的購買圖書工作。〔註2451〕

6月，十年共同完成《中國植物誌》編寫計劃倡議書。

〔註2451〕 胡宗剛撰《胡先驌先生年譜長編》，江西教育出版社2008年2月版，第597～599頁。

中國植物學會擴大理事會在植物研究所召開，會上通過植物研
究所提出《中國植物誌》編寫計劃。會後出席會議之分類學家向全
國發出十年完成中國植物誌的倡議書，在倡議書上簽名的有：關克
儉、劉慎諤、匡可任、吳印禪、吳征鎰、汪發纘、陳邦傑、陳煥鏞、
鄭萬鈞、林鎔、張宏達、張肇騫、單人驊、周太炎、侯寬昭、胡先
驌、俞德濬、耿以禮、秦仁昌、唐進、裴鑒、蔣英、錢崇澍、鍾補
求、簡焯坡等。並提出在 1959 年 10 月 1 日之前率先出版五卷，以
向開國十週年獻禮：大家在丟掉了各色各樣資產階級的包袱，破除
了「難」的迷信之後，思想豁然開朗。因此，在規劃會議上秦仁昌
先生毅然提出：「除今年參加新疆考察外，我還可以作出中國植物誌
蕨類植物第一部分（蕨類植物為植物誌第一卷，共分為四部分，分
四本出版），在明年十月一日前出版，作為開國十週年的獻禮！秦先
生的決定引起全場熱烈的掌聲。胡先驌先生立即響應，要在明年國
慶前出版樺木科（包括榛科），匡可任先生也提出明年完成楊梅科、
胡桃科，和胡先生的樺木科合為一卷出版，鍾補求先生提出了完成
玄參科的馬先蒿屬，吳征鎰先生提出了完成唇形科的一部分，汪發
纘先生和唐進先生提出完成莎草科等，這些都將於明年國慶節出版，
為開國十週年的獻禮。」〔註2452〕

7 月，譯《試驗的和合成的植物分類學》，杜律爾（W. B. Turrill）原著，
文章在《科學》雜誌（第 34 卷第 3 期，第 147～155 頁）發表。標題後改為
《實驗的與綜合的植物分類學》收錄在胡先驌等譯、鍾補求校、J·赫胥黎主
編《新系統學》，科學出版社。1964 年 11 月初版。摘錄如下：

分類學的絕大部分是以形態學為根據的。固然為了在廣義上說
來可稱為歷史性的一些原因，它幾乎不能不如此，但是也為一般方
便起見，鑒定也必須儘量容易與快速。就整體說來，分類學家有十
全的理由對於自林奈以來用描寫與比較形態的方法所完成的工作感
到驕傲。毫無疑義，像教會階級制式的分類學將植物分為變種、種、
屬、科與更大的群曾產生了一種系統，若沒有它許多在生態學、細

〔註2452〕 崔鴻賓、湯彥承；《十年內完成中國植物誌》，《科學通報》，1958 年第 10 期。
胡宗剛、夏振岱著《中國植物誌編撰史》，上海交通大學出版社，2016 年 9
月版，第 82 頁。

胞學、遺傳學、組織學甚至生理學方面的近代發展將成為不可能。
分類學是任何生物學研究的基礎，還沒有任何被建議過的分類系統，
可以將那種為了便利計稱為甲種（alpha）或正統分類學取而代之，
雖然為了特種目的而建立的輔助性分類的需要是無疑問的。在另一
方面沒有分類學家會說現存的系統或其中的任何大部分是完整的或
完善的。而且，細胞學、生態學與遺傳學的近代發現，常常對於分
類學有聯繫，現在已愈來愈變為明顯了。實在地說，在它們之間是
有一種有利的相互反應的。分類學家必須準備接受他的同事們的建
設性批評而將他們所供給的有關資料吸收到他的系統中去。他可以
因此逐漸發展現存的系統，而自現在的相對的開端前進到一個理想
的作為他的目標的完善系統。不怕他的同事們的指責，分類學家敢
於堅持他的學科至少是很大一部分的生物知識的起始與終結。

這自然會遇到許多困難。有些困難在他處曾經較詳盡地討論過
（Turrill，1938），在此處只要將必須加入到分類學中來的新的題材
略加分類而歸納為兩類就足夠了：

（1）實驗性的──包括大量的遺傳學、一些生理學、一部分生
態學、一些細胞學。

（2）非實驗性的──包括組織學、大量的細胞學、一部分生態
學、大量的生物地理學。

關於後一類研究的困難不大，而且確定已大部分被克服。它們
之不在此處被詳細考慮是因為寫此篇的「委託條件」的限制，而並
非因為作者不承認它們的興味與重要性。在此處我們主要只關心於
分類學中運用實驗與從實驗所獲得的資料的可能性問題。重要的是
須要記住分類學同時有理論的與實用的兩個方面。所謂「實用的」
方面在此處只指鑑定種類，亦即可以肯定地說一個指定的標本是屬
於某某分類群，與使此鑑定成為可能的廣義的方法。分類學家聲稱，
而且可以證明這種聲稱，他們除鑑定外還有另外的問題，而這些問
題一部分為真正的分類學所特有，一部分與生物學的其他分支學科
有關聯。換句話說，固然分類學是所有生物學研究的基礎，它也有
另外的一些東西，而按他們自己的路線，以它自己的方法與獨立的
目標來發展研究。這些論點無疑在本書集的其他章中亦將發展，而

在此篇中實用的與理論的方面是混合討論的，其小題目則基於實驗的類型。

一、在大致一律的情況下的簡單栽培

……

二、在不同的但是被控制的或知曉的情況下的栽培

……

三、細胞學的試驗

……

四、遺傳學的試驗

……

五、結論與後記

在此章中曾考慮了將實驗方法推廣以幫助分類學研究的某些可能性。很顯然，這類方法現在還很不發達，而且它們所有的局限性經常制止它們取其他方法而代之。然而它們的潛能已經足夠地被知道，使得能夠確知它們能於供給為其他方法所不能獲得的有價值的資料。更有進者，這些資料能夠更加精確，而且因為已發表的結果可以重行試驗，所以也能夠比推論標本室與博物館的死標本更為「客觀」。上面所提示的常常舉有範例的試驗方法，大多均為簡單的，既不需要複雜與高價的儀器，也不需要很高深的技術訓練。分類學家必須將細緻的遺傳分析讓給遺傳學家，或獲得他的合作，而將遺傳學說弄得更複雜化卻並不是他的工作。

雖然實驗的重要性在此處被故意地著重了，但重要的是要記住研究一個種或一群種以達到健全的分類的、種系發生或植物地理的結論一定要用一種綜合的方法。故此，Marsden-Jones 與 Turrill 對於麥瓶草（Silene）是照以下的原則工作的：（1）將標本室與博物館中所積存的材料加以有系統的研究，並輔以與此題目有關的所有已發表的全部文獻的仔細研讀；（2）同時用植物地理學與生態學的方法，以其所有的變種與變型，來對於所涉及的種的分布，加以野外研究；（3）在試驗地作有控制的自交與雜交的栽培；（4）用遺傳學研究過的材料，在不同的環境情況下加以栽培，以研究外在因素的促其改變的影響；（5）野生與栽培材料的細胞研究；（6）營養器官與生殖

器官的解剖研究；（7）研究可能得到的化石材料。

　　只有聯合所有的方法，包括標本或博物館、圖書館、野外與育種等，才有希望獲得令人滿意的分類單位的性質與發生的證據。沒有一種方法是自足的，然而每一種皆是重要的。作為綜合方法的一部分，實驗分類學在新系統學的規劃中將有它的地位。〔註2453〕

胡先驌等譯、鍾補求校、J・赫胥黎主編《新系統學》

　　7月間，歷時一年多的整風和反右派運動完全結束。在這期間，按照組織要求，胡先驌寫了《自傳》。原稿存於中國科學院植物研究所檔案室。

　　胡先驌，字步曾（Hsen-Hsu Hu），男性，漢族，江西省新建縣人，出生於1894年陽曆五月（陰曆四月二十日）。

　　我生於封建官僚家庭。父早故，母在我年二十二歲時在美國留學時病故。家有異母兄一人，習武，分居已久。幼年父死後，家庭經濟困難，二十二歲留學回國後，即憑個人學術謀生。前妻王惠真早故，繼妻張景珩現存，未有職業。本人平生極大部分時間從事教育與研究工作，幼時喜好文學，早年的思想及政治態度，可以說是甚少受到他人的影響。

〔註2453〕張大為、胡德熙、胡德焜合編《胡先驌文存》（下卷），中正大學校友會出版發行，1996年5月，第756～780頁。

在清末本人曾應童子試，十二歲進了學，加以家庭中的影響，故封建思想極為濃厚。但鄉居多年，對於農民的生活亦有點體會。十二歲清朝廢科舉，辦學校，本人進了江西省南昌府的洪都中學，兩年半即畢了業。在宣統元年，被保送京師大學堂預科肄業。1912年考取江西省官費赴美國留學，進了加利福利亞大學，1916年畢業，得有植物學學士學位。在中學大學肄業期間，思想受康有為、梁啟超的改良主義影響甚大，故欲研究一門科學為祖國服務，對於政治認識甚為模糊，亦不願過問政治。

1917年至1918年先後任江西省廬山森林局副局長與實業廳技術員，這一年半的期間甚不得意。1918年秋任南京高等師範學校農業專修科教授。該校改為東南大學後，繼續任生物系教授及主任，直至1926年北伐後東大改組後始離職，任中國科學社生物研究所植物部主任。

在這段時間內，於1919年秋間至1920年夏間，曾在浙江、江西兩省廣泛採集植物標本，建立東大生物系的植物標本室，提倡生物學研究。此期活動中國科學院植物研究所所長錢崇澍、華南植物研究所所長陳煥鏞、動物研究所研究員秉志、科學計劃委員會委員鄒秉文知道得很清楚。

在五四運動發生的時候，我首先作文反對白話文，繼與梅光迪、吳宓、柳詒徵諸人創辦《學衡》雜誌，提倡所謂人文主義，以與《新青年》《新潮》兩雜誌相對抗。那時完全站在資產階級的立場，對於我國文學革命與新文化運動造成了很大的損害。現任西南師範學院教授吳宓是這運動的首腦人物，知道我的活動很清楚。

1923至1925年我到美國哈佛大學阿諾德植物園進修，得了科學博士學位。1925年秋回國，仍任東南大學教授，直至該校改組乃退出。在這時期我同秉志、陳楨諸人組織中國科學社生物研究所，秉志任所長。這是中國人創辦的第一個生物科學研究機構，不久即有研究彙報出版。我又與陳煥鏞創刊《中國植物圖譜》一、二集、三、四、五集則後來在靜生生物調查所出版。

1926年，我曾與翁文灝、陳煥鏞等出席在日本舉行的第三屆太平洋學術會議，宣讀論文。這是中國科學工作者第一次參加的國際

學術會議。

1927 年秋，本人到中國科學社生物學研究所任植物部主任，1928 年尚志學會與中華教育文化基金董事會在北京創辦靜生生物調查所，秉志任所長，我任植物部主任。後來秉志因為不能兼顧南北兩所，辭去所長，由我繼任。我任此職直至北京解放，靜生生物調查所為中國科學院接收，改組為植物分類研究所為止（在抗日戰爭期間，我雖出任中正大學校長，並未辭去該職，抗戰勝利後仍回該所任所長）。1928 年我出席了第四次太平洋科學會議。

靜生生物調查所在當時是全國規模最大的生物學研究機構。我又協助江西省政府建立江西省農業院，我與鄒秉文等任該院理事。隨後便與江西省農業院合辦廬山森林植物園，由秦仁昌為主任，陳封懷為技師，二十年來成為中國最有成就，世界聞名的植物園，與世界各國大規模交換種子。隨又與雲南省教育廳合辦雲南農林植物研究所，長時期大規模採集研究雲南省植物。解放後，這兩個機關先後歸併為中國科學院植物研究所的廬山與昆明兩個工作站。秦仁昌、陳封懷、汪發纘、俞德濬、蔡希陶是該兩個工作站的負責人。

我在 1923 年以前，雖不願過問政治，思想是極端落後的。1923 年到了美國哈佛大學阿諾德植物園以後，導師 John G. Jack 教授出身工人階級，思想頗為「左傾」（並不是真正的馬克思主義信徒，而是左翼社會主義的信徒），我多少受到些他的影響。回國後，他送了我一年《民族》週刊，我讀到羅素、拉斯基諸人的文章，便深信英國費邊社會主義。但我主持的是生物學研究機構，並無過問政治之意。後來陳果夫出任江蘇省主席，由羅時實（陳果夫的秘書長，前東大學生，我與他並無交情）介紹，邀往南京，與陳會談，由他介紹見蔣介石。我與蔣談話頗久，勸他走「社會主義」的路線，說話很切直。談畢，我即回北京，因為我對他無所希求，並未與蔣陳發生關係，亦無特別好感。此事復旦大學教授劉咸知之。

抗日戰爭發生後，平津被日軍佔領。1939 年國立中央研究院評議會在重慶舉行，我曾往重慶，第一次晤見陳立夫與張群，隨即回北京。在此以前，日本組織東亞文化協會，舊友日本東京帝國大學理學院長中井猛之進邀我加入，嚴拒之，日人遂認我為抗日派。1939

年又赴重慶，日人益疑我，我估計不能再留在北京，乃於 1940 年春往昆明，寄居於雲南農林植物研究所。楊惟義、俞德濬、蔡希陶知此事本末。

其時，熊式輝在江西籌辦中山大學，此事我並未與聞，但他推薦我為校長，由梅貽琦、吳有訓通知，我即赴重慶，隨即由陳立夫與朱家驊介紹入國民黨，於 1940 年 10 月往泰和就職。吳有訓知其本末。

熊式輝辦此大學，意欲為自己培養幹部，與陳立夫相爭甚烈，我與熊雖為舊識，但與之無組織關係，陳立夫本欲推吳有訓為校長。故我到校，並無人特為主持，而我亦不過願為本省辦一多年想辦的大學，決不肯投入政治系派漩渦，故不久即不滿熊式輝的私意，處境頗為不利。但學校辦得尚有成績，我不願政治勢力侵入此校，故校內無公開的黨團活動。後來蔣經國看到此校有相當成績，想抓到手，而諷我將大學遷往贛州。我未能迎合其意，又因夏令營與統一招生事得罪了他，他便向其父讒言，迫我辭職。我即退為該校教授，陳立夫曾使人示意要我到重慶去，我謝絕了他。

在此辦學三年半一段過程中，我費盡精力，從無到有，辦了一個有相當成績的戰時大學，而為蔣介石、蔣經國、熊式輝所不滿，這對於我不能不說是一種教訓。同時在這期間內目睹蔣氏父子法西斯的作風，四大家族及國民黨的貪污腐敗，深悔不該投入政治漩渦。故在勝利後我即回北京，重行整理靜生生物調查所，不再參加國民黨政府任何工作。而在國民黨舉行全國總登記時，我未登記，從此遂脫離國民黨了。

回到北京後，我仍重理科學舊業，不再參加政治，陳立夫的黨徒曾勸我參加國大代表競選，我也謝絕了。但因為意識上仍站在資產階級的立場，懼怕革命，反對革命，故雖明知國民黨已不可救藥，而且作文嚴厲批評他，但所持的是恨鐵不成鋼的態度，不肯公開反對蔣氏政權，而且妄想結合胡適（雖然他背後是與朱家驊、傅斯年、汪敬熙、羅宗洛合謀打到我與秉志的）等政客走中間路線，曾被崔書琴、張佛泉、王聿修、胡適諸人所邀，組織獨立時論社，我寫了多篇反共的文章，並且在解放前夕跟他們試圖組織所謂「社會黨」，這是多麼荒謬

的事情！這是我平生對人民革命所犯的最嚴重的過錯。

北京解放前夕，我曾參加傅作義所召集的餐會，我勸他和平解放北京。但我的思想還未打通，曾想去臺灣。在北京解放後，我得到靜生生物調查所委員會的同意，將該所交與華北大學農學院接收。至中國科學院成立，該所歸併於中國科學院而改組成植物分類研究所。在改組期間，院領導人曾徵詢過我的意見是否願任所長。我表示只要有研究工作可做，我不願擔任行政工作。這段時期的經過，傅作義部長、竺可楨副院長及樂天宇同志知其本末。

我在植物分類研究所任職後，值所初創，未完全上軌道，我有些重要建議，未能見諸實施，加以思想未通，遂有做客思想，而專心從事個人的著作。後來所中號召集體作研究，我深以為然，對集體工作頗能出力，至今始終認為正確的工作方針，而絕無極端的個人主義與不合作的行為。對於利用國產野生植物資源亦小有貢獻。

在政治方面，雖歷經抗美援朝、鎮壓反革命、三反五反、思想改造諸運動，我的認識終未能徹底的改變，還未能建立興無滅資的人生觀。然目睹第一個五年計劃的偉大成績，尤感於 1954 年政府對治水救災的偉績，對黨有了進一步的認識，對於農業合作化與工商業社會主義改造，皆極端佩服。自政府宣布百家爭鳴、百花齊放的政策後，胸中一切隱藏的顧慮皆一掃而空。

1957 年政府宣布再度整風，至為快慰。六月我赴江西講學，七月在廬山休假，突見右派對黨瘋狂進攻，不勝詫怪。八月回京，參加反右與雙反運動，思想益趨正確。自「大躍進」運動展開，日益認識黨的領導的偉大，與我國科學與文化發生了史無前例的發展，十五年趕上英國，實屬輕而易舉之事。尤深切體認到政治掛帥的意義，立志徹底轉變立場，改造自己，變為又紅又專的科學工作者，以我的餘年為建設社會主義而努力。〔註 2454〕

8月7日，胡先驌致胡嘉琪信函。

嘉琪同志：

你的來信已收到了，我也同姜所長說過了。姜所長說本來所裏

〔註 2454〕《胡先驌全集》（初稿）第十五卷人文科學文章，第 656～659 頁。

各位研究生的意思，想在本年內將四門考試都考過。我說廬山植物園既要你領隊採集，至少應在野外採集兩個月才值得，則年內考過四門考試，勢不可能。姜所長說你的情形可以特別考慮，故如植物園正式要求你領隊採集，你即可出發，準備在野外採集兩個月，何日啟程，可來信告知。

　　此問

近好

胡先驌

一九五八年八月七日〔註2455〕

　　8月，著《植物分類學簡編》修訂本，35.6萬字，共454頁，印數3500冊，科學技術出版社初版。正文前有內容提要和自序。

　　《植物分類學簡編》修訂本內容提要。

　　　本書是預備作師範學院和農林學院的植物分類學課程做教學參考書用的，同時也可供綜合大學生物系、中學生物教師或其他研究植物分類學的人參考。比較著者在一九五一年寫的「植物分類學講義」簡明，因為目的在於教學參考，所以對於理論和技術方法寫得較詳；一部分是討論演化與分類學的關係和植物分類學的理論，一部分是討論採集、鑒定、描寫植物和為植物命名的一切技術。書中對於中國的蕨類和其他經濟植物敘述最多，最後介紹各家的分類系統和關於研究中國植物分類的文獻。

　　　本書於一九五五年由高等教育出版社出版，其後停版，未再重印。現經著者重行修訂，並改寫緒論、第一與十二章，增補第十三與十四章，其餘部分，亦經核對學名，修正較多，特重排出版。

目次

〔註2455〕《胡先驌全集》（初稿）第十七卷下中文書信卷，第501頁。

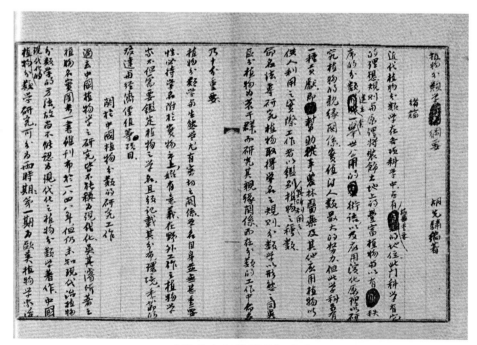

《植物分類學簡編》序言

8月，發表《中國現代化的植物分類學研究》文章，指出，中國現代化的植物分類學研究，可分為兩時期：第一期為歐美植物學家活動時期，第二期為中國植物學家活動時期。

緒論

近代植物分類學在各項科學中，佔有極重要的地位。此門科學有它的理想規則與原理。將裝飾土地上的豐富植物與以有秩序的分類，建立一套舉世公用的術語，以及應用演化原理以研究植物的親緣關係，實值得人類最大的努力。但此學科另有一種貢獻，即幫助從事農林醫藥及其他應用植物以供人利用之實際工作者以鑒別其所利用之植物之種類。

命名法尊研究植物取得學名的規則，分類學以形態之同異區分植物為若干群而研究其親緣關係；而在分類的工作中命名乃十分重要。

植物分類學與生態學尤有密切之關係。學名自身並無其重要性；必待學名附於實物之上始有意義。在野外工作之植物學家不但需要鑒定植物之學名，且須托載其分布、環境、生長季節與經濟價值等項目。

關於中國植物分類的研究工作

過去中國植物學之研究，皆不能稱為現代化。吳其濬所著之植物名實圖考一書雖刊布於一八四八年，但仍未知現代治植物分類學的方法，故尚不能認為現代化之植物分類學著作。中國現代化的植物分類學研究，可分為兩時期：第一期為歐美植物學家活動時期，第二期為中國植物學家活動時期。

歐美植物學家活動時期

歐美人士對於中國植物之研究，與歐美各國的帝國主義之侵略有密切之關係。在十六世紀初年，葡萄牙人在征服馬六甲後，乃北上而重發現中國，遂與中國通商。會將東印度所產的胡椒與香料輸入中國，而將大黃、樟腦等中國特產輸往外國。在此時期，葡萄牙人未有一個植物學家來中國工作。

在一五五二年第一個天主教會抵達中國；一六〇〇年利瑪竇（Matthaeus Ricci）得到中國政府的允許在北京居住。此早期的天主

教士對於中國所產的經濟植物多作了報導，但從來未將此等植物輸入歐洲。在十七世紀末才有耶穌會的教士加麥爾（Georg Joseph Kamel）居住菲律賓多年，曾從該處的華僑搜集中國的栽培植物製成臘葉標本寄往英國。以後天主教的教士在南京條約簽訂之後，便有多人深入內地採集植物，加大衛神父（Jeanne Pierre Arm and David）、德拉威神父（Jean Marie Delavay）、華紀神父（Paul Guillaume Farges）、蘇禮神父（Lean Andre Soulie），都在各地採集了大量植物標本。

一六〇〇年英國在亞洲著名的侵略機關東印度公司成立。至十七世紀末年該公司派遣坎寧漢（James Cunningham）往廈門，他是歐洲植物學家在中國採集植物的第一人。他曾將中國植物製了六百種臘葉標本寄回歐洲。在此時期歐洲人士以全力輸入中國的栽培花卉。一八四二年南京條約簽訂後，英國的皇家園藝學會即派和瓊（Robert Fortune）到中國來調查中國的農藝與園藝，並搜集中國的園藝植物的種子與苗木，茶樹便是他輸入印度的。

到了一八六〇年英法聯軍佔領了北京與天津。滿清政府屈服，再訂和約，除增闢商埠外，且允許外國人在內地旅行，並許外國教士自由往內地傳教。於是英國人便繼續深入中國內地採集植物。韓士（Henry Fletcher Hance）以副領事的身份而進行採集標本與種子的工作。亨利（Augustine Henry）以海關的助理醫師的身份而在中國內地竟採集了五千種植物。到了二十世紀開始的時候，英國人威爾遜（Ernst Henry Wilson）先受法國維忌園藝園（James Veitch & Sons）後受美國哈佛大學阿諾德森林植物園（Arnold Arboretum）之命，到湖北、四川大規模採集植物標本、種子、苗木與球根。以後便有和勒士特（Gearge Forrest）、華納爾（Reginald Farrer）與華德（Frank Kingdon-Ward）都採集了大量的標本、種子與苗木。此外在中國採集的有俄國人馬克斯摩維支（Carl Johan Maximowicz）、柏柴瓦斯基將軍（Przwalski）、波談寧（Grigori Nikolaevich Potanin）、柏勒楔來德（Emil. Bretschneider），與柯馬洛夫（V. L. Komarov），奧國人韓馬迪（Heinrich Handelmazzetti）與駱克（Joseph Rock），瑞典人斯密士（Harry Smith），都採集了大量的標本。

　　日本在侵略臺灣及東北以後，也有若干植物學家從事這些地方的植物研究。早田文藏（B. Hayata）、金平亮三（Ryozo Kane-hira）、山本由松（Y. Yamamoto）、工藤佑舜（Yushun Kudo）、正宗嚴敬（Genkei Masamume）、三浦道哉（Michiya Miura）都是做了重要工作的。這些人雖對於中國的植物學有所貢獻，但他們無疑地是我國的文化侵略者。

中國植物學家活動時期

　　在民國成立以前，中國尚無專門研究植物分類的學者，亦無大規模採集植物標本的事。最初作大規模採集的人，首推北京大學鍾觀光教授（一八六八至一九四〇）。他先從事於各種教育與科學事業。一九一二年在教育部任職，一九一三年辭職。在西湖養病，開始採集研究植物。一九一八年任北京大學教授，即開始採集植物。二月到福建採集後，乃轉入廣東至各處採集，采得大量標本，途至菲律賓馬尼拉科學研究院請麥雷爾博士（E. D. Merrill）鑒定。一九一九年在廣東廣西十萬大山採集，後至雲南大理點蒼山、賓川雞足山及漾濞等處採集，採得大量標本。回程曾在海南島，後至韶關大江口森林採集。一九二〇年在浙江仙霞嶺及安徽黃山等處採集。一九二一年至九華山、廬山、宜昌、三峽巫山、夔府等處採集。回至漢口後，他到雞公山採集，後乃到太行山一帶採集，而由太原、新鄉、開封回至北京，秋間他到天台、雁蕩一帶採集。四年間他曾旅行十一省，採集植物臘葉標本十五萬號，及五百號海產植物標本。一九二七年他任浙江大學教授，曾在東天目山、天台山、及南北雁蕩山採集植物標本七千號。他曾為浙江大學建立一植物園。一九二六年他任中央研究院自然歷史博物館研究教授。一九三〇年他任北平研究院植物研究所研究教授。他對於中國本草有甚深的研究，著有本草綱目疏證一書待刊。一九四〇年抗日戰爭中，他回至寧波原籍，秋間病故。

　　除北京大學在鍾觀光教授領導下曾至各省採集植物標本外，第二個從事此項工作的學術機關為南京高等師範學校農業專修科。作者於一九一八年任該校教授。一九一九年秋間開始在浙江採集，曾在天台、雁蕩、松陽、龍泉、小九華山、仙霞嶺，經過遂昌、開化、

建德、遂安、而至東西天目山，采得大量植物臘葉標本。一九二〇年春間又至江西吉安、贛州、寧都、建昌、廣信及福建武夷山，采得大量植物標本。東南大學成立後，秦仁昌曾在浙江台州、溫州及安徽南部，採得大量植物標本，並有重要的新發現。中國植物圖譜第一卷，由作者與陳煥鏞教授編纂，於一九二七年出版。

一九二二年中國科學社成立生物科學研究所，作者任植物部主任，曾派員至東南各省及四川採集植物標本，有重要的發現。後來鄭萬鈞博士在浙江與四川、昌都地區更有大規模的採集，得有大量植物標本，有重要的新發現。中國科學社生物研究所彙報於一九二五年開始出版。中國植物圖譜第二卷由作者與陳煥鏞教授編纂，於一九二九年出版。一九二八年，錢崇澍教授繼任為該所植物部主任，裴鑒博士任植物部技師，多年來皆有多篇論文發表。

靜生生物調查所成立於一九二八年，作者任植物部主任。歷年曾派員至河北、山西、吉林、四川、雲南各省採集，而以在雲南的採集規模最大，收穫最多。一九三一年蔡希陶在雲南鹽津、昭通、涼山、邱北、文山採得植物標本八百號；一九三二年在文山、馬關、河口、鎮雄、靖邊，畢節、巧家等地採得植物標本一千八百號；一九三三年在永仁、賓州、建水、石屏、峨山、祿豐、楚雄、蘭坪、大理、知子羅、上帕、瀘水，龍陵等地採集植物標本三千五百號。一九三五年王啟無在雲南大理、維西、葉枝、菖蒲桶、察瓦龍採集植物標本九千六百號；一九三六年在順寧、鎮康、耿馬、雙江、瀾滄、滄源、南嶠、佛海、車裏、大猛龍、鎮越、六順等處採集植物標本九千三百九十號；一九三九年至一九四一年在雲南東南部屏邊、硯山、富寧、西疇、麻栗坡等地採集植物標本二萬二千餘號。一九三七年俞德濬在雲南永寧，木里、中甸、定鄉、德欽等處，一九三八年在麗江、維西、茨中、菖蒲桶、怒江等處，一共採集植物標本二萬餘號。一九四七年馮國楣在雲南東南部亦採集有大量植物標本。在此大量雲南植物標本中發現新種植物甚多，且有新屬。此外歷年來對於淡水藻類亦有大量採集，皆由李良慶博士研究，曾發表論文多篇。所採大量蕨類植物，則由秦仁昌教授研究，曾發表多篇研究論文。

　　靜生生物調查所與江西省立農業院曾在廬山含鄱口設立廬山森林植物園，此為中國最大之植物園。歷年來大量培植苗木與採集植物種子、向世界各國植物研究機關交換，後來改為中國科學院植物研究所廬山植物園。又曾與雲南省政府合作在昆明黑龍潭創辦雲南農林植物研究所，亦辦有大規模的植物園，今改為中國科學院植物研究所昆明工作站。

　　靜生生物調查所刊行有靜生生物調查所彙報，中國植物圖譜三至五卷，中國蕨類圖譜一至四卷，中國森林樹木圖志一卷，及河北習見樹木圖說。

　　中央研究院成立於一九二八年，第二年成立自然歷史博物館。秦仁昌與蔣英兩教授先後任該館植物組主任職。秦仁昌曾往廣西十萬大山採集大量珍貴植物臘葉標本。蔣英曾在貴州採集大量植物臘葉標本。一九三四年自然歷史博物館改組為動植物研究所，除研究高等植物分類外，尚有饒欽止博士研究淡水藻類，鄧叔群教授研究菌類，著有中國高等菌類研究一書。所中刊行有國立中央研究院動植物研究所叢刊。

　　一九四五年中央研究院將動植物研究所，改組分為動物研究所與植物研究所。高等植物研究由裴鑒博士主持。植物研究所於此年接收日本人在上海所辦的上海自然科學研究所的龐大植物標本室。刊行有國立中央研究院植物學彙報。一九五○年此所的高等植物部分及植物標本室，改為中國科學院植物分類研究所南京工作站。

　　一九二九年北平研究院成立，設有植物研究所，劉慎諤博士任所長；一九三一年由張家口、百靈廟、烏里烏蘇至甘肅酒泉，入新疆哈密、鄯善、吐魯番至烏魯木齊，在天山的博克達山等處採集，共得臘葉標本二千號，十一月入南疆；一九三二年全年在南疆採集，先在天山南麓採集，經庫車、拜城、阿克蘇、哈城、莎車、葉城等處，由庫車深入崑崙，上西藏高原；再入新疆各地採集，重入崑崙，經西藏北境至克什米爾，出喜馬拉雅山，入印度，由印度返國，採得植物標本二千五百號。歷年至各省採集以一九三八年在重慶、成都、峨眉各地所採之臘葉標本一千六百號，一九三九年在四川廣漢、劍閣、廣元，至陝西城固各地所採之臘葉標本二千號，一九四○年

在雲南昆明、大理等地所採之臘葉標本三千號,一九四一年在大理、麗江、昆明、建水、石屏、箇舊、蒙自、蠻板、芒市所採臘葉標本二千四百號,一九四五年在昆明所採臘葉標本一千九百號,一九四六年在昆明、大理、賓川、下關、漾濞等地所採臘葉標本二千二百號,最為重要。一九三○年郝景盛曾偕同瑞典植物學家到四川北部,入甘肅到蘭州、西寧、青海積石山、內蒙等地,一九三二年在河南、陝西各處採集植物標本。王作賓於一九三三、一九三四兩年在陝西太白山、晉北、張家口與內蒙,一九三五年在山西南部及石樓山脈,一九三六年在甘肅南部、青海、及陝西秦嶺等處,一九三六至一九三七年在青海西寧、甘肅文縣、平涼、及四川松潘,一九三九年在湖北宜昌、巴東、興山,一九三九至一九四○年夏緯英在甘肅南部,一九三四年劉繼孟在河北、山西太行山、恒山等處,一九三五年在河南伏牛山,一九三六年在陝西、甘肅、內蒙及祁連山;一九三七年傅坤俊在蘭州及四川松潘巴郎山;一九三一年孔憲武在吉林威武嶺、敦化、小白山、鐃泊湖等處,一九三三年在秦嶺山脈及陝西南部;一九三八至一九四○年鍾補勤在貴州各地;一九三五至一九三六年鍾補求在黃山與天目山,一九三七至一九三八年在陝西太白山與大巴山,都採集了大量植物標本四千六百號。

植物研究所在抗戰期間曾與西北農學院聯合在陝西武功設立了一個分所,一九五○年植物研究所改為中國科學院植物分類研究所,武功分所也改為武功工作站。

植物研究所發刊了國立北平研究院植物學研究所叢刊,及中國北部植物圖誌四冊。

一九二七年中山大學農林植物研究所成立,陳煥鏞教授任所長,積極採集研究廣東與海南的植物,歷年來采得大量標本。一九二七至一九三一年在香港、廣州、丹霞山、鼎湖山、溫塘山等處;蔣英於一九二八至一九二九年在香港、英德、鼎湖山、高州、羅浮山,信宜、海康、海南等地;左景烈於一九二九至一九三三年在樂昌、惠陽、英德、台山、連縣、崖州、十萬大山等處採集植物標本;侯寬昭於一九三三至一九三六年在崖州、海南、梅縣、樂昌、肇慶、清遠等處;黃志於一九二九至一九三五年在香港及廣東各地,於一

九三三至一九三四年在海南；劉心祈於一九三五至一九四一年在廣東、廣西、湖南各地，梁向日在一九三一至一九三七年在廣東、廣西十萬大山等處，一九三二至一九三四年在海南；陳少卿於一九三一至一九四四年在廣東、廣西、湖南、貴州；辛樹幟於一九三一至一九三四年在廣西猺山；陳念劬於一九二九至一九三一年在廣東香港各處；高錫朋於一九三〇至一九四〇年在廣東、海南、湖南、廣西、雲南等處都採集了巨量植物標本，發現極多的新種。此所於一九三〇年起曾發刊國立中山大學農林植物研究所專刊，對於廣東與海南植物曾發表極多重要研究論文。

武漢大學鍾心煊教授雖為真菌學專家，但對於種子植物亦有深刻的研究；最初在南開大學，後來在廈門大學與武漢大學，歷年皆採集有大量各省植物標本。唯因專業為真菌，故在種子植物方面，無暇作深入的研究。唯所採集的大量臘葉標本，至今仍為研究各地種子植物的寶藏。

清華大學吳蘊珍教授的研究計劃為編纂「河北省植物誌」，故以全力採集河北省植物，會採有大量河北省植物標本，亦曾作精深的研究，積累了大量的觀察記錄與精美的圖畫。惜在生前未能完成此著作。其弟子吳征鎰教授則有志於編纂「中國種子植物名錄」，會製成大量文獻卡片；將來此項工作完成刊布以後，對於編纂中國植物誌必有重大的貢獻。

此外四川大學生物系與西部科學院歷年亦曾在四川與西康各處採集大量植物標本。四川大學生物系主任方文培教授曾刊布「蛾眉植物圖譜」四冊、是為專研究一名山所產植物的著作。

解放以後，人民政府極端重視科學研究。中國科學院成立以後，曾將前中央研究院植物研究所的分類部分，與前北平研究院植物研究所，中國科學社植物研究所與靜生生物調查所的植物部歸併而組成植物分類學研究所，而將前中央研究院植物研究所的標本室自上海遷至南京成為植物分類研究所南京工作站；又將北平研究院植物研究所在陝西武功所創立的分所改為武功工作站，今已改為西北農業生物研究所；又將靜生生物調查所在廬山所創立的廬山森林植物園改為廬山工作站。一九五二年植物分類學研究所研究範圍擴大，

包括形態學、細胞學、遺傳學、植物資源學與真菌學，改名為植物研究所。現真菌部分被分出，改為真菌研究所。

在改組的初期，由於整理內部的機構，未作大規模的採集與研究工作，但已逐漸展開調查各省的植被工作。近數年來配合調查植被工作，曾在內蒙、東北、河北、山東、山西、陝西、甘肅、青海、新疆、西藏、湖南；江西、廣西、海南採集大量植物標本，尤以一九五五至一九五七年中蘇聯合採集隊在雲南南部採集的一萬餘號標本最為重要，其中有不少重要的新發現。又曾由科學院補助武漢大學與四川大學在湖北西部與四川、昌都地區採集大量標本。故今日植物研究所標本室所藏的臘葉標本已達四十萬枚，為解放前的二倍。

一九五四年植物研究所南京工作站，在中山陵園鄰近建立了大規模的植物園，同時改名為南京中山植物園。一九五六年又開始籌備在雲南南部建立一個熱帶植物園，搜集大量有經濟價值的植物與以栽培。

一九五四年中山大學的農林植物研究所改隸於中國科學院，並改名為華南植物研究所，事業擴大，並將該所前在廣西所設立的經濟植物研究所改為該所的分所。該所在陳煥鏞所長的領導下對於廣東、海南與廣西的植物為更大規模的采集與研究。一九五六年且已劃定廣大面積建立植物園，該所已出版了「廣州植物誌」。

一九五四年中國科學院森林土壤研究所正式成立於哈爾濱，在劉慎諤所長的領導下，積極研究東北的森林植物，曾採有大量的標本，並出版了「東北森林植物圖誌」。

由於近百年來中外植物學家的努力采集與研究，對中國的植物已經知道了大概。然以中國的版圖特別的大，而植物又異常豐富，沒有採集過的地方還不少。以近年來在海南與雲南發現新植物種類之多，可以預想在全國未發現的植物決不在少數。在已有的基礎上，中國的植物學家，已可著手編纂地方植物手冊，以為編纂全國的植物誌之準備。但仍須積極在各地作大規模的採集，才能完成編纂全國植物誌這個偉大任務，這還有賴於全國植物分類工作者的努力。

植物分類學的目的

人類絕對依賴植物而生活，他們利用了多種植物以充各種的用

途，所以必須給與植物以名稱。原始民族只對於少數有用或有害或有趣的植物給與某些名稱，但少想及植物種類的相互關係。有了少數的簡單名稱，便已夠用了。然苟欲在經濟範圍以外，對於植物與以科學的思考，則需要更有系統的研究。

研究植物分類學有二主要工作：一為研究各群植物的自然關係，一為給與所有各種植物以學名或俗名，前者稱為分類，後者稱為命名。分類為研究自然界一切事物的第一步工作。

植物分類工作者發現在其周圍有數以百萬計的植物。這些植物沒有兩個絕對相同的，但有些甚為相同；其他則極不相同几不能表示有任何關係。植物分類工作者在研究與比較其同異之後，在紊亂中乃能建立相當有秩序的系統。他們將萬千種植物與以學名及詳細的描寫，使用及植物的人皆能有所依據。又鑒別其各群植物間的關係，研究其分布、性質及其他有興趣的事。植物分類學於是乃成為其他與植物有關的科學的基礎。

植物萬千的用途，使甚多非植物分類學的專家對於植物的名稱與分類皆須有若干的知識。植物為利用日光的能的主要工具，直接間接供給人類的衣、食、住、柴炭、紙、觀賞物、藥品及其他有用之物；其利用無窮，其種類繁多，故一般有文化的人們必須多少知悉其分類方能免去紊亂。

農藝，果樹、蔬菜與花卉園藝　在這些研究部門中，育成良好的新的品種是極為重要的工作。此類工作並非盲目的試驗，而須有一定的方法。雜交非常重要，因為須利用野生的植物來進行雜交，故須有豐富的植物學知識。許多的農作物與果樹、蔬菜、花卉皆是出野生的植物育成。在這方面，植物分類學是有重大的貢獻的。工業用的植物，如橡膠草、芨芨草也是野生植物。現在著重調查利用野生植物資源，這尤其要依賴植物分類學了。

森林　森林學極須利用植物分類學。每一種樹木都須定名與分類，亦須研究其性質、分布與數量。且森林不僅限於產生木材，亦可用以放牧保持水土和調節氣候。同時亦須用以供遊憩與觀賞。對於森林植物宜有良好的通俗書刊以供遊客之用。

藥材　多種良藥如人參、白術、黨參、當歸、麻黃、大黃、黃

常山、仙鶴草等皆是藥用植物所產。中國特產的藥用植物尤多。欲鑒定藥用植物，必須依賴植物分類學。

畜牧 與水土保持中國農民數千年來困於生計，至原始森林過度破壞，水土流失嚴重，使許多良好的土地被風水侵蝕變為磽瘠，其甚者變為沙漠。畜牧則與牧草有密切的關係。欲研究水土保持與牧草，必須有良好植物分類學根底的植物生態學家擔任之。此部門實為植物分類學最好的應用方面。

生態學 植物社會的性質為土壤性質最有價值的指標。某些植物為水生、旱生、或鹽生，各種土壤的性質可以生於其上的植物為指標，而不須研究其土壤。

植物生態學家必須有豐富的植物分類學的知識，知道植物的學名與其關係。若植物的學名不正確，則其對於環境的影響與其一面積內植物的繼承所作的結論必不可靠。

植物分類學與生態學相互有裨益。以後將說明現在對於植物種與其演化起源的嶄新的概念。此概念乃得自關於相近的植物種雜交而得的生態學與遺傳學的研究。

古植物學 我們追尋植物與動物的關係，所遇到的重大困難為物種與物種間相連的祖先類型的失去。在各處零碎發現的化石，雖只能呈現片段的景象，但對於顯示這些祖先類型的性質極為有用，對於有植物分類學知識的人們，是具有重大的意義的。植物分類學一大部分的研究乃關於貫串古植物學、遺傳學、細胞學及其他科學所研究的結果以建立植物分類的方案的。

在許多群的植物中，分類工作只做到將相似的植物歸納在，一處，不問他是否真正有關係。植物分類尚未至靜止而不須前進的境界，其分類系統必須有彈性而時常須修正以容納新的知識與適應於新的觀點。其責任必須越至定名以外。在一有限的地區內採集有花植物以鑒定其學名只為植物分類學的簡單粗淺的工作。〔註2456〕

1958年8月，發表《植物分類學的文獻》科普文章。

〔註2456〕胡先驌著《植物分類學簡編》，科學技術出版社 1958 年 8 月版，第 1～12 頁。

在植物學的文獻中，植物分類學的文獻佔有極重要的地位，若全數介紹，必需占數百頁的篇幅，在此處只能舉出其最重要的一部分。

植物分類學文獻的性質

中國自遠古以來，先民對於植物學便有研究。最早與植物學有關的書籍要數「詩經」。「詩經」是周代的書籍，它的年代是公元前一七九六到一三二三年，這部書中所載的植物有二百多種。「爾雅」是中國最早的一部字典，載有植物的名字約三百種，這部書傳為子夏所著，但或是成於戰國時代的。東漢許慎著的「說文解字」是在「爾雅」以後第一部重要的字典，內中記載植物名字極多。

在前漢初年中國與西域有了交通，在末年與交趾又有了接觸，於是自漢代以來便有專書記載遠方的植物。重要的書籍有張華的「博物志」，楊孚的「交州異物志」，趙曄的「吳越春秋」，房千里的「南方異物志」，萬震的「涼州異物志」，常璩的「華陽國志」，嵇含的「南方草木狀」，朱應的「扶南記」，范成大的「桂海虞衡志」。到了唐、宋、明、清各代，各地陸續修有方志，都記述了甚多的植物。

中國的藥用植物學特別發達，因而引起了植物形態學與分類學進一步的研究。藥用植物學名為本草，最早的為「神農本草經」，此書或為漢代醫師所寫成，但其所記載的藥用植物的知識是從遠古時代積累起來的。此書記載藥用植物三百六十五種，歷史上有記載漢代以前便有本草一類的書籍，不過其書名未曾留下罷了。後來齊梁時陶弘景（公元四五二至五三六年）著了「名醫別錄」，將藥用植物增加到七百三十種。唐代李世績與蘇恭合訂的本草名為「唐本草」，成於公元六五九年，記載了八百多種藥用植物，而且有植物的繪圖。宋代馬志所修的「開寶本草」，成於公元九七四年。宋代蘇頌著的「圖經本草」成於公元一○六二年，也有植物的繪圖。最詳備的本草為明代李時珍所著的「本草綱目」，成於一五七八年，載了一千一百九十五種的植物，最為詳備，且都有圖。

此外，又有專門敘述某一類植物的專譜，如晉代（公元二六五至四一九）戴凱之的「竹譜」，唐代陸羽的「茶經」，宋代劉蒙的「菊譜」，蔡襄的「荔枝譜」，歐陽修的「牡丹譜」，王觀的「芍藥譜」，范成大的「梅譜」，韓彥直的「橘錄」，沈立的「海棠譜」，陳仁玉的「菌

譜」等。宋代陳景沂所著的「全芳備祖」，將當時的觀賞植物全部敘述。繼此書而作的有明代王象晉所著的「群芳譜」，成於公元一六三〇年。清代康熙朝汪灝、張逸少、汪漋、黃龍眉四人所編著的「廣群芳譜」，成於公元一六七五年。明朱橚著的「救荒本草」，與鮑山著的「野菜博錄」記載有多數代替糧食的植物。清代道光朝吳其濬所著的「植物名實圖考」，成於公元一八四九年。記載了一千七百十四種植物，除參考前人的著作外，又在中國各省實地考察；書中的圖大多是親自繪製，甚為精確，在今日猶能據以鑒別稀見的植物的種類，誠為中國植物分類學的極重要的書籍。

歐西各國的植物學書籍，最初寫成在公元前三世紀，後來羅馬也有此類書籍，此類書寫成在印刷術未發明之前，故只有稿本，但最重要的有影印本或重印本。

在近代植物分類學文獻有各種型式：有研究論文，有專誌，有全國植物誌，有地方植物誌，有植物誌手冊，有植物圖譜等，有少數雜誌專登載植物分類研究論文，但普通也登載植物地理學經濟植物學一類的研究論文。

經典著作

植物歷史（Historia Plantarum）希臘希阿弗來士塔士（Theophrastus）所著，共有十冊。成於公元前三世紀，一六四四年；現在荷蘭安姆士特丹姆（Amsterdum）有印行本。

植物的探究（Enquiry into Plants）希阿弗來士塔士所著共有十冊。最後兩冊已遺失，一九一六年荷特爵士（SirArthur Hort）譯成英文，倫敦罕勒曼公司（Wm. Heinemann）出版。

此兩書為歐洲關於植物學最老而有價值之書，含有真實的植物學知識與哲學的空想混雜，表示當時的信仰；但著者對於當時的迷信，亦多表懷疑。

農學（De Re Rustica）羅馬凱沱（Marcus Porcius Cato）所著。成於公元前一世紀，一四九四年出版。此書大部分敘述農藝與園藝的工作方法、繁殖、栽培、品種等，植物多用雙名命名法；此項學名有甚多在今日尚在沿用，此書為用拉丁文所寫的最早的一部植物學著作。

植物誌屬（Genera Plantarum）瑞典林奈（Carl von Linné）所著，第五版一七六四年出版，五百頁，無圖，翻印本日本東京植物文獻刊行會一九三三年出版。此一七六四年版為國際植物學會所公認為斷定屬名優先性的界限的書。此書描寫一一〇五屬各種的植物，大都載有命名的著者之名，普通對於種子植物屬的描寫限於花果與種子。

植物誌種（Species Plantarum）林奈所著，第一版一七五三年出版，共二冊，一千二百頁，無圖，翻印版柏林容克書店（W. Junk）出版。在此本植物經典著作中，林奈在各屬中搜集了幾乎全部當時所已經知道與描寫了的種，多用的是雙名命名法，但有時也包括了變種，屬的描寫不包括在內。此書一部分是基於他自己的觀察，一部分是轉錄自他人著作，有時也遺漏了些以前發表過的種，但植物誌種這書是在植物命名的發展上如此重要的一個記里程碑，而為舉世公認的植物種名優先性的起點。

植物誌屬（Genera Plantarum）英國邊沁（G. Bentham）與虎克（J. D. Hooker）所著，第一版出版於一八六二年至一八八三年，三冊共三千五百七十七頁，無圖，倫敦雷夫公司（Reeve & Co.）出版。此權威著作幾乎將全部高等植物按一有定的系統分類與各群的描寫。其次序為雙子葉植物，裸子植物與單子葉植物。除恩格勒與柏蘭特所編著的植物自然分科誌一書外，此書為植物分類學中最重要的著作。

基本原理

今日有次序的植物分類學乃建築在苦心鑽研多數基本原理之上，有些原理久為世人所知，其來源已不明了，其他則為近代勇敢的進步。

構造植物學（Structural Botany），美國格雷（Asa Gray）所著，第一版一八四二年出版，第六版一八七九年出版，四百四十二頁，有六百九十五圖，美國圖書公司出版。此書的重要價值在對於植物的生殖與營養器官如花、果、種子、葉等有極精確的界說與分別，且奠定了植物分類學術語的基礎，又討論了分類描寫命名及採集保存植物標本的方法，附以相當大的分類學的術語、辭彙。

有花植物與蕨類植物（Flowering Plants and Ferns），錫蘭皇家植物園韋立士（J. C. Willis）所著，第三版一九〇八年出版，七百十二頁，有圖，劍橋大學印刷所出版。此書前部四分之一專討論分類學的原理，特有的形態學，分類系統，與對於採集植物的意見，此書在其出版時代實為優秀的著作。

有花植物的親緣分類（The Phylogenetic Taxonomy of Flowuring Plants），此論文為美國柏施教授所著，刊登於密蘇里植物園年報第二卷，一九一五年出版，一百五十五頁，有一圖表示著者對於被子植物親緣關係的意見。著者舉出甚多分類學的原理，以此等原理為基礎創造了一個被子植物的親緣分類系統。

描寫的系統植物學（Descriptive Systematic Botany），美國席忌可克（A. S. Hitchcock）所著，第一版出版於一九二五年，二百十六頁，無圖，維利書店（John Wiley & Sons, Inc.）出版。此書為關於植物之採集，鑒定與科學排列一最好的參考書，各種命名規則此書有比較詳細的討論。

被子植物的邃古性（Antiquity of the Angiosperms），此論文為美國維蘭特教授（Prof. G. R. Wieland）所著，出版於一九二九年，刊登於國際植物科學會議紀錄，二十六頁，有圖。此論文認為被子植物出自多元，由假設的半被子植物演化而成，計有二十餘來源，與各支的裸子植物均有關係，而上溯至種子蕨。著者以其豐富的古植物學知識，發揮其卓越的見解，對於被子植物親緣系統的研究，有莫大的啟發作用。

高等植物系統的系統發育原理（филогенетичоскио Осионювы Системы Высщих Растении），此論文為蘇聯列格勒大學塔赫他間教授（А. п. Тагаджян）所著，一九五〇年在蘇聯植物學報（Ботанич оскии журнад）第 35 卷第 2 號發表，胡先驌譯，一九五四年四月中國科學院出版。此論文總結近三十年來新形態學的研究，對於高等植物系統的系統發育原理，有卓越的貢獻，對於高等植物親緣系統的研究，有莫大的啟發作用。

被子植物的一個多元的新分類系統（A. Polyphyletic Syst-em of Classification of Angiosperms），此論文為胡先驌所著，一九五〇年發

表於中國科學院科學記錄（Science Record）第三卷二至四號，九頁，有一圖。此論文認為被子植物出自多元。根據近人在植物形態解剖與分類學的研究，將被子植物的親緣系統作有重要革新的整理。

有花植物分類屬的概念（The Generic Concept in the Classification of Flowering Plants），此論文為美國魯賓孫教授（Prof. B. L. Robinson）所著，一九〇六年刊登於科學（Science）二十三卷，共十二頁。著者在此文中發表其對於其屬的正確描寫的意見，藉以勸阻以不充足的理由以發表新屬。

種的問題的各方面（Aspects of the Species Question），美國柏施（C. E. Bessey）、布立堂（N. L. Britton）、阿塞（J. C. Arthur）馬克杜哥（D. T. MacDougal）、克勒門次（F. E. Clements）、考而士（H. C. Cowles）所合著，一九〇八年刊登於美國自然雜誌（American Nature）四十二卷，共八十四頁。此合著論文對於種的概念發表了優秀的見解，尤其在關於細分的種與亞種問題上有卓越的見解。

有花植物分類的新概念（New Concepts in Flowering-Pant Taxonomy），英國赫士蘿葡哈利生（J. Heslop-Harrison）著，一九五三年英國罕勒曼書店（William Heinemann）出版，一百三十五頁。此書雖未擺脫舊遺傳觀念，但詳述近代各國植物學家以試驗的方法研究有花植物的分類；可供治分類學的參考。

國際植物學命名法規（International Rules of Botanical Nomenclature），瑞士博奈奎式（John Briquet）主編，國際植物科學會議一九三〇年第四次修訂，俞德濬譯，一九三六年刊登於中國植物學雜誌第一、二、三期。共計六十九頁，原文係以英、德、法三國文字發表，有保留屬名一覽表，為命名所不可缺的參考書，一九五〇年第七次修訂本尚未出版。

被子植物演化形態問題（Некоторрые проблемы эволоюдионной морфологии Покрытосеменных），塔赫他間教授所著，一九五四年在蘇聯科學院出版的「植物學問題」（Вопросы ботаники）第二卷刊布。他認為被子植物與種子蕨之間是否存在過一系列的中間過渡類型還是一個疑問，但以為被子植物是由於幼態成熟起源的。他認為草本植物起源於木本植物，是由於適應高山及北極氣候而起的。

他又以為單子葉植物起源於睡蓮目。他並討論了被子植物葉與花的演化及雌配子體起源的問題。實為一篇極有啟發性的文章。經匡可任翻譯在一九五六年科學出版社出版的「關於植物分類學的幾個問題」小冊中出版。

被子植物的起源（Происхождение Покрытосеменных Раст-ений Советская Наука），塔赫他間教授著，一九五四年出版。朱澄、汪勁武譯，七十二頁，一九五五年科學出版社出版。此書共分八章，附錄被子植物的系統。其立論與上文意義相同，唯討論較詳。深入淺出，富於啟發性，實為關於被子植物起源一部重要參考書。

關於有花植物系統圖解的問題（К вопросу о графическом изображении системы дветковых растений），格羅斯蓋姆教授（А. А. гроссгейм）所著。討論了被子植物發展的路線，發展的系列，發展的時間，發展的地區與發展的數量，另刊有被子植物的系統圖解與被子植物的進化幹、進化枝以及目與科的一覽表。將各進化幹按其特化簡化的程度，分為原始有花植物階段，中級有花植物階段與高級有花植物階段；共分為十個進化幹，與若干進化枝。其主張有令人難於接受之處，但富有啟發性，足供參考之用。

從米丘林生物學觀點來看被子植物的系統發生（филоген евпокгрытосеменных с позидий мичринской биологии），蘇聯伊里因（М. М. Илъин）著，一九五三年在蘇聯植物學雜誌第一期刊布。此文強調環境的變遷與被子植物演化的關係；批判了古典主義的孢子葉球的學說，認為被子植物是單元多係同時自幾個不同的目發生的。這是贊成被子植物多元論的一篇重要參考論文。

描寫手冊

植物分類學所經常用的書籍為有檢索表與科、屬、種的描寫的手冊或專著，其書之大小以其範圍之大小而定。

植物自然分科誌（Die Natürlichen Pflanzenfamilien），德國恩格勒（Adolph Engler）與柏蘭特（K. Prantl）主編，第一版自一八八七至一九〇九年出版，第二版在陸續出版中。此為植物分類學中最大的著作，第一版共有二十三冊，圖極多。萊比錫（Leipzig）恩格曼書店（Wilhelm Engelmann）出版。此部巨著包括全世界的全植物界，

分類至屬為止，有時亦分類至種，但因此書乃多人執筆，全書缺乏一致性。此書的刊布籠罩了植物分類界多年，但近來有多人不贊成其親緣系統的觀念。

植物分科綱要（Syllabus der Pflanzenfamilien），德國恩格勒與笛而士（L. Diels）所著，第十一版，四百十九頁，有圖，一九三六年柏林邦特那格兄弟書店（Gebrüder Bornträger）出版。此書為植物分科誌的綱要，含有分類學的基本原理，與恩格勒分類系統各門、綱、目、科、族性質之簡短說明，實為最有用的一本參考書。

同書第十二版，德國墨爾奇阿與韋得曼（Erich Werdermann）主編，為完全新寫本計分上下兩冊。上冊自細菌起至裸子植物止，三百六十七頁，一九五四年出版；下冊被子植物，未出版。此書為完全重寫新書，內容與以前各版大異。吸收了近二十年來植物形態學、植物分類學與古植物學的研究成果。故各綱目的區分與排列大有變更。實為研究恩格勒分類系統最重要的參考書。

顯花植物分類（The Classification of Flowering Plants），英國任多（A. B. Rendle）所著。第一冊第二版，一九二九年出版，有圖，包括裸子植物與單子葉植物；第二冊第一版一九二五年出版，六百三十六頁，有圖，包括被子植物；劍橋大學出版部出版。此書對於種子植物科的描寫至為精確；並說明科內的形態的趨勢與變化；對於特化器官的對等，尤有精詳的說明。其分類系統大體以恩格勒系統為基礎。

有花植物誌科（The Families of Flowering Plants），英國赫經生所著。第一冊雙子葉植物第一版一九二六年馬克密蘭公司（The Macmillan Co.）出版；三百二十八頁，有圖，第二冊一九三四年出版。此書發表一嶄新的分類系統，雖以邊沁與虎克分類系統為基礎，但有重要的改革。其對於單子葉植物的分類亦有重要的改革，並附有檢索表及甚多的分布圖。

植物系統學（Handbuch der Systematichen Botanik），奧國韋特斯坦教授（Prof. Richard Wettstein）所著。第四版一九三六年在萊比錫堆笛凱書店（Franz Deuticke）出版，一千一百四十九頁，有近二千圖。此書的有花植物分類系統，大體的概念與恩格勒系統相似，唯

認雙子葉植物可能出自多元；而單子葉植物出於雙子葉植物。

雙子葉植物誌科（Families of Dicotyledons），美國甘特生（Alfred Gunderson）所著。一九五〇年植物學紀年公司（Chronica Botanica Co.）出版，二百三十六頁，有多圖。前面有阿諾德（Chester A. Arnold）所著化石的雙子葉植物，狄頗（Oswald Tippo）所著木材解剖，傑士特（Theodor Just）所著心皮與胚珠，柯潑侖特（Herbert F. Copeland）所著胚胎學，臺羅爾（J. Herbert Taylor）所著細胞分類學，甘卜（W. H. Camp）所著植物地理學各章。此書分雙子葉植物為十大群，雖未明言其出於多元，亦微露此意。

維管束植物分類學（Taxonomy of Vascular Plants），美國康南爾大學培黎園藝植物園（Bailey Hortorium）羅侖士教授（Prof. George H. M. Lawrence）所著。一九五一年美國馬克密蘭公司（The Macmillan Co.）出版，八百二十三頁。此書總分為兩部，第一部專討論分類學理論及技術，前八章專討論植物分類學的理論與基本原理，第九章論植物命名規則，第十至十三章論在野外與標本室學習與研究方法。第十四章論植物分類學文獻，每章之末皆列有重要參考文獻。第二部為蕨類植物與種子植物各門、綱、目、科的形態的系統的描述，共描述了二百六十四科，附有二百六十三圖。科的排列用的是恩格勒分類系統而略有修正，在每科的形態描述之後，並舉了若干重要的屬，且討論了些經濟用途，以及與該科有關的參考文獻。此後則有二附錄，附錄一為擬訂的本書講授提綱，附錄二為分類學術語圖解。

總而論之，這是一部異常優秀的高等植物分類學，在理論方向極為高深而詳備，唯分量太重，用作教科書似過於高深，但是研究植物分類學一本必不可少的參考書。

系統植物學教科書（Textbook of Systematic Botany），美國施文古教授（Deane B. Swingle）所著，一九四六年馬克格羅與席爾圖書公司（McGraw-Hill Book Co.）出版；第四版三百四十三頁，有多圖。此為比前書篇幅較小的著作。全書分為十二章。其第十章為植物分類的原理，篇幅不多而極精到。實為一本良好的植物分類學教科書。

中國蕨類植物誌屬，傅書遐所著。一九五四年中國科學院出版，二百〇五頁，有多圖。此書將中國所產的蕨類植物各屬作有系統的按科描述，有分科分屬檢索表，在科屬描述之前，有蕨類植物分類術語的說明與圖解。所用的系統為柯潑侖特（E. B. Copeland）的系統，實為初研究蕨類植物的重要參考書。

中國植物科屬檢索表，中國科學院植物研究所主編，全國植物分類學工作者集體合著。一九五三年十二月與一九五四年五月分兩期在植物分類學報第二卷第三、四期發表，共三百六十三頁，另有單行本。此書首次將中國原產的蕨類及少數習見栽培植物凡二百三十二科三千餘屬作成檢索表，實為治植物分類學最重要的參考書。

中國主要禾本植物屬種檢索表（附系統名錄）南京大學生物系，中國科學院植物研究所合編，耿以禮等所著。一九五七年十月科學出版社出版，共二百四十八頁，無圖。此不包括兩部分：第一部分為檢索表，計有分亞科、族、屬、種、檢索表；第二部分為中國主要禾本植物名錄，包括野生及外來栽培竹類及禾草二百〇一屬，七百九十一種。實為植物分類者及農林工作者重要的參考書。

種子植物分類學講義，胡先驌著。一九五一年中華書局出版，四百二十四頁，無圖。此書乃按作者所發表的被子植物的一個多元的新分類系統所編著。一部分照赫經生的系統，但基本概念與之不同。科的性質描寫後，對於中國所有的種子植物的亞科與族都有描寫，屬亦有簡短扼要的描寫，並舉有中國原產習見的若干種的學名，以及重要的經濟植物。

植物界自然分類長編（Prodromus Systematis Naturalis Regni Vegetabilis），法國 A・德堪多（A. de Candolle）所主編，各專家執筆。共十七冊，一八二四至一八七三年馬桑書店（Sumptibus Masson）出版。分科記載所有當時所知的種子植物的描寫，乃其時最重要的參考書，至今日仍須用以參考。

顯花植物分科專誌（Monographie Phanerogamie），A・德堪多與其子 C・德堪多所合編，各專家執筆。一八〇六至一八七八年馬桑書店出版。含有種子植物若干科的專誌，乃其時最重要的參考書，至今日仍須用以參考。

植物界（Das Pflanzenreich）恩格勒主編，各專家執筆。已出版
一百餘冊，第一冊在一九○○年出版，此為全世界性的巨著。為種
子植物的專科誌，為分類學最高的權威著作，植物分類學家所不可
少的參考書。

英屬印度植物誌（Flora of British India），英國虎克（J. D. Hooker）
所編著，共七冊一八九七年倫敦雷夫公司（Reeve & Co.）出版。此
為亞洲第一部重要的植物誌，因為中國的植物與印度的植物有很多
種相同，故此書為研究中國植物分類不可少的參考書。

印度支那植物誌（Flora Géneale d'Indochina），法國勒恭德教授
（Prof. M. H. Lecomte）主編。共七冊，一九○七至一九四四年巴黎
馬桑公司（Masson et Cie.）出版。近年來研究雲南與海南的植物發
現有極多種與印度支那的相同，故此書為研究中國植物所不可少的
參考書。

暹羅植物目錄（Florae Siamensis Euumeratio），英國克雷卜（W.
G. Craib）所著。共二冊，未全，一九三一至一九三六年出版。第一
冊，八百○九頁，一九三一年暹羅學會（Siam Society）出版。第二
冊三百十頁，曼太晤士報印刷所（Bankok Times）出版。此書對於中
國南部與西南部的多種植物的分布與記述，有記載，故此書為研究
中國植物分類重要的參考書。

加爾加答皇家植物園年報（Annals of the Royal Botanical Garden,
Calcutta），共二十五冊，圖七冊，一八八七年至今，由印度孟買秘書
處印刷所出版，有極多的大頁圖畫，為研究中國植物的重要參考書。

朝鮮森林植物編（Flora Sylvatica Koreana），日本中井猛之進教
授所著。共二十一冊，一九一五至一九三六年朝鮮總督府林業試驗
場出版，未完。此書有多數精圖，朝鮮的植物有甚多種與中國所產
的相同，故此書為研究中國植物的重要參考書。

日本植物誌（A. Manual of the Flora of Nippon），日本牧野富太
郎（T. Makino）與田中貢一（K. Koichi）所著。一九二七年大日本
出版株式會社出版，八百六十四頁，包括日本產蕨類與種子植物科
與屬的檢索表與種的簡明說明，馴化與栽培植物亦包括在內，一部
分有圖。日本的植物有甚多種與中國所產的相同，故此書為研究中

國植物的重要參考書。

日本植物圖鑒（An Illustrated Flora of Japan with the Cultivated and Naturalized Plants），日本牧野富太郎所著。一九五二年改訂版東京北隆館出版，一千〇八十頁，外加植物學術語二十九頁，拉丁文索引七十二頁，和名索引三十五頁，漢名索引十一頁，包括藻類、菌類、苔蘚類、蕨類及種子植物共三千二百三十五種，每種有一扼要的描寫與一精圖，為研究中國植物一重要參考書。

大植物圖鑒（Comprehensive Illustration of Plants）日本村越三千男（M. Murakoshi）所著。一九二八年大植物圖鑒刊行會出版，共一千四百十三頁，有多圖，記載有四千三百三十九種植物，為研究植物分類的重要的參考書。

內外植物原色大圖鑒（Icongraphio Encyclopaedia of Botany），村越三千男所著。一九三五年植物原色大圖鑒刊行會出版，記載有野生與栽培的植物一萬餘種，有彩圖三百七十五幅，白圖二千〇四十四幅，為研究植物分類及栽培植物重要的參考書。

日本植物總覽補遺，日本根本莞爾所著。東京春陽堂一九三六年出版，一千四百三十六頁，為研究中國植物一重要參考書。

東亞新植物總覽（Diagnoses Breves Plantarum Novarum Japoniaeet ManshuriaeI-XX et Diagnosis Plantarum Novarum Asiaticarum I-XIII.），俄國馬克思摩維忌（C. J. Maximowicz）所著。原為多篇論文，專載在日本與滿洲所發現的新種植物的描寫，自一八六六至一八九三年陸續在俄國聖彼得堡皇家科學院彙報（Bulletin de l'Academie Imperiale des Sciences de St. Petersbourg）發表。日本東京井上書店植物文獻刊行會翻印，一九四三年出版，七百七十七頁，為研究中國植物一部極重要的參考書。

中國植物手冊圖譜

香港植物誌（Flora Honkongensis），英國邊沁（Bentham）所著，一八六一年出版，中國有翻印本。共四百八十二頁，一八七二年版，附有韓士（H. F. Hance）所著的補遺共五十九頁。此為關於中國的第一部植物誌，為研究中國南方植物必需的參考書。

香港廣東植物誌（Flora of Hongkong and Kwangtung, China）英

國鄧士特芬（Stephen Troge Duun）與榻棟（William James Tutcher）所著。一九一二年倫敦皇家印刷局出版。三百七十頁，有屬與種的檢索表，與種的文獻而無描寫，為研究中國南方植物重要參考書。

德拉威所採集植物誌（Plantae Delavayanae），法國佛郎協（A. Franchet）所著。一八八九至一八九〇年馬桑公司出版。二百四十頁，有四十八圖版。此書將德拉威神父在雲南所採集的植物按系統列舉，有注與新種的描寫，為研究雲南省植物的重要參考書。

大衛所採集植物誌（Plantae Davidianae），佛郎協所著。共二冊，第一冊一八八四年馬桑公司出版，三百九十頁，有二十七圖版；第二冊一八八八年出版，三百三十四頁，有十七圖版。第一冊所載的為內蒙古的植物，第二冊所載為西康的植物，為研究中國北部與西南部植物重要參考書。

中國中部植物誌（Die Flora von Cantral-China），德國笛而士（L. Diels）所著。一九〇〇至一九〇一年刊登於植物學年報（Botanicher Jahrbücher）第二十九冊，四百九十頁，有圖版二，圖五個，為湖北、四川等地的植物誌，含有甚多新種的描寫，與其他植物的文獻，但無檢索表；一九三二至一九三三年董爽秋有中文譯本，刊登於中山大學理學院的自然科學，為研究湖北、四川兩省植物重要參考書。

威爾遜所採集植物誌（Plantae Wilsonianae），佘堅特（C. S. Sargent）所主編。一九一一至一九一七年出版於阿諾德森林植物園（Arnold Arboretum）。共三冊，無圖；第一冊六百十一頁，第二冊六百六十一頁，第三冊，六百六十六頁，多人執筆，列舉威爾遜在湖北四川所採的木本植物，為研究中國湖北、四川植物極重要的參考書。

中國植物類纂，第七部，有花植物門（Symbolae Sinicae VII Anthophyta），奧國韓馬迪（Heinrich Handel-Mazzetti）所著。一九二九至一九三六年維也納士普靈葛書店（Julius Springer）出版，共二冊，一千四百五十頁，有十九圖版與四十三圖。此書記載著者在一九一四至一九一八年在中國西南部所採集的種子植物，關於從前已發表的植物有詳細的討論；新種植物有詳細的描寫，為近年來中國植物分類學一部最重要的參考書。

　　林浦律緒特在東亞所採集植物誌（Aufzahlung der von Dr. Limpricht in Ostasien Gesammel ten Pflazen），德國拔格士（F. Pax）主編，各專家執筆。一九二二年在或德植物界新種匯錄（Fedde's Repertorium Spccicrum Novarum Regni Vegetab-ilis）副刊第十二卷，三百十七頁。此書記載林浦律緒特在一九一〇至一九二〇年在中國各地所採集的種子植物，為研究中國植物一部重要的著作。

　　滿洲植物誌（Flora Manshuriae），俄國柯馬洛夫（V. L. Komarov）所著。共三冊，一九〇一至一九〇七年在聖彼得堡園藝記錄（Acta Horti Petropolitani）上發表。第一冊一九〇一年出版，共五百五十九頁；第二冊一九〇三至一九〇四年出版，共七百八十七頁，有十七圖版；第三冊一九〇七年出版，共八百五十三頁，有十六圖版。此為中國東北各省一部最重要的植物誌，為研究中國各省植物最重要的參考書。

　　滿洲植物誌，俄國柯馬洛夫原著，前四卷日本吉澤敏太郎譯，後二卷竹田謙三郎譯，三浦道哉校。南滿洲鐵道株式會社庶務部調查課編，大阪每日新聞社發行。第一卷二百六十九頁，一九二五年出版；第二卷四百七十三頁，一九二五年出版；第三卷上，二百五十六頁，一九二五年出版；第三卷下二百二十五頁，一九二五年出版；第四卷三百四十六頁，一九二八年出版；第五卷，三百七十四頁，一九二九年出版；第六卷上，二百七十四頁，一九三〇年出版；第六卷下，二百三十四頁，一九三〇年出版。此部日文書大部分根據柯馬洛夫的原著，而有補充材料，為研究東北各省的重要參考書。

　　臺灣植物圖譜（Icongraphia Plantarum Formosanum），日本早田文藏所著。共十一冊，一九一一至一九二一年臺灣總督府產業局出版。第一冊二百六十五頁，有四十圖版，一九一一年出版；第二冊一百五十六頁有四十圖版，一九一二年出版；第三冊二百二十二頁，有三十五圖版及三十五圖，一九一三年出版；第四冊二百六十四頁，有二十五圖版及一百八十圖，一九一四年出版；第五冊三百八十五頁，有十七圖版及一百四十九圖，一九一五年出版；第六冊一百六十八頁，有二十圖版及六十一圖，一九一六年出版；第六冊補遺一百五十五頁，一九一七年出版；第七冊一百〇七頁，有十四圖版及

六十九圖；第八冊一百六十四頁，有十五圖版及八十八圖，一九一九年出版；第九冊一百五十五頁，有七圖版及五十五圖，一九二〇年出版；第十冊三百三十五頁有四十八圖。此為研究臺灣的種子植物最重要的著作，兼包括了少數福建與海南植物。

海南島植物誌（Flora Kainantensis），日本正宗嚴敬教授（Genkei Masumune）所著。一九四八年臺灣總督府外事部出版，共四百四十二頁。所載植物有學名及其文獻與分布，無檢索表，無描寫，但亦為研究海南植物一重要參考書。

經濟植物學，胡先驌教授所著。一九五三年中華書局出版，五百四十二頁。此書凡一百十二章，對於農藝、園藝（花卉除外）以及工業用植物廣泛搜羅，作極詳盡的記載，對各種植物的利用，亦有詳細的敘述，乃植物分類學及農業工業工作者極重要的參考書。

廣州常見經濟植物，中國植物學會廣州分會編纂。一九五二年中華全國自然科學專門學會聯合會廣州分會籌備委員會出版。此書包括廣州常見經濟植物五百餘種，每種附有學名，簡單的形態記載和主要用途，此乃華南農林幹部和各學校的教師們與學生們一部良好的參考書。

中國的經濟樹木（Chinese Economic Trees），陳煥鏞教授所著。一九二一年商務印書館出版，三百〇九頁，有一百圖。此為描寫中國全國的經濟樹木最早的一部書，在今日尚不失為一有用的參考書。

森林植物學（Forest Botany），李順卿教授所著。一九三五年商務印書館出版。九百九十一頁，有二百七十二圖。此書為企圖描寫中國全部森林植物第一部重要著作，但頗多錯誤，然仍不失為一森林植物的重要參考書。

中國樹木分類學，陳嶸教授所著。一九三七年中華農學會出版，一千一百九十一頁，有一千〇八十六圖。此書為用中文描寫中國全部森林植物的巨著，但亦有遺漏與錯誤之處，然仍為研究森林植物的主要參考書。一九五八年補編修訂，科學技術出版社出版。

增補改版臺灣樹木誌（Formosan Trees），日本金平亮三教授（Prof. R. Kanehira）所著。一九三六年臺灣總督府中央研究所出版。七百五十四頁，有五十圖版及六百六十六圖。有日文與英文的植物

描寫，無檢索表，此書為研究臺灣木本植物的權威著作。

中國森林樹木圖誌（The Silva of China）第二冊，胡先驌教授所著。一九四八年靜生生物調查所與農林部中央林業實驗所出版。此書包括中國所產樺木科與榛科全部樹木的科屬種的中英文描寫與檢索表，有八十五圖版，為研究中國此兩科植物的權威著作。

中國植物圖譜（Icones Plantarum Sinicarum）共五冊，胡先驌教授與陳煥鏞教授所著。第一冊五十頁，有五十圖版，一九二七年商務印書館出版；第二冊五十頁，有五十圖版；一九二九年商務印書館出版；第三冊五十頁，有五十圖版，一九三三年靜生生物調查所出版；第四冊五十頁，有五十圖版，一九三五年靜生生物調查所出版；第五冊五十頁，有五十圖版，一九三七年靜生生物調查所出版；內有多種新種的圖版，為研究中國植物的重要參考書。

中國北部植物圖誌（Flore Illustrée du Nord de la Chine），劉慎諤主編，各專家執筆，共四冊，有多圖版，一九三一至一九三六年北平研究院植物研究所出版。第一冊五十五頁，有二十二圖版，一九三一年出版；第二冊六十一頁，有二十五圖版，一九三二年年版；第三冊九十一頁，有三十七圖版，一九三四年出版；第四冊一百〇四頁，有四十圖版，一九三五年出版；第五冊九十二頁，有四十一圖版，一九三六年出版；為研究華北植物重要參考書。

河北習見樹木圖說，周漢藩著，一九三四年靜生生物調查所出版，二百二十四頁，有一百四十四圖。有科、屬、種的描寫與檢索表，對於各種樹的地理分布掌故與利用有極詳盡的記載，為研究河北省的樹木與森林園藝重要的參考書。另有英文本為 H. F. Chow：The Familiar Trees of Hopei，一九三四年北京博物學會（Peking Natural History Society）出版，三百七十頁，有一百四十三圖，內容大致相同。

峨眉植物圖誌（Icones Plantarum Omeiensium），方文培教授所著。第一卷第一號，一百頁，有五十圖版，一九四二年四川大學出版；第二號一百頁，有五十圖版，一九四四年出版；第二卷第一號，一百頁，有五十圖版，一九四五年出版；第二號一百頁，有五十圖版，一九四六年出版。此圖誌有中英文的峨眉山所產的植物的描寫

與圖版，有多種植物，第一次繪有圖，為研究四川省植物的重要參考書。

中國與印度支那樟科專誌（Lauracées de Chine et d'Indo-chine），劉厚著。一九三四年巴黎曷曼公司（Hormann & Cie.）出版，二百二十六頁，有數圖版。有屬與種的檢索表及種的文獻分布與注及新種的描寫，為研究中國與印度樟科植物重要參考書。

中國馬鞭草科專誌（The Verbenaceae of China），裴鑒所著，一九三二年中國科學社出版，一八八頁，有三十三圖版。有屬與種的檢索表，科、屬、種的描寫，種的分布與注，為研究中國馬鞭草科植物重要參考書。

中國裸子植物誌，郝景盛所著，一九五〇年人民出版社出版，一百六十五頁。第二章中國裸子植物誌有科屬種的描寫檢索表及參考書，第三章論中國裸子植物的分布，第四章為中國裸子植物誌補遺，第五章為中國裸子植物繁殖法，為研究中國裸子植物的重要參考書。

東北木本植物圖誌，劉慎諤等所著，一九五五年科學出版社出版；五百六十八頁，有多圖。此書是中國科學院東北土壤森林研究所的植物分類學專家的集體著作；包括有東北木本植物的分布，東北木本植物誌分科檢索表，各科木本植物的描寫、用途、分布、習性及繁殖法，並附有新種的拉丁文描寫。為林業幹部，植物學工作者以及農林學校學生的重要參考書。

廣州植物誌，此書是中國科學院華南植物研究所的植物分類專家的集體著作，侯寬昭主編；一九五五年科學出版社出版；九百五十三頁。有多圖，包括有廣州所產的維管植物一百九十八科，八百七十一屬，一千五百六十一種與八十變種，其中有廣州常見的引種植物二百五十種。這是我國植物分類學家自己編纂的第一部地方植物誌，為研究華南植物的最重要的參考書。

中國主要植物圖說：豆科，中國科學院植物研究所集體編輯，一九五五年科學出版社出版；七百二十六頁，有七百〇四圖。此為中國主要植物圖說全部的一個重要組成部分，包括有豆科植物七百九十一種與變種，分為一百二十屬，其中包括所有的栽培種。為植

物學與農林工作者及各級學校的重要參考書。

中國主要植物圖說（蕨類植物門），傅韋遯著。一九五七年科學出版社出版，二百五十八頁，有三百四十六圖。此為中國主要植物圖說全部的一個重要組成部分，包括有我國主要蕨類植物四十二科，一百三十屬，四百三十七種。為植物學與農林工作者及各級學校的重要參考書。

經濟植物手冊，上冊第一、第二分冊，下冊第一分冊，胡先驌著，上冊第一分冊一九五五年六月科學出版社出版，三百七十一頁，有多圖，包括蕨類植物十八科，種子植物自蘇鐵科至防己科凡五十五科；上冊第二分冊一九五五年十二月出版，三百〇一頁，包括自木蘭科至薔薇科凡二十二科；下冊第一分冊一九五七年十二月科學出版社出版，四百九十九頁，有六十四圖，包括自含羞草科至山茱萸科凡六十三科；凡有經濟價值的國產與習見引種的維管植物皆被收入。為植物學與農林工作者及各級學校的重要參考書。

植物專誌

松杉植物（The Conifers），傑克生（A. B. Jackson）與達利摩（W. Dallymore）合著，第三版，一九四八年阿諾德公司（Edward Arnold & Co.）出版，六百八十二頁，有圖。此為關於松杉植物的一部權威著作，其中包括中國的多數松杉植物，為研究中國松杉植物一重要參考書。

芍藥屬的研究（A. Study of the Geuns Paeonia），士探（F. C. Stern）所著，一九四六年英國皇家園藝學社出版，一五五頁，有彩色圖多幅。有中國所產的牡丹芍藥種，為研究此屬的重要參考書。

綠絨蒿屬的報導（An Acount of the Genus Meconopsis），泰勒（G. Taylor）與柯克士（E. H. M. Cox）合著，一九三四年新植物與樹木雜誌社（New Flora and Sylva）出版，一百三十頁，有二十九彩色圖版。綠絨蒿屬為中國極美麗的高山植物，此專誌為研究此屬的重要參考書。

薔薇屬專誌（The Genus Rosa），維爾摩特（E. Willmott）所著，共二冊，第一冊二百四十三頁，有多數彩色與非彩色圖版，一九一〇至一九一一年麥雷書店（J. Murray）出版；第二冊五百五十二頁，

有多數彩色與非彩色圖版，一九一一至一九一四年出版。此書為薔薇屬專誌，中載有多數中國種，為研究此屬的重要參考書。

木蘭（Magnolias），密萊士（J. G. Millais）所著，一九二七年格林公司（Green & Co.）出版，二百十五頁，有三十四圖版，為此屬的手冊，包括種的描寫與檢索表，第三章雲南產的木蘭，為和勒士特（G. Forrest）所著，為研究此屬的重要參考書。

杜鵑及其雜種（Rhododendrons and the Various Hybrids）密萊士（J. G. Millais）所著，第一冊二百六十八頁，有六十彩色與非彩色圖板，一九一七年杜鵑學會（Rhododendron Society）出版，第二冊二百六十三頁，有五十三圖板。此為研究栽培杜鵑的最重要參考書，中國所產的六百餘種杜鵑，此書搜集了大部分。

栗與錐栗屬專誌（Les Chataigniers: Monographie des Gen-res Castanea et Castanopsis），法國加梅（A. Camus）所著，一九二九年巴黎勒歇瓦列書店（La Chevalier）出版，六百〇四頁，有圖版，另有圖譜一冊，計有圖版一百幅，此書包括栗與錐栗兩屬的分類、生理、栽培與利用，載有中國所產栗與錐栗種類極多，故為研究此兩屬極重要的參考書。

櫧櫟與碐專誌（Les Chenes Monographie des Genres Que-rcus et Lithocarpus），法國加梅所著，一九三四至一九四八年巴黎勒歇瓦列書店出版；計描述二冊，第一冊六百八十六頁，第二冊八百三十頁；圖譜三冊，第一冊計有圖版一百〇八幅，第二冊圖版一百七十六幅，第三冊圖版三百三十三幅。餘書尚未出全。此書包括櫧櫟與碐兩屬的分類、生理、栽培與利用，載有此兩屬中國種類極多，故為研究此兩屬極重要的參考書。

東亞的百合專誌（The Lilies of Eastern Asia），威爾遜（E. H. Wilson）所著，一九二五年英國都羅公司（Dulau & Co.）出版，一百十一頁，有十六圖版。對於日本與中國所產的百合有描寫及詳盡的討論，為研究此屬的重要參考書。

鳶尾屬專誌（The Genus Iris），戴克士（W. R. Dykes）所著，一九一三年劍橋大學出版部出版，二百四十五頁，有四十八美麗彩色圖版及三十圖，載有多種中國種，為研究此屬極重要參考書。

中國與日本所產唇形科植物誌長編（Labiatarum Sino-Japonicarum Prodromus），日本工藤佑舜教授（Yushun Kudo）所著，一九二九年刊布於臺北帝國大學理農學部紀要，第二卷第二號，二百九十二頁。有科、屬、種的拉丁文描寫及文獻，無檢索表，為研究東亞唇形科的權威著作。

忍冬屬綱要（Synopsis of the Genus Lonicera），芮德教授（Alfred Rehder）所著，一九二七年刊布於美國密蘇里植物園年刊（Annals of Missouri Botanical Garden）第十四卷，二百〇五頁，有二十圖版。有亞屬與組與種的檢索表及討論，亦有新種的描寫，為研究中國忍冬屬重要參考書。

栽培植物

栽培植物的起源（Origin of Cultivated Plants），德堪多（A. P. de Candolle）所著，一九〇八年紐約阿普堂書店（Applet-on）出版，四百六十八頁，無圖。此書討論多種農作物的種與變種，溯源於野生植物，其結論在今日大體尚能成立。

栽培植物起源的研究（Studies on the Origin of Cultivated Plants），蘇聯瓦維洛夫（N. I. Vavilov）所著，一九二六年刊布於列格勒應用植物學與植物育種學彙報十六卷，一〇八頁，有六圖與七分布圖。此論文陳述近代研究栽培植物起源的地區與祖先種的方法，除用往昔用形態學及考古方法外，且用育種與細胞的方法。

標準園藝百科全（Standard Cyclopaedia of Horticulture），美國培黎（L. H. Bailey）所著，一九一四至一九一六年馬克密蘭公司（The Macmillan Co.）出版，一九二八年增訂重排，三冊本一九四一年出版。第一冊一千二百頁，有三十九彩色非彩色圖版，與一千四百六十九圖；第二冊一千二百二十一頁，有四十一彩色非彩色圖版，與一千二百二十四圖；第三冊一千二百十七頁，有四十彩色非彩色圖版與一千三百六十二圖。前有植物界綱要，及科與屬檢索表，每屬下又有種檢索表；實為近代園藝植物學權威巨著。

栽培植物手冊（Manual of Cultivated Plants）修訂本，培黎（L. H. Bailey）與康南耳大學培黎園藝植物園同仁合著。一九四九年馬克密蘭公司出版，一千一百十六頁，有圖。有科、屬、種的描寫與

檢索表，為近代研究栽培植物最重要的參考書。

栽培喬木與灌木手冊（Manual of Cultivated Trees and Shrubs）修訂本。芮德（Alfred Rehder）所著。一九四〇年馬克密蘭公司出版，無圖，九百二十一頁。前有目與科的分類綱要及科與特殊屬的檢索表，共載有二千五百五十種喬木與灌木之栽種於北美洲溫帶與亞熱帶北部，每年最低溫度在攝氏五度以上之處的，內載有中國種甚多，為研究栽培木本植物最重要的參考書。

不列顛各島耐寒喬木與灌木（Trees and Shanks Hardy in the British Isles）第七版。皮因（W. J. Bean）所著。一九五〇年墨雷書店（John Murray）出版，有圖。第一冊七百〇三頁，第二冊六百三十六頁，第三冊六百六十四頁。此書描述所有在英倫三島栽培的耐寒林植物，尤以歷年自中國輸入的種類為最重要。第一冊第一部自第三至一百〇七頁共分二十七章詳論木本植物的繁殖、雜交、選擇、移植、土壤、排列、整樹、及各類型式的喬木與灌木等，末附術語，尤供園藝實用。為研究栽培木本植物最重要的參考書。

農藝植物學（Botany of Crop Plants），羅奔馳（W. W. Robbins）教授所著。一九三一年勃拉基士敦父子公司（P. Blackist-on's Son & Co.）出版。第三版，六百三十九頁，有二百六十九圖。對於重要農藝植物，有詳盡的敘述與描寫，為研究農藝植物重要參考書。

華北經濟植物誌要，崔友文所著。一九五三年中國科學院出版，六百三十八頁，內載華北栽培及野生的有經濟價值的植物極多，為研究中國植物一極重要參考書。

古植物學

古植物學與地質學動物學植物學有密切的關係，蓋不但能發明植物的親緣系統關係，且常能指示古代動植物與人類所生存的時代的氣候與其他環境。

化石植物的研究（Studies in Fossil Botany），英國司各得（D. H. Scott）所著。第三版，一九二〇年倫敦布拉克書店（A. and C. Black）出版，八百八十頁，有三百二十六圖。第一冊包括蕨類植物與低等植物；第二冊包括高等植物。此書不但陳述古植物的性質，並且討論植物演化的關係。雖取材於化石植物，亦不遺忘現存植物的形態。

古植物學，植物的起源與演化的描述（Paleobotany: A. Ske-tch of the Origin and Evolution of Floras），美國裴黎教授（E. W. Berry）所著。一九一八年刊登於斯密桑研究院（Smith-sonian Institution）年報，一百十九頁，有四十二圖。一簡明的敘述，總括人們關於化石植物的知識，尤其是關於蕨類植物與種子植物。

古代的植物（Plants of the Past; a Popular Aocount of Fossil Plants），美國諾爾堂（Frank H. Knowlton）所著。一九二七年美國普靈斯敦大學印刷所出版，二百七十五頁，有九十圖。此書歷述各地質時代的植物，及植物變遷的理由，且論及古代植物對於古代動物的關係，亦述及煤的形成。

樹木的祖先（Tree Ancestors），裴黎教授（E. W. Berry）所著，一九二三年維廉與維爾金公司（Williams and Wilkins Co.）出版，二百七十頁，有四十八圖與地圖。此書討論木本植物的若干最重要科在過去與現在的情況，敘述了最可寶貴的資料，且討論了多種植物的特殊分布，與在某一時廣泛分布的種在今日僅幸存於某些地區。

詞典書目名錄等

植物文獻指南（Guide to the Literaturc of Botany），傑克生（B. D. Jackson）所著。一八八一年倫敦郎曼格林公司（Long-mans Grccn and Co.）出版，六百二十六頁。此為一部各國語文的植物文獻的目錄，在當時為最完備的此類書籍，每一條包括文獻的名稱，著者的姓名，出版的地點等項。

東亞植物文獻目錄（A. Bibliography of Eastern Asiatic Botany），美國麥雷爾（E. D. Merrill）與倭爾喀（E. H. Walker）所著。一九三八年哈佛大學阿諾德森林植物園出版，七百十九頁。此書分四部分，第一為文獻本身，包括期刊名錄，著者姓名與文獻名稱；第二為附錄。包括東亞的古代著作，東亞期刊目錄，東亞著者姓名錄；第三為文獻題目目錄，又分為普通目錄與區域目錄；第四為植物分類目錄，蕨類植物與種子植物科與屬目錄，主要地理名錄。此書搜羅詳盡，分類精詳，極便於檢查，為研究東亞植物分類極重要的參考書。

花粉管植物誌屬（Genera Siphonogarum），陀累（C. G. de Dalla Torre）與哈姆士（H. Harms）合著，一九○七年柏林出版，九百二十一頁，無圖。此書的價值在於便於尋找屬的同名，在載有種子植物的科名目錄表外，此書以六百三十七頁為屬的目錄，按科亞科與組安排，屬與組的同名與其日期及文獻亦詳加列舉，最後為二百八十四頁的屬與組的學名。此書所遵循的為恩格勒系統，為研究植物分類學及管理植物標本室所不可缺的參考書。

顯花植物屬的描寫與同名辭典（Dictionnaire Descriptif et Synonymiquedes Genres de Plantes Phanerogames），法國勒梅（A. Lemée）所編著。共六冊，第一冊八百九十六頁，一九二九年布勒士特書店 Brest 出版；第二冊九百九十八頁，一九三○年出版；第三冊一千○八十四頁，一九三一年出版；第四冊一千○七十一頁，一九三二年出版；第五冊一千一百五十二頁，一九三四年出版；第六冊一千二百八十六頁，一九三五年出版。包括顯花植物所有已發表的屬的學名同名與描寫，按字母排列，為研究種子植物分類學不可缺的重要巨著。

邱園植物目錄（Index Kewensis），英國邱皇家植物園傑克生（B. D. Jackson）所編著。最初出版的為四巨冊，一八九三至一八九五年，劍橋大學出版部出版，共有二千五百六十七頁，以後每五年出一補編，共出有十一續編。此巨著記載有自一七五三年起所發表的種子植物的種的學名及其文獻在其屬名的下面按字母排列，已作廢的學名則用斜體字排印，且指出其等於何正當的學名，此書為研究植物分類學不可少的參考書。

倫敦有花植物及蕨類植物的圖畫目錄（Index Londinensis to Illustrations of Flowering Plants, Ferns and Fern Allies）英國士塔卜夫（O. Stapf）所編纂，英國牛津大學克拉倫敦印刷所（Clarendon Press）出版；第一冊五百四十七頁，一九二九年出版；第二冊五百四十八頁，一九三○年出版；第三冊五百五十五頁，一九三○年出版；第四冊五百六十八頁，一九三○年出版；第五冊五百四十九頁，一九三一年出版；第六冊五百七十一頁，一九三一年出版。以後每十年出一補編，第一補編為維爾士德爾（W. C. Worsdell）所編纂，第一部

分四百九十七頁，第二部分五百十五頁，一九四一年出版。〔註2457〕

9月17日，胡先驌致辛樹幟信函。

　　樹幟先生惠鑒：

　　　　京青聚首，快何如之。九月十日手書及石聲漢先生之大著，均已收到，自當詳細拜讀，如有所見，亦當提出以供商榷。今日之學者，對於舊學多不注意，石先生除專業外，且長文字音韻之學，實當代所希有也。

　　　　專此肅復，敬頌

　　秋綏

　　　　　　　　　　　　　　　　　　　弟　胡先驌　拜啟

　　　　　　　　　　　　　　　九月十七日（1958年）〔註2458〕

10月10日，胡先驌致胡嘉琪信函。

　　嘉琪同志：

　　　　前江西調查隊在武功山採集 1223 號花，1238 號果標本，大約是瑞香科，與沉香屬 Aquilaria 相近的一個新屬，前者有 5 個雄蕊，後者有 10 個雄蕊。我前幾日函鄭斯緒，囑他命標本室提出這兩號標本黏貼，並囑馮晉庸在標本臺紙上畫放大的解剖圖，畫好後一併送來，恐他事忙未辦，特囑你速辦此事。並將我本月分得安眠藥與 Journal of Jap. Botany Vol. 16（1940）及我書架上的 Plantae Wilsonianae Vol. 3，以及我的 Celtis 新種的稿（在辦公桌上一紙夾內）一併帶下為要。

　　　　此問

　　近好

　　　　　　　　　　　　　　　　　　　　　　驌　啟

　　　　　　　　　　　　　　　十月十日（1958年）〔註2459〕

〔註2457〕胡先驌著《植物分類學簡編》，科學技術出版社 1958 年 8 月版，第 429～454 頁。

〔註2458〕胡宗剛撰《胡先驌先生年譜長編》，江西教育出版社，2008 年 2 月版，第 595～596 頁。

〔註2459〕《胡先驌全集》（初稿）第十七卷下中文書信卷，第 501～502 頁。

1958 年 8 月胡先驌

11 月 9 日，胡先驌致辛樹幟信函。

　　樹幟先生：

　　　　前奉到大作《禹貢製作時代的推測》與 27 面《洪範》一篇注釋，探討精深，結論正確，非博古通今，何克臻此。弟舊學荒落，實不能贊一辭，但有敬佩而已。前在《科學》登載瓦維洛夫《栽培植物的起源變異免疫與育種》一書的評介，茲特寄呈就正。瓦氏之學，繼往開來，為近代育種學劃一新時代。但在我國因農學習於李森科之說，遂使瓦氏之書，少人研習。然在我國欲育種學有進步，非精研瓦氏之學，掌握其方法，大力研究我國固有的農產品品種不可。弟以所治之專業與此無關，僅抱高山仰止之心，而莫能躬與其事，維公主持農業高等教育，望大力提倡，以開風氣為幸。

　　　　專此

　　撰祺

　　　　　　　　　　　　　　　　　　　　　　　胡先驌

　　　　　　　　　　　　　　十一月九日（1958 年）〔註 2460〕

　　是年，整風運動之後，胡先驌接受了上次思想改造的經驗和教訓，現在一心埋頭做學問，寫書，積極參加政治學習，不發表更多言論，緊跟時代步伐，思想有了極大改變，專門寫有《此次參加整風運動的思想收穫》：

〔註 2460〕胡宗剛撰《胡先驌先生年譜長編》，江西教育出版社，2008 年 2 月版，第 596～597 頁。

自去年四月黨中央進行一次全國性的普遍與深入的整風運動，我除往江西講學與休假外，曾親自參加這個偉大的運動。一年以來，經過學習文件，反右鬥爭、雙反運動及工作躍進運動，思想上得到莫大的收穫，對於自己過去的思想錯誤，也有了深刻的認識，而看見在工作躍進運動中，新人新事層出不窮，打破了我的保守思想，尤認識到政治掛帥的重要意義。

1958 年，左起，前排：王晴、胡先驌、胡昭靜；後排：胡德燿、胡德焜、胡德輝（吳西提供）

在交心會上曾將我過去心中一些錯誤思想交出，也提出了我的紅專規則。在此處再系統地對於這些錯誤思想給予批判，對於思想上的收穫加以陳述，今分兩方面來講：

（甲）我的錯誤思想的批判

我的思想錯誤最嚴重的一方面是對於蘇聯認識不清楚，我雖對於馬林科夫與赫魯曉夫先後主張我國的種種措施感到十分滿意，但我對於斯大林表示不滿。認為蘇聯幫助外蒙古獨立，在解放東北後運走大批機器，共管中東鐵路與旅順、大連，共同開發新疆的石油，都不是平等互惠的表現。這是由於我的狹隘民族主義思想與忽略了

一項重要事實，即正因為有斯大林的主持與援助，我國解放戰爭才能如此迅速成功。若以辯證法的眼光來看事物，則我所不滿的一切都是必需的，而馬林科夫與赫魯曉夫執政以後蘇聯對於我國的一切幫助也正是斯大林執政時期對於我國幫助的當然繼續。

我在過去對於一切事物缺乏辯證的認識，因此對於政府解放臺灣政策，對於香港、澳門的態度，以巨量糧食救濟印度，對於高饒與胡風兩案的處理，物資的供應，以及各項運動中所發生的偏差，都有過多多少少的不滿，但在思想鬥爭、思想改造以後，一切的困惑都解決了。

我對於植物研究所過去存在的保守傾向，甚為不滿，尤不滿於忽視經濟植物的調查與研究。我對於政府號召利用我國的野生植物資源極感興奮。而在此次大躍進運動開展以後，植物研究所的保守傾向已一掃而空。而各部門的大躍進計劃的提出，已使我歡欣鼓舞了。

（乙）我的思想上的收穫

我過去的思想是嚴重落後的，由於思想的落後，同時也由於在過去有些進步的主張未能實現，所以情緒有一定的消極成分，但我對於我國驚人的進步並不是熟視無睹的，而第二個五年計劃工農並重的方針，尤使我感到異常滿意與興奮。今年所提出的十五年主要工業趕上英國的口號，大中小型工業並重的政策，全民辦工業，技術革命，科學與技術深入農村，因而工業農業得到了空前大躍進，已使我對於一切事物有了嶄新的革命的認識，而感到莫大的興奮與鼓舞，發生了一種欲罷不能的情緒，所有過去的保守與消極的思想與情緒都一掃而光了。故我雖已過了退休的年齡，仍願以我的暮年全心全力為多快好省建設社會主義而努力。

在這此大躍進中，我深刻認識到政治掛帥的重要意義。沒有政治領導，決不可能有此驚人的大躍進。因此我深切體會到一個科學工作者必須又紅又專，才能在社會主義建設中起積極的作用。

（丙）我的紅專計劃

（子）紅的方面：

（1）站穩立場，與無滅資，不斷改進思想，立志把自己改變成

一個紅色鮮明的科學工作者。

（2）仔細學習辯證唯物論與歷史唯物論，以武裝自己的思想。

（3）更加注意閱讀報紙與雜誌，並精心研究政府的政策。

（丑）專的方面：

（1）完成中國植物誌的樺木科、榛科、榆科大部分、肉豆蔻科、山茶科、安息香科、列當科。

（2）主編江西省樹木誌。

（3）與青年幹部合作研究中國木本植物葉脈，以奠定研究新生代古植物學的基礎。

（4）與青年幹部合作研究中國新生代古植物學。〔註2461〕

是年，胡先驌對雙百方針積極由衷的擁護。

然目睹第一個五年計劃的偉大成績，尤感於1954年政府對治水救災的偉績，對黨有了進一步的認識，對於農業合作化與工商業社會主義改造，皆極端佩服。自政府宣布百家爭鳴、百花齊放的政策後，胸中一切隱藏的顧慮皆一掃而空。〔註2462〕

是年，對廬山森林植物園評價：二十年來成為中國最有成就，世界聞名的植物園，與世界各國大規模交換種子。〔註2463〕

1959年（己亥） 六十六歲

1月，譯《植物分類學特別有關的被子植物》，斯普拉格（T. A. Sprague）原著，文章在《科學》雜誌（第35卷第1期，第50～56頁）發表。標題後改為《植物分類學，尤其被子植物的分類學》，收錄在胡先驌等譯、鍾補求校、J・赫胥黎主編《新系統學》，科學出版社1964年11月初版。摘錄如下：

分類學可定義為按照它們已經證明的或推測的種系發生關係而建立起來的各種生物的科學性分類。這個定義在分類學中屏除了不

〔註2461〕 胡宗剛撰《胡先驌先生年譜長編》，江西教育出版社2008年2月版，第599～601頁。

〔註2462〕 胡先驌著《自傳》，1958年。《胡先驌全集》（初稿）第十五卷人文科學文章，第656～659頁。

〔註2463〕 胡先驌著《自傳》，1958年。《胡先驌全集》（初稿）第十五卷人文科學文章，第656～659頁。

以實在的或擬議的種系發生關係為根據的分類，例如生態學的分類和只是為了參考或鑒定的便利而建立的「人為的」分類。它只包括所謂「自然的」分類，不論「自然的」這一個詞是用在「邏輯的」意義上抑或作為「種系發生的」同義語。

非分類學家或者可能對於分類學工作給予過分低的評價，因為節省篇幅，對於某一特殊的分類工作所根據的理由，常常是略去了的。分類學家在他的一方面對於「外行」的（即非分類學的）意見容易無動於衷，因為他知道他的工作的成功或失敗，將決定於時間的考驗和他的分類學同事們的判斷。

用實驗方法以證明某些分類學的「集群」、尤其是比種為低的等級的性質和起源是可能的，而且也可以顯示有很高的或然性某一個種有一特殊的起源。大多數植物學家同意這樣的一個強有力的例子存在著，承認 Spartina townsendii H. et J. Groves 係 S. allernifolia Loisel 與 S. stricta Roth 之間的一個天然的雜種，因此這種起源就可以毫不猶豫地被接受。

一、種系發生主要是一個或然性的問題

……

二、自然的與人為的分類

……

三、「自然的」分類是否就是種系發生的

……

四、進化的進程和階段

……

五、恒定的徵狀與趨勢

……

六、屬於不同類目的徵狀與其相對價值

……

七、實際應用的方法與範例

……〔註2464〕

〔註2464〕張大為、胡德熙、胡德焜合編《胡先驌文存》（下卷），中正大學校友會出版發行，1996 年 5 月，第 781～800 頁。

　　1月，馮澄如著，胡先驌校閱《生物繪圖法》，科學出版社初版。12月再版。1966年4月第7次印刷。1957年，初稿完成，馮澄如將初稿寄給胡先驌，請求他向科學出版社推薦此書稿。胡先驌不但積極向科學出版社做了推薦，而且主動承擔了此書的校閱。出版後銷路極暢，曾多次重印，發行量達19000冊。全文分前言；第一章緒論；第二章生物繪畫的工具、材料、設備及其操作方法；第三章生物繪畫上的基本知識和法則；第四章幾種工作方法及幾件應注意的事項；第五章動物圖的繪畫；第六章植物圖的繪畫；第七章生物繪畫及製版的關係；附錄巨幅掛圖的選材、做法、繪畫及收藏等九部分。內容簡介指出：「本書是介紹在生物學上的研究和教學工作中，對於生物的繪圖應使用什麼方法，才能把眼前的生物或其制作起來的標本等加以生動的描繪。我們把生物及其製品繪起圖來，應學習些什麼技術、採取些什麼措施、製備些什麼工具等，在這本書裏都有適當的篇幅加以說明。本書可作為生物學工作者、中學、農業學校、醫學及護士學校的生物學教師和學生的參考資料。」

第九屆國際植物學大會

　　6月，第九屆國際植物學大會在加拿大蒙特利爾召開，有代表2913人。

　　6月，成立《中國植物誌》編委會。

　　　　6月，《年譜》載：中國科學院植物所向院請示成立《中國植物誌》編委會，建議錢崇澍、陳煥鏞為主編，編委會由錢崇澍、陳煥鏞、秦仁昌、林鎔、張肇騫、胡先驌、耿以禮、劉慎諤、鄭萬鈞、裴

鑒、吳征鎰、陳封懷、鍾補求 13 人組成。〔註 2465〕

6 月，《經濟植物手冊》第一、二分冊合訂本，科學出版社第四次印刷。

6 月，《經濟植物手冊》下冊，第一分冊，52.4 萬字，印數 2000 冊，科學出版社第 2 版。正文前有內容提要與下冊第一分冊相同。

6 月，《經濟植物手冊》上冊，第一、二分冊合訂本，70.5 萬字，印數 1800 冊，科學出版社第 4 版。

6 月間，共同完成《中國植物誌》報告。

中國科學院植物分類研究所向中國科學院黨組提出組織《中國植物誌》編輯委員會報告，其函全文如次：

黨組：

在八至十年內完成《中國植物誌》編寫工作，在本年二月十七日召開的全國植物工作會議上已列入正式規劃。為了向祖國建國十年獻禮，《中國植物誌》的編寫工作現正在緊張進行，爭取能在七月中付印，九月底出版幾卷。但在編寫過程中，有些問題如系統排列、卷冊編排、封面設計、主編人選、編委會組成等，必須迅速決定。為此領導小組於六月十三日上午召開擴大會議，除領導小組全體成員出席外，還吸收了在所編寫裸子植物誌的鄭萬鈞同志，簡焯坡同志和新從蘇聯進修回國的研究實習員鄭斯緒同志參加，對以上諸問題作了討論，有如下意見，請黨組批示。

一、《中國植物誌》是中國植物學一部經典性巨著，需組織全國分類工作者的力量，在一個相當長的時期內完成，應當有長遠規劃，全面安排。以便陸續編纂出版。自從去年六月全國植物學擴大理事會提出大搞植物誌工作之後，雖也曾倡議組織植物誌編委會，對不少問題提出初步意見，如編寫規格等已提供各處參考，但因委員會成員龐雜，未經領導批准，分工不清，責任不明，工作難以推動。而今後問題還會不斷出現，因此須盡快於今年八月前正式組成中國植物誌編輯委員會，討論決定有關問題。

二、編委會建議由分類工作者中的水平較高或資望較好，並配

〔註 2465〕 王希群、楊紹隴、周永萍、王安琪、郭保香編著《中國林業事業的先驅和開拓者——胡先驌、鄭萬鈞、葉雅各、陳植、葉培忠、馬大浦年譜》，中國林業出版社 2022 年 3 月版，第 165 頁。

備～定的黨員骨幹組成，有些資格老，有一定學術水平，政治上是右（未鬥的）或中右，但在國內外有一定影響的，也酌量吸收一些。根據以上標準，初步考慮擬推薦：錢崇澍（中左，植物所）、陳煥鏞（華南植物所）、秦仁昌（中左，植物所）、林鎔（黨員，植物所）、張肇騫（黨員，華南植物所）、胡先驌（右，未劃，植物所）、耿以禮（右，未劃，南京大學）、劉慎諤（東北林土所）、鄭萬鈞（黨員，南京林學院）、裴鑒（黨員，南京植物園）、吳征鎰（黨員，昆明植物所）、陳封懷（武漢植物園）、鍾補求（中中，植物所）等十三人組成編委會，錢崇澍、陳煥鏞為主編。

為了便於集中領導，開會方便，建議由錢崇澍、陳煥鏞、秦仁昌、林鎔、鍾補求五人組織常委會，下設辦公室，吸收一些青年團員，研究實習員三至五人參加日常工作。

會議上也曾考慮到擴大編委人選數目，增設副主編和常會設秘書長的問題，大家一致認為前兩問題會因人事安排而造成複雜情況，以不再增加為好；增設秘書長主要是對秦仁昌的安排問題，可以在編委會成立之後加以醞釀考慮。

三、所有編委、常委、主編人選名單，建議由黨組審查決定，經過一定立法程序由院函聘，最好能在八月底以前正式開展工作。

四、編寫《中國植物誌》是發展中國植物科學的百年大計，植物學界甚為重視，如黨組認為茲事體大，須多方長期醞釀，然後正式作出決定，建議在過渡期間聘任錢、陳等十三人組成中國植物誌籌備委員會，爭取盡早開展工作，解決工作中急需解決的問題。

以上意見希審批

植物所領導小組

此函主要是推薦組成編委會人選，在所推薦的 13 人之中，雖然標明每人在 1957 年反右之後，按中共中央宣傳部要求，給高級知識分子確定政治等級，但是並未按此政治等級作為推薦依據，而是以學術造詣來衡量，胡先驌、耿以禮這些已在右派名單之人，也赫然在列，而那些表現積極、有投機嫌疑的人士，並未列入其中。〔註2466〕

〔註2466〕 中科院植物所領導小組：《關於植物誌編委會組成人員的報告》，中科院檔案館藏植物所檔案，A002-140。胡宗剛、夏振岱著《中國植物誌編撰史》，上

－2397－

上半年，胡先驌心臟病復發住院。

　　1959 年上半年昭靜陪父親去阜外醫院看病，上到三樓，他突然不能支持，汗珠如黃豆大，醫生立刻搶救，後經檢查，是心臟病，心臟後壁已壞死，若不是在醫院發病，是來不及搶救的。他自覺健康已恢復，仍忘我地工作著。〔註2467〕

　　9 月 7 日，經中國科學院常委會第九次會議批准成立《中國植物誌》編輯委員會。

　　　　主編：陳煥鏞（中國科學院華南植物研究所）

　　　　　　　錢崇澍（中國科學院植物研究所）

　　　　編委：孔憲武（蘭州師範學院）

　　　　　　　方文培（四川大學）

　　　　　　　匡可任（中國科學院植物研究所）

　　　　　　　劉慎諤（中國科學院林業土壤研究所）

　　　　　　　汪發纘（中國科學院植物研究所）

　　　　　　　吳征鎰（中國科學院昆明植物研究所）

　　　　　　　林鎔（中國科學院植物研究所）

　　　　　　　鄭萬鈞（南京林學院）

　　　　　　　胡先驌（中國科學院植物研究所）

　　　　　　　陳封懷（中國科學院武漢植物園）

　　　　　　　陳嶸（中國林業科學研究院）

　　　　　　　俞德濬（中國科學院植物研究所）

　　　　　　　姜紀五（中國科學院植物研究所）

　　　　　　　耿以禮（南京大學）

　　　　　　　秦仁昌（中國科學院植物研究所）

　　　　　　　唐進（中國科學院植物研究所）

　　　　　　　張肇騫（中國科學院華南植物研究所）

　　　　　　　鍾補求（中國科學院植物研究所）

　　　　　　　裴鑒（中國科學院南京植物研究所）

海交通大學出版社，2016 年 9 月版，第 87～89 頁。

〔註2467〕 符式佳著《緬懷先公翁胡先驌》。胡啟鵬主編《撫今追昔話春秋——胡先驌學術人生》，北京燕山出版社，2011 年 4 月版，第 385 頁。

蔣英（華南農學院）

簡焯坡（中國科學院聯絡局）

秘書秦仁昌。〔註2468〕

9月16日，確定農業大學籌備委員人選。

高教會召開農業大學籌備委員會第一次會議。宣布籌委會由錢
濬瑞擔任主任委員。委員張宗麟、張沖、曾昭掄、周培源、樂天宇、
俞大紱、湯佩松、黃瑞綸、戴芳瀾、張肇騫、揚舟、姜秉權、朱振
聲、方梅、顧方喬、陸明賢。常務委員會委員為錢俊瑞、張宗麟、
張沖、樂天宇、俞大紱、湯佩松、黃瑞綸，常委會議秘書3人；周
大激、朱振聲、趙紀。〔註2469〕

10月8日，胡先驌致胡嘉琪信函。

嘉琪同志：

昨日談話尚有數點應再說明：即下次來我家，請帶本月分安眠
藥，帶來觀光木及華南朴標本，黏貼後俱送來。觀光木亦可與鄭萬
鈞先生一看，看是否與江西、福建同一種，並問鄭先生，他在江西
何處看見，在江西、福建都採有標本否？

此問

近佳

胡先驌

十月八日（1959年）

耿老的《禾本科》亦請告圖書館代買一本，連同《植物誌》卷
二送來。〔註2470〕

11月11日，缺席參加《中國植物誌》編輯委員會全體會議。

〔註2468〕王希群、楊紹隴、周永萍、王安琪、郭保香編著《中國林業事業的先驅和開
拓者——胡先驌、鄭萬鈞、葉雅各、陳植、葉培忠、馬大浦年譜》，中國林
業出版社2022年3月版，第166頁。

〔註2469〕王希群、江澤平、王安琪、郭保香編著《中國林業事業的先驅與開拓者——
樂天宇、吳中仁、蕭剛柔、袁嗣令、黃中立、張萬儒、王正非年譜》，中國
林業出版社，2022年3月版，第017頁。

〔註2470〕《胡先驌全集》（初稿）第十七卷下中文書信卷，第502頁。

《中國植物誌》編輯委員會成員在北京召開第一次全體會議，參加會議的有編委 19 人，及其他植物研究所、北京地區高校生物系代表及植物所分類學研究人員共 40 餘人列席會議。……竺可楨還表揚植物分類學家的躍進精神。當天《竺可楨日記》記有：「上午九點至植物所（在動物園內），參加第一次《植物誌》編委會議，到錢雨農、陳煥鏞、劉慎諤、林鎔、陳嶸、汪發纘、俞德濬、裴鑒、鄭萬鈞、孔憲武、方文培、陳封懷、孫雄才、鍾補求、匡可任及姜紀五、簡焯坡、關克儉等和青年周鉉、鄭斯緒（方從列寧城回）等，我代表院講了話。……今天未能到會者胡先驌（病）、吳征鎰等人。十一時照相回。」〔註2471〕

11 月 11 日，《中國植物誌》編輯委員會組織條例實施。

《中國植物誌》編輯委員會成員在北京召開第一次全體會議，主要討論、修改並通過林鎔和秦仁昌分別所作「中國科學院《中國植物誌》編輯委員會組織條例」、「《中國植物誌》編審規程」，「《中國植物誌》編寫規格」、「《中國植物誌》編輯規劃及 1960～1962 年編寫計劃」等。此中以組織條例最為重要，全錄如下。

中國科學院《中國植物誌》編輯委員會組織條例

1. 中國科學院《中國植物誌》編輯委員會（以下簡稱本會）為中國科學院的一個組織，由院委託植物研究所領導本會職權範圍內的業務。

2. 本會的任務，計劃從 1959 年起在八至十年內完成《中國植物誌（種子植物及蕨類植物）的編寫和出版工作。

3. 職權：

①統一制定中國植物誌編輯規劃、編寫計劃、出版計劃和調查計劃；

②組織力量進行編寫工作，確定植物誌各卷、科、屬的編輯人選和編寫人選；

〔註2471〕《竺可楨全集》第 15 卷，上海科技教育出版社，2008 年，第 496 頁。胡宗剛、夏振岱著《中國植物誌編撰史》，上海交通大學出版社，2016 年 9 月版，第 92～93 頁。

③審查和督促編寫計劃的貫徹執行；

④制定植物誌編審規程、編寫格式等；

⑤審查植物誌稿件；

⑥組織各有關機關的力量，有步驟地進行重點地區和空白地區或地區性的調查採集工作，如有必要，可給予經費上的補助；

⑦負責向國內外有關單位借調標本和圖書；

⑧同有關高等學校協商安排參加編寫工作的教師的編寫工作計劃；

⑨其他有關植物誌編輯事項。

4. 組織：本會設委員 23 人，其中主編 2 人，秘書 1 人，並設常務委員會，委員 7 人，均由中國科學院聘任。在本會全體會議休會期間，常務委員會的代行本會職權。為便於推動日常工作，本會設秘書組，其組成人員根據需要，由植物所指派。

5. 會期：本會訂每年召開全體會議一次，聽取工作總結，制定下年度工作計劃，常務委員會會期不定，視需要可以隨時召集。

6. 經費：根據工作需要編造預算，經費由植物研究所核轉報院批准並由植物所代管經費。

7. 本會會址設於北京中國科學院植物研究所。

8. 本條例經編委會全體會議通過報院批准實施，修改亦同。

會議對編纂植物誌，從選題、編寫、檢查到交付出版的全過程都作出規範要求，並制定管理辦法。簡要歸納如下五個步驟，藉此可知一卷植物誌編纂的具體過程。〔註2472〕

12 月，中國科學院自然區劃工作委員會組織編寫《中國綜合自然區劃》。

中國科學院自然區劃工作委員會《中國綜合自然區劃（初稿）》《中國氣候區劃（初稿）》《中國土壤區劃（初稿）》《中國潛水區劃（初稿）》《中國動物地理區劃與中國昆蟲地理區劃（初稿）》《中國水文區劃》《中國地貌區劃（初稿）》由科學出版社出版。1956 年制定的十二年規劃中，第一項重點任務即為中國自然區劃和經濟區劃。

〔註2472〕 胡宗剛、夏振岱著《中國植物誌編撰史》，上海交通大學出版社，2016 年 9 月版，第 93～95 頁。

竺可楨先生任中國自然區劃委員會主任委員，凝聚全國地學和生物學家近 50 人。金善寶、錢崇澍、伍獻文、曾承奎、吳征鎰、鄭作新、黃汲清、張文佑、馬溶之、侯學煜、張寶堃等老一輩科學先驅們都大力支持、積極參加，陣營非常強大。同時還聘請蘇聯科學院 A.A. 格里哥里也夫副院長、柯夫達通訊院士和薩莫依洛夫教授等來華指導工作。該項研究啟動後，組織有關學科人員進行中國地貌、氣候、水文、潛水、土壤、植被、動物、昆蟲的區劃及綜合自然區劃的工作，藉以勾劃出全國的自然面貌的相似性和差異性。各項區劃間保持一定的聯繫和協調。自然區劃主要為農、林、牧、水利等事業服務。這次中國自然區劃取材止於 1957～1958 年，編制了氣候、水文、地貌、土壤、植被、動物、地下水和綜合自然共 8 種全國 1：400 萬區劃圖件，完成了相關的 8 部專著，259 萬字，並促進了全國植被、土壤、土地利用、土地資源等 1：100 萬～1：400 萬專題類型地圖的編制。後來各地區進行各種自然區劃，其體系多借鑒於此而各有發展與變通。〔註 2473〕

是年，胡先驌為李靜涵調解出版社的矛盾。

50 年代，胡校長在中國科學院工作，住北京石駙馬大街，李靜涵在北京農大執教，為出版著作和書局的違約事件發生矛盾，胡校長多次主動出面調解，終於達成協議，順利出書。這是他為人排憂解難無數事件中的又一細小事例。〔註 2474〕

1960 年（庚子） 六十七歲

2 月 8 日，胡先驌致盧弼信函。

慎之先生伺席：

前歲得奉手教，以事冗未復，迄至去年夏間，以神經衰弱，在家休養八月有餘，近始漸痊癒，久稽問候，歉仄無似。驌以本位工

〔註 2473〕 王希群、江澤平、王安琪、郭保香編著《中國林業事業的先驅與開拓者——樂天宇、吳中倫、蕭剛柔、袁嗣令、黃中立、張萬儒、王正非年譜》，中國林業出版社，2022 年 3 月版，第 059 頁。

〔註 2474〕 梁玉冰著《憶古道熱腸的胡校長》。胡啟鵬主編《撫今追昔話春秋——胡先驌學術人生》，北京燕山出版社，2011 年 4 月版，第 272 頁。

作忙迫，吟事久廢，病中亦只以西洋文學消遣。回想少年時，弄筆拈毫，恍如夢寐矣。先生老成碩德，在今日已成魯殿靈光，而神志不衰，尚勤於著作，至為佩仰。政府現正以團結知識分子相號召，耆儒如楊樹達先生之著作，均經沖印。竊以為《三國志補注》紙版不妨捐助於中國科學院，而《補注匯錄》請科學院代為刊印行世，較強於藏之名山，以待後人。如有此意，不妨直接與科學院通函也。

　　專此敬頌

春禧

胡先驌拜啟

二月八日（1960 年）〔註 2475〕

　　5 月 25 日，將平生所作詩存的副本，交給同居北京好朋友錢鍾書先生。錢氏從全部詩稿中精選 288 篇，400 多首，書名為《懺庵詩稿》。並作題跋曰：「挽弓力大，琢玉功深，登臨遊覽之什，發山水之清音；寄風雲之壯志，尤擅一集勝場。丈論詩甚推同光以來鄉獻，而自作詩旁搜遠紹，轉益多師，堂宇恢弘。談埶者或以西江社裏宗主尊之，非知言也。承命校讀。敬書卷尾。庚子重五後學錢鍾書。」

《懺庵詩稿》，張效彬題簽書名，黃曾樾為扉頁題簽，胡先驌簽名贈送

〔註 2475〕 胡啟鵬輯釋《胡先驌墨蹟選》（初稿），2022 年 2 月，第 124～125 頁。胡啟鵬輯釋《胡先驌墨蹟選》（初稿），2022 年 2 月，第 499 頁。

夏，《〈海日樓詩集〉跋》文章在錢仲聯校注《沈曾植集》（中華書局，2001年，第22～24頁）發表。摘錄如下：

先師沈乙庵先生曾植，為清同光朝第一大師，章太炎、康長素、孫仲容、劉左庵、王靜庵諸先生，未之或先也。其學術之廣袤，略見於《學思文粹》王蘧常先生所著《嘉興沈乙庵先生學案小識》及王靜庵先生《沈乙庵尚書七十壽言》。以予淺學，不足以窺先生宮牆，茲不具論。耳食所聞，康長素初入京，意氣飆發，目無餘子。因介得晤先生，時長素不能京語，乃以筆談。首問先生：在今之世，尚得為孔子、釋迦、基督、穆罕默德否？先生以片語折之，方爽然自失。又聞俄國哲學家克塞林伯爵東來訪道，自矢心如白紙，不存纖毫成見。至滬，因介得見先生，反覆問難，卒之衷心傾服，以為得未曾有。又聞楊仁山先生治唯識法相學，亦得先生啟示。而歐陽竟無師作《楊仁山先生傳》，竟無一語涉及先生。具見先生學澤沾被之廣，有非後學所能盡知者。亦如先生精研我國律學，而今談清季研律學者但知溯源於沈家本尚書也。先生之學海涵地負，近世罕匹，詩詞藉以抒情，固其餘事耳。

先生所著《蔓陀羅室鈒詞》，朱鷗村丈為之刊行。詩則以卷帙稍多，未付剞劂。先生於詩本不多作，詩東唱酬，實由於客武昌帥幕時以應陳石遺先生之倡議，其顛末具詳於《石遺室詩話》與石遺先生《海日樓集》二序中。先生學問奧衍，精通漢、梵諸學。先生視為常識者，他人咸詫為生僻。其詩本清真，但以捃拾佛典頗多，遂為淺學所訾病。第及精粹及合於石遺室所標舉之平易準則者，已為石遺先生選入《近代詩鈔》及《石遺室詩錄》至二百首，則已足供後人窺仰矣。

讀散原丈跋，知流寓滬瀆後收拾散逸，錄存近作，經哲嗣慈護重輯成四卷本。予此本則據臨川李證剛先生翌灼所抄錄者編次而成。讀石遺先生序二，知慈護重輯本錄詩九百餘首，證剛手錄本則顯不及此數。予雖忝列門牆，然除髫年應童子試時得數瞻風采外，先生迅即赴皖學使任，予又出國治草木之學，久不得奉手請教益。迨戊午執教南雍，始獲間至滬寓拜謁，亦未得讀全稿。證剛手錄本次序頗多詿舛。證剛沒後，予從其哲嗣假來，編次成今六卷本。他年如有學人參照慈護重輯稿，並網羅石遺先生所錄存及其他佚稿，俾成全璧，梓以行世，亦盛世尚文之要政也。印度大詩哲泰戈爾，其國

人備致敬仰，近方為之舉行誕生一百五十週年紀念。而我國大哲如吾師，時人多不能舉其姓名，第以書法尚為人所寶重。浮世遭遇之不同有如此者，悲夫！

庚子立夏，門下士胡先驌敬跋。〔註2476〕

7月5日，胡先驌致胡啟明信函。

啟明侄孫知悉：

久未接來信甚念。前接啟智來信，知你在贛州，現想已回到南昌。此行是否為了調查贛粵邊境原始森林，標本採得多否？採得若何新鮮植物？林業研究所前寄來採自贛州沙石公社 0153 號一個楓樹標本，是一新種，我名之為 Liquidambarheterophylla，葉小而為單葉或二三裂，甚為特別。

昨日接到《江西植物誌》，內容甚好，在《湖北野生植物》之上。惜學名尚有錯誤，亦有重大的遺漏，如 Fortunella hindsii（遂川）、Rhodomyrtus tomentosa（大庾）、Dioscorea cirrhosa、Zizania latifolia、Eichhornia crassipes（泰和）、Ormosia henryi（撫州）、Glyptostrobus pensilis（鉛山）、Magnolia officinalis（武功山，不知現在尚有否？）等。恐為數尚多，然在地方編寫的書已屬上等，不但可供研究經濟植物用，且為教學的良好參考書。惟應用《江西植物誌》這一名稱，蓋植物誌必詳盡，包括一切野生植物，即用手冊之名，亦不合式，何不名之為《江西野生經濟植物手冊》？此書共同編纂有幾人？何不列著者的姓名？此皆是缺點。編排次序亦有缺點，此處不細論，若干年後希望再版擴充修正也。贛州採集的山茶科標本早日寄來，你今後的工作如何，便中告知。

此問

近佳

叔爺 手諭

七月五日（1960 年）

（胡啟明先生提供）

〔註2476〕 胡宗剛撰《胡先驌先生年譜長編》，江西教育出版社，2008 年 2 月版，第 609 ～610 頁。

【箋注】

胡啟明（1935～），江西新建縣人。華南植物園標本館研究員。1950 年，年僅 15 歲的胡啟明剛讀完初中二年級便輟學回家了。到盧山植物園當練習生，跟隨我國著名植物學家陳封懷學習。在 3 年內就掌握了盧山栽培的植物。1950 年至 1959 年，胡啟明任職於盧山植物園期間，協助陳封懷教授全面清查盧山植物園栽培植物，完成了一部 40 萬字、全面記載盧山植物園二十餘年引種試種成功的各類植物的專著《盧山植物園栽培植物手冊》以及《江西（經濟）植物誌》的編寫。參與的《中國植物誌》項目獲國家自然科學獎一等獎（2009 年，排名第 6）。2016 年，獲「中國植物園終身成就獎」，該獎是由中國植物學會植物園分會為表彰熱愛植物園事業、多年來一直奮戰在中國植物園建設管理和科研崗位，為中國植物園事業作出貢獻並付出畢生精力的植物園工作者設立的獎項。

9 月，任鴻雋作《中國科學社社史簡述》，對生物研究所進行介紹。

生物研究所本社要設立各科研究所以實施科學研究，原為預定事業的一項。因此，在 1922 年領得南京成賢街社所房屋後，即在南樓闢出幾室，設立生物實驗室以作研究所的發軔。開辦之始，設備簡陋，所中分動物植物兩部，動物部推社員秉志，植物部推社員胡先驌，錢崇澍，先後主持其事，研究員則大半為東南大學教授以課餘時間來此從事研究工作。這樣一個研究所的組織，看去當然是簡陋不堪，但因這是當時國內的唯一科學研究機關，研究人員皆十分精神奮發，頗引起教育界人士的注意。我記得有一次黃任之先生到所裏來參觀，參觀後他說：我們中國現在也有了科學研究所了，研究的結果不久一定可以操券而得的。1922 年本社得蘇省國庫補助，生物研究所也每月得到三百元的經費，分配於動物植物兩部。這樣，所中才能添置書籍設備，並添聘少數職員，進行採集剝製等工作。製成的標本就在樓下陳列起來，成為南京最早的自然歷史陳列館。1924 年以後，動物植物兩部每年均有論文發表，最早的如秉志的鯨魚骨骼之研究，陳楨的金魚之變異，王家楫的南京原生動物之研究，皆是有價值的論文，表示創造性的研究結果。因此，這個研究所的工作更漸漸得到社會上的重視。1926 年中華教育文化基金董事會開始補助該所經費一萬五千元，另補助設備費五千元，使該所更能維

持發展。以後中基會對於該所年有補助，直至抗戰發生後該會停止工作時為止。但在這以前，中基會另補助建築費二萬元，與科學社撥給之二萬元，共四萬元，在南京成賢街舊址建築保險式二層樓房屋，包含陳列室，圖書館，研究室等為本所新舍址。不幸這所新房屋建成後不久，即遭日寇侵佔南京，全部毀於兵火。猶幸所中書籍雜誌早已內遷，庋置於重慶北碚，得以保存。抗戰結束後，全部遷返上海明復圖書館，是在上節圖書館條下已說到的。

生物研究所的工作可分兩方面來敘述：一採集方面。動物部自始成立時即注意南京及其附近動物之調查與收集，後來經費稍裕，經常派人至長江上下游及浙江福建各處為水產及海產動物的搜羅。較遠的地方如川、粵、魯、藏等地也派有採集員作長期的採集，因之所得標本頗為豐富，據 1931 年的報告共有標本一萬八千個，都〔共〕一千三百種，由鳥獸，爬蟲，二棲，魚類高等動物七千餘個，凡六百五十種。其他為無脊椎動物，海棉〔綿〕，珊瑚，棘皮，介殼，節足，寄生蟲等，大抵皆備，足供研究所需。植物部的計劃是以調查中國中部植物的種類及生態為主，故對於標本的採集極為注意。他們在浙江的溫，處，臺，及天目山，岩，衢，金華各處；四川的川東，川南各地及西康馬邊一帶，均進行過詳細的採集。歷年採集的結果，標本室現有已定名的標本一萬餘紙，內包有二百科一千三百餘屬，及八千種。所有這些標本，皆經過詳細鑒定，敘述，並加以統系分類，然後作成論文向外發表，或與國內外學術機關交換刊物。二為出版方面。該所研究的成績，自 1925 年起即作成論文用專刊形式發表。計從 1925 年至 1929 年，共刊動植物論文五卷，每卷五號。自 1930 年第六卷起，分動物植物二組，每組無不限於五號。總計該所發表的論文，由 1925 至 1942 年，動物組共 16 卷，植物組共 12 卷。另有研究專刊二本（森林植物誌與藥用植物誌各一本。）這些論文專刊一般頗受學術界的歡迎與重視。即以國外交換而論，與本所交換的達八百餘處，以此，世界各國幾無不知有這樣一個研究所云。〔註 2477〕

〔註 2477〕林麗成、章立言、張劍編注《中國科學社檔案資料整理與研究——發展歷程史料》，上海科學技術出版社 2015 年版，第 301～303 頁。

石柱縣號稱「中國一號水杉母樹」

　　是年，發現重慶市石柱縣水杉原產地。四川省組織樹種資源調查，在石柱縣的黃水、冷水等公社發現天然水杉分布和古樹。1973 年 6 月在冷水壩發現菜子壩水杉珍惜植物群落，對 28 棵水杉母樹進行國家編號掛牌保護，樹齡都在 100 年以上。為了保護這些水杉等植物，在此地設立石柱縣黃水國家級森林公園。公園有一棵號稱「中國一號水杉母樹」，生長在黃水鎮萬勝坎村田灣組八角廟，年齡最大，樹身最高，胸徑最粗的母樹，樹高 34 米、胸徑 1.45 米、冠幅 20 米，樹冠覆蓋面積 200 多平方米，已有 310 多年的歷史。

　　湖南省龍山縣水杉原產地。1974 年 4 月湖南省湘西自治州林科所技術員蔣傳敏在本縣洛塔鄉考查時發現了三株古水杉，從古代存活下來的水杉樹。目前這三棵原始水杉樹生長在兩處，其中一株生長在枹木村，海拔 840 米的田壟水井邊，樹高 36 米，胸徑 1.76 米，冠幅 54 平方米，樹齡約 800 餘年；另兩株生長在老寨村，海拔 870 米的田壟上，樹齡約 500 年左右，兩株相距 6 米，樹高分別為 46 米和 44 米，胸徑分別為 1.28 米和 1.39 米，冠幅約為 36 平方米。枝條交錯，宛如兩座巨大的綠色倚天寶塔，雄偉挺拔。〔註 2478〕

〔註 2478〕湘西土家族苗族自治州林業局網站 2017 年 11 月 09 日介紹。

是年，撰寫工作總結。內容包括：1960 年完成樺木科與榛科研究，1961年榆科朴屬的研究，1962 年開展山茶科山茶族的整理與研究的工作計劃。

> 我在 1960 年底關於樺木科與榛科研究基本結束，只等部分清繕，即可交稿。
>
> 自 1961 年起，我即開始榆科朴屬的研究，出於意外，此屬在積聚的大量標本中，發現大量新種，現在初步已經鑒定的新種有一百多，未作結論的還有不少。此外，因貴州的標本久未清理，尚未能加以研究，有待於 1962 年上半年研究。
>
> 1962 年第一季度，將全部寫成樺木科與榛科稿好交出付印。已將此兩科的新種 70 的拉丁文描述寫交出，付印，圖也繪好。現在只須全部清繕並復閱。
>
> 1962 年第二季度，擬將朴屬研究結束，如尚有餘力，進行山茶科山茶族的整理與研究。
>
> 1962 年第三，第四兩季度，進行山茶科其他各族各屬研究。
>
> 過去一年研究的經過，發現中國植物的某些科屬新種特別眾多，遠非所能預料。如鵝耳櫪屬與朴屬，即其著例，因之亞屬與組，及亞組等的區分，皆須另尋系統，無舊法可以遵循。
>
> 我以病軀，尤以腰痛，不耐久坐與復案，故工作效率甚低。作學術報告以後，腰痛大發，一個半月以上，完全不能工作。故我的工作能否照預計進度完成，要看身體狀況。故總須從寬估計。（編者注：約 1961 年底）〔註 2479〕

是年，《一個被人忽視了的少數民族——畬族》手稿，尚未發表。收錄在李權林編《胡先驌小楷手稿》一書，約 2020 年內部印刷。筆者於 2020 年 12 月 29 日購買。摘錄如下：

> 自從人民政府實施賢明的民族政策以來，少數民族得到了應有的尊重，少數民族的正當權利得到了法律的保障。按各個少數民族的多寡與住居區域面積的大小，建立自治區、自治州、自治縣或自治鄉，使他們管理他們本土的政治及其他事物，並大力發展自治區域的交通，幫助他們的文化與經濟建設，對於尚無文字的少數民族

〔註 2479〕 胡啟鵬輯釋《胡先驌墨蹟選》（初稿），2022 年 2 月，第 255～256 頁。

替他們創造文字，建立學校，改良他們的醫藥衛生情況，研究他們的歷史與傳統文化。即使人口只有數千人的少數民族，如鄂倫春族等，亦未被忽視。這在我國民族史上都是劃時代的措施，為世界所欽佩的。

然而不知何故，在我國南部一個頗為重要的少數民族，卻一直被忽視了。這個民族便是過去住在江西、福建，現在住在浙江南部的輋族，又名畬族。

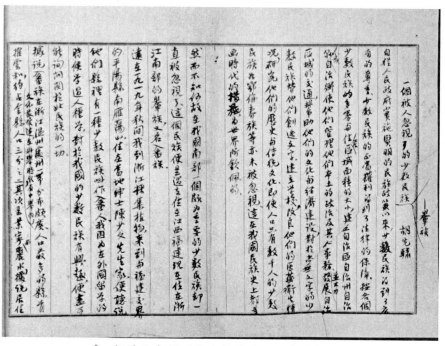

《一個被人忽視了的少數民族——畬族》手稿

遠在一九一九年秋間，我到浙江採集植物，來到與福建交界的平陽縣南雁蕩山，住在當地紳士陳少文先生家，便聽說他們縣裏有一種少數民族叫作畬人。我因為在國外留學的時候，學過人種學，對於我國的少數民族有興趣，便盡可能詢問關於此民族的一切。

據說畬族在浙江溫州、處州一帶分布頗廣。人口最多的縣首推雲和，約占全縣人口三分之二，文化最發達，在科舉時代有中舉的；其次是景寧與麗水，據說居住景寧的畬人文化最落後，女人還是穿裙不穿褲的；遂昌也有畬人，文化很高。我在南京高等師範學校農業專修科教書的時候，便有一個學生是畬人。他的父親是個日本留

學生，聽說他們還移居到蘭溪。至於泰順慶元宣平有否畬族聚居，我便不知道了。

我由於一種科學的好奇心，當時即請陳少文先生約一個畬人來談話。次日便來了一人，身穿黑色短衣，相貌與漢人無別。他說的是當地的方言，以傭工為生活。我曾探問他們的宗教信仰，他說是信（道教的）三清。在外表上看不出與漢族有什麼不同，只聽說他們大都住在山裏。有一日我在野外路上遇見一個年輕的畬族姑娘，頭戴箬帽，身穿藍色的短褂，領上一邊訂上的細絨球，表示是未出嫁的姑娘。出嫁以後，便無此種標識了。

據陳少文先生談，平陽的畬族是後遷來的，一般都漢化甚深，原始的風俗大約保留不多，惜時間匆忙，未能作深入的研究。

以後我到麗水縣，適逢墟期，遇見趁墟市的畬族婦女，相貌不如平陽所遇文秀，赤腳，身穿藍布短褂褲，用紅頭繩繫髻，插上闊約半寸的銀釵，以綠色小玻璃珠串成下垂的步搖。因旅行匆匆，我對於麗水的畬人未加以任何的研究。

在平陽時，據陳少文先生談，雲和縣某漢族人士因為與該縣畬族某舉人不和，便編印一本醜詆畬族的小冊子。此文件我曾看過，內容無非是說畬族為盤瓠之後，其始祖為狗，故畬族至舊曆年終時，還關門向木製的狗設祭等等，此事真假莫辨。

考盤瓠乃瑤族的圖騰，畬族是否為瑤族的一支，是否在今日尚有拜祭盤瓠的遺俗，尚有待於科學的研究。

一九二〇年夏間，我到江西南部採集。自上猶到崇義縣的道中，上嶺到一個墟場，名叫伯公坳。在那裏看見不少自湖南桂東縣來趁墟的婦女，容貌亦甚為鄙野，頭上梳了高髻，插上很闊的銀釵，不過沒有下垂的玻璃珠所製成的步搖，耳上戴著甚大的銀耳環，雖不知他們鄉間漢族婦女未有戴如此大量的首飾的。

後來到達龍南縣，遊玩了縣北玉石岩名勝地。洞中有一座王陽明征服畬族的平南記功碑，為王陽明手書，敘述擒獲龍川該族三渠頭的事蹟。碑因藏置在洞內，數百年來完整無缺。在《王文成公全集》內亦有在江西、湖南、廣西與少數民族作戰的文字，此次戰役經歷了若干年，以破大騰峽為最有名，但與之作戰的是瑤族、苗族，

或是畬族，事隔多年，未經檢查，不能詳悉。但龍南縣玉石洞中的平南記功碑卻是關於畬族的一等參考資料。我當時並不認識這個輋字，後來問及著名的文字學家黃侃教授，經他查出即是畬字的本字，畬字是後造的。畬字流行，輋字便不用了。又偶翻閱《天下郡國利病書》卷八十一，與輋人作戰的事蹟亦數有記載。又一次翻閱福建省北某縣有留輋山一地名，可見輋字在福建也是通用的。

我雖未作畬族的研究，但以個人所見所聞，知道這個民族在現在的浙江南部是頗重要的一個少數民族。他們在雲和、景寧、麗水、平陽、遂昌都有分布，且遷居至蘭溪，而在雲和占全縣人口三分之二，說起來是足夠成立自治縣的。他縣如泰順、慶元、宣平、縉雲或亦有之。在浙江他們被漢化的程度深淺不同，似乎在景寧他們保存著更多的民族風俗。至於在雲和與遂昌，則已完全接受了漢族的文化，而不肯自視為一少數民族了。

除了在浙江外，在現在的湖南東南部與福建的北部是否還有未完全漢化的畬族，則待深入研究。但在明代中葉，此族至少在江西南部是甚強大而反抗漢族的，以至要王陽明連年用兵才被完全鎮壓下來，後來便完全漢化了。

他們與瑤族有什麼關係，是否確是瑤族一個分支，也需要深入研究。據說他們只有雷、藍、盤幾姓，我的畬族學生便姓藍，聽說瑤族也只有這幾姓，還有一個盤姓，這是否可以證明這兩族的關係？還有祭祀狗頭將軍盤瓠這一風俗究竟在浙江景寧等縣的畬族中是否還存在？這是應該認真調查研究的。

總之畬族是過去已經存在，而目前尚且存在的一個人口不太少的少數民族。但聽說民族學院認為他的存在還屬可疑，這殊令人不解。畬族聚居在浙江的南部，人口眾多，調查研究甚為容易。在執行現在人民政府的民族政策主要負責的民族學院，何以遲遲對於畬族不加以科學的調查？便是在福建的北部，江西的南部，湖南的南部，畬族在過去與現在的分布與漢化的情形，我認為都應該加以研究的。我以為在唐宋以至元明這長遠時代中，江西南部，廣東與福建北部的山區，都是畬族居住的地區，他們漢化的時期也是很長久的。

我不是一個民族學研究工作者，關於畬族的一知半解乃是得自四十年前的。在四十年後的今日，此族的變化如何，尤待研究，是所期望於民族學院的民族學專業工作者。〔註2480〕

編年詩：《題蘇文忠公笠屐圖》。

1961 年（辛丑） 六十八歲

新春，水杉的發現，是近現代中國科學史上的一件盛事，為中國植物學贏得國際聲譽，當然值得歌詠。此事多次激起胡先驌試用傳統古詩的形式來反映這一重大發現的價值和意義，最終完成《水杉歌》創作。自序中寫道：「余自戊子與鄭君萬鈞刊布水杉，迄今已十有三載，每欲形之詠歌，以牽涉科學範圍頗廣，懼敷陳事，墮入理障，無以彰詩詠歎之美。新春多暇，試為長言、典實自琢，尚不刺目，成非人境廬搞扭名物之比耶。」

3 月 23 日，胡先驌致吳德鐸信函。

德鐸仁弟惠覽：

得三月十七日來書，藉悉正在整理《救荒本草》，至以為慰。惟古籍圖畫多不正確，是否每種皆能據以鑒定學名，殊屬可疑。我對於整理古籍未曾肆力，能否勝任愉快，尚未可知。再則此書即經整理，不知有法出版否？姑將稿寄來一看再說。黃素封先生逝世，聞之悼念不置，其家屬情況如何？便希告知為要。

此頌

研祺！

胡先驌 啟，三月廿三日（1961 年）〔註2481〕

【箋注】

吳德鐸（1925～1992），江西都昌人。1947 年畢業於中正大學畜牧系。1976 年至 1980 年在上海古籍出版社任特約編審。1980 年 4 月調入上海社會科學院歷史研究所從事科技史研究。整理、校訂《農政全書校注》。論文有《徐光啟的宗教信仰與西學輸入者的理想》《再論達爾文與〈中國古代百科全書〉》《〈天演論〉的原書和傳本》。

〔註2480〕《胡先驌全集》（初稿）第十四卷科學主題文章，第 429～431 頁。
〔註2481〕鄭汝德整理《鄭逸梅收藏名人手札百通》，學林出版社 1989 年 5 月版，第 208～209 頁。

1961 年 5 月 13 日胡先驌在《種子植物形態學辭典》編成後與施滸合影於北京

7 月 9 日，胡先驌致胡啟明信函。

啟明侄孫：

得七月三日來信，知你已到福州，即將參加閩南亞熱帶生物資源綜合考察，聞之至為欣慰。此次對於華南栽培及野生經濟植物，當獲得不少新知識。你在此次調查採集中，務要特加注意採集朴屬 Celtis 及山茶科標本。廈大去年寄來的朴屬標本中，即見有無果的新種數種，故宜特別注意採集。榆科其他屬亦宜採集，至山茶科尤為重要，為 Tutcheria，Pyrenaria，Adinandra，Eurya，Camellia 等皆已發現材料不全的新種，亞宜採得充分的標本以充研究。此兩科標本野外記錄宜詳，並特加記號，以便採集終結後，立即可以提出，以一份寄我，因我今年要研究榆科，明年要研究山茶科，以便編寫植物誌。

見到何景先生代我問候，並請他注意此事。武夷茶的標本我也要，安溪即以鐵觀音著名，務必設法採到武夷茶臘葉標本見寄。福州茉莉花茶甚佳，茲寄上卅元，可替我買四斤寄來，以速為妙。如有他種花茶，則少買兩斤茉莉茶，他種每樣買一斤寄來為要。

此問

近佳

叔爺 手諭

七月九日（1961 年）

（胡啟明先生提供）

9月，參加《中國植物誌》編輯委員會擴大會議。

1961年《中國植物誌》編輯委員會第二次會議合影，左起，前排：石鑄、張佃名、傅立國、張之玉、戴倫凱、楊漢碧、李佩瓊、陸玲娣、梁松筠、谷粹芝、陶君容、黎興江、曹子余、吳鵬程、湯彥承、江萬福、金存禮；二排：鍾補求、崔友文、裴鑒、關克儉、林鎔、秦仁昌、張肇騫、陳封懷、胡先驌、陳煥鏞、錢崇澍、陳嶸、劉慎諤、耿以禮、方文培、唐進、鄭萬鈞、陳邦傑、姜紀五、孔憲武；三排：陳心啟、陳介、吳兆宏、李安林、陳藝林、俞德濬、李樹剛、誠靜容、匡可任、喬增鑒、張宏達、吳征鎰、馬毓泉、吳長春、汪發纘、王宗訓、馮晉庸、張榮厚、劉春榮、鄭斯緒、馬成功。（摘自胡宗剛《靜生生物調查所史稿》）

　　《中國植物誌》編輯委員會成員在北京召開第二次（擴大）會議，出席會議除23名委員外，還邀請各有關大專院校及植物研究機關的代表20餘人參加，其中有中國科學院植物研究所王文采、關克儉，南京藥學院孫雄才，北京師範大學喬曾鑒，杭州大學吳長春，中國林業科學院吳中倫，廈門大學何景，南京師範學院陳邦傑，華東師範大學鄭勉，中山大學張宏達，中國科學院西北生物土壤研究所崔友文，東北林學院楊銜晉，北京醫學院誠靜容等。9月6日與會合影人員有：前排左起石鑄、張佃名、傅立國、張芝玉、戴倫凱、楊漢碧、李沛瓊、陸玲娣、梁松筠、谷粹芝、陶君蓉、黎興江、曹子余、吳鵬程、湯彥承、江萬福、金存禮；二排左起鍾補求、崔友文、裴鑒、關克儉、林鎔、秦仁昌、張肇騫、陳封懷、胡先驌、陳煥鏞、錢崇澍、陳嶸、劉慎諤、耿以禮、方文培、唐進、鄭萬鈞、陳邦傑、姜紀五、孔憲武；三排左起：陳心啟、陳介、吳兆洪、李安仁、陳藝林、俞德濬、李樹剛、誠靜蓉、匡可任、喬曾鑒、張宏達、吳征鎰、

馬毓泉、吳長春、汪發纘、王宗訓、馮晉庸、張榮厚、劉春榮、鄭斯緒、馬成功。〔註2482〕

胡先驌將《蜻洲遊草》詩集簽名送龍榆生

10月14日，胡先驌致龍榆生信函。

榆生先生惠鑒：

前得秉農山先生書，具道尊意，頃又奉十月十日手教及大作，環誦數四，至為佩仰。驌以業餘弄翰，時作時輟，非專治詩者可比。解放以來擱筆十載，近以參加稊園吟集，又復有作，以《水杉歌》《宇宙航行歌》等，似較人境廬之僅知剽竊新名詞者，尚有一日之長。惜篇幅過長，憚於抄錄，潘伯鷹處曾寫寄，請就便索閱。茲寄奉中年所作《蜻洲詩草》一份，即希吟定。

少年時亦曾追隨周癸叔、王簡庵學為倚聲，由疆邨上溯夢窗（疆邨翁在滬上時，曾數陪晤語，不啻私淑也），終以不耐聲律束縛而捨去。足下授硯有師傳，造詣凤深，時賢中已鮮能抗手矣。知曾刊布《唐宋詞選》，幸與其他刊布之作見惠。又聞曾刊《呂碧城詞集》，定稿亦希見惠為感。同鄉周練霞女士兼擅詩畫，誠今日之李易安，惜竟不知其人，其生平梗概亦能示知其一二否？

專此敬頌

吟祉

〔註2482〕胡宗剛、夏振岱著《中國植物誌編撰史》，上海交通大學出版社，2016年9月版，第113頁。

胡先驌 拜啟

十月十四日（1961 年）〔註 2483〕

重陽前 9 日，龍榆生作詞《木蘭花令·辛丑重陽前九日寄胡步曾先驌教授北京》。

散原仙去風流歇。聞笛山陽聲轉咽。滄桑過後樂澄平，舊夢前塵隨手抹。雅音誰味中邊徹。沅芷澧蘭花接葉。也應詞派有西江，雲起軒前看鬱勃。〔註 2484〕

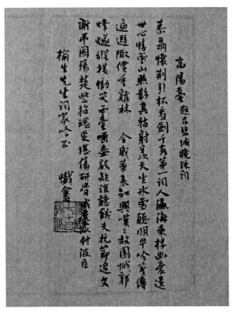

胡先驌手跡

11 月 6 日，胡先驌致龍榆生信函。

榆生先生惠鑒：

十月廿五日手書並周煉霞女士《春雨集》與呂碧城手寫《曉珠詞》均已收到。《曉珠詞》全稿如撿出，乞惠寄。水杉歌已在此間《光明日報》發表，僅以抽印本三份見寄，茲寄上一份，以供一覽。《春雨集》寫印甚好，如上海寫印方便，請代覓人寫印五十份（文不要）

〔註 2483〕 胡宗剛撰《胡先驌先生年譜長編》，江西教育出版社，2008 年 2 月版，第 614 頁。

〔註 2484〕 張暉著《龍榆生先生年譜》增訂本，上海古籍出版社 2020 年 3 月版，第 200 頁。

或二三十份寄下（原抽印本亦請寄還），以便分贈友人。所費若干，即當寄奉不誤。

專此即頌

時綏

胡先驌 拜啟

十一月六日（1961 年）

《水杉歌》寫印時即囑順序直書，不必橫列，注按順序抄錄於後即可。又及。

沈尹默先生想熟悉，《水杉歌》已印好，請以一分轉寄為荷；錢萼孫係熟友，亦請轉寄一份。〔註 2485〕

11 月 19 日，胡先驌致龍榆生信函。

榆生先生惠鑒：

十一月十五日手書敬悉，《水杉歌》承過獎，至為慚恧，然此詩在我國韻文中實為創體，蓋不但多識鳥獸草木之名，而能將最深邃之科學知識，以優美之詩歌闡述之。《宇宙航行歌》，亦其流亞。茲寄上《宇宙航行歌》《佛光》《交州行》三篇，可與《水杉歌》一同謀寫印，或打字印油印五六十份，以贈同好（原抄稿希勿污損或褶皺，用畢仍請寄回）。近苦忙迫又多病，憚於作書，他日將寫一小條奉贈。《曉珠詞全集》不可得，至以為悵，他日如在舊書肆中遇見，乞為代購一冊為荷。

專此敬頌

時綏

胡先驌 拜啟

十一月十九日（1961 年）

王曉湘先生已病故數年矣。〔註 2486〕

是年底，關心廬山植物園不利的處境。

〔註 2485〕 胡宗剛撰《胡先驌先生年譜長編》，江西教育出版社，2008 年 2 月版，第 615 頁。

〔註 2486〕 胡宗剛撰《胡先驌先生年譜長編》，江西教育出版社，2008 年 2 月版，第 615 〜616 頁。

　　胡先驌在北京獲知植物園如此窘境後，不能坐視其創辦之事業
就此衰敗下去。其時，胡先驌本人已在政治運動中多次受到衝擊，
且又年老體弱，抱病在身。但他仍是不顧這些，幾次約請竺可楨相
見，以向其反映廬山植物園情況。他認為只有將廬山植物園重新納
入中科院領導，才能擺脫目前之困境。竺可楨時任中國科學院副院
長，主管生物學部工作。在《竺可楨日記》中，他曾詳細記載其事，
此轉錄如下：「（1962 年 2 月 6 日）上午九點半至石駙馬大街 83 號
前靜生生物所，現胡步曾寓所。因步曾曾屢次邀我一談，因我處來
往人多，所以我允到他寓中晤談。進門則院內住有不少家庭，步曾
所住室中亦頗擁擠，據說陰曆年小孩都回之故。他客室中亦不生火，
幸今年不甚冷，故可座談一小時餘。他首提廬山植物園自下放以後
江西省要植物園自力更生，因此把許多山坡統種了作物，也無人管
理，並有計劃要把植物園移往南昌。他主張調四個人，〔有〕吳長春、
秦仁昌、廈門嚴楚江夫婦至廬山，認〔為〕華東分院成立後廬山若
由裴鑒主持管理，則以一個不學無術的人來管理世界上有數的植物
園，實不合適。其次談到真菌學，如王雲章等不應放在微生物所。
渠雖於二年前曾發生心臟梗塞症，但精神尚好。十一點回。」廬山
植物園事顯然是胡先驌一番話引起了竺可楨的關注。當月 28 日竺可
楨赴廣州，遇見中科院華東分院劉述周院長，即轉述了胡先驌所言
廬山植物園的困境，並言：「廬山（植物園）為有名的山嶽植物園，
應加以很好保管」，請劉院長加以注意。兩個月後，竺可楨返回北京，
於 4 月 8 日，院長辦公會會議上，即作出收回廬山森林植物園德決
定。〔註 2487〕

　　是年，水杉的學名 Metase quoia miki ex Hu et Cheng 及其模式 M.
glyptostrobides Hu et cheng 作為保留名正式載入《國際植物命名法規》。1999 年
第 16 屆世界植物學大會後，根據《國際植物命名法規》精神要求，進一步明
確 Metase quoia ex Hu et W. C. Cheng 作為（Pin）的保留屬名。非化石模式的
植物名稱優先基於化石或亞化石模式。

〔註 2487〕 樊洪業先生提供。胡宗剛著《廬山植物園最初三十年》，上海交通大學出版
　　　　　社，2009 年 7 月版。第 161～162 頁。

現代水杉屬名：Metase quoia Hu et W. C. Cheng

化石水杉屬名：Metase quoia miki，分別開來，不會互相混淆。

是年，曾參加葉聖陶的「梯園吟社」和張效彬的「詩沙龍」寄託於歌詠，與詩界朋友互有唱和。

是年，撰寫《懺庵叢話·宋代名賢題詠華林胡氏譜牒真蹟》文章，手稿，尚未發表。摘錄如下：

　　　　……

　　華林宗祠歷代珍藏宋代名賢題詠華林胡氏家牒真蹟長卷，至一九二八年宗人胡獻雅出長奉新縣，除躬往耿夫人墓地祭謁外，並赴宗人父老公宴，宗人西園乃出示此家牒長卷，比即招集宗人父老多人討論協商，用新印刷法按原大用石印法印行，成一巨冊以便廣為流傳。於一九三〇年印刷成冊，並由獻雅君之尊人廷鷥恭楷作跋，具述影印之經過。廷鷥先生笠禪為今世第三十四世孫，卷中最早之年月為北宋太宗雍熙四年二月十五日敕特新興授試秘書監校書郎胡仲容誥為公曆九八七年，距今已八百七十二年，誠國內名族傳世之希世瑰寶也。此卷不幸於抗日戰爭日軍竄擾奉新時，同宗祠一併焚毀，則此石印本尤為可貴矣。

　　此卷首有耿徐國夫人墓地攝影三幀，次有澹庵居士胡銓手題胡氏家牒四大字，次有橫浦小影張九成題海內名家四篆額，再次有扶風馬廷鷥題簪纓世冑詩禮名家八字，以後依次有右丞相吳潛，翰林學士大年楊億，樞密院使淡成錢若水，禮部侍郎同叔晏殊，直翰林學士王禹偁所題詩，此殆為最早期名公諸作，繼以雪坡姚勉後跋，龍圖閣學士胡直孺安定胡氏家乘序，繼為唐天祐中進士歷官侍御史胡公諱敷府君畫像及范純仁題贊，膳部郎中胡璐公畫像，朝奉大夫胡瓊公畫像及趙抃題贊，朝議大夫胡瑤公畫像及黃庶題贊，宋國子監主簿胡仲堯公畫像及歐陽修題贊，徐鉉題十八學士登瀛洲圖七言古四首，宋秘書監校書郎胡仲容公畫像及誥、及司馬光題贊五言古，宋大理寺丞胡仲華公畫像及曾鞏題贊，宋秘書監胡克順公畫像陳恕題贊七言律，胡用莊公畫像，宋參軍胡用之公畫像及陳堯叟題寄假髻詞七古一章，宋進士胡用時公畫像及唐介題贊，胡用禮公畫像及

汪應辰題贊，宋兵部尚書胡直孺公畫像、小傳、誥、御書扇銘及周必大題贊，最終為胡價公草書朱晦翁四景七律四章。蓋此卷所珍集自南唐末至南宋紹興計一百五十餘年間名公巨卿之題額題序題贊題詞，或為手跡，或為傳寫，與列祖列宗之畫像官誥與手跡依序順列，其間若干篇章恐除保存於此卷中外，並未見於他處，兵燹之餘，雖原卷已成灰燼，而藉此影印本反得以廣為流傳，至於久遠，廷鷺獻雅賢父子以及各宗先生之功，寧不偉歟？〔註2488〕

是年，撰寫《懺庵叢話·胡公直孺》文章，手稿，尚未發表。摘錄如下：

華林胡氏列祖列宗功業最偉者為胡直孺公，字少汲，為秘書監仲容公曾孫，第紹聖進士，為洺州司戶參軍，知襄城縣，為九域志編修官，時議重貶元祐黨人，公為之營解，遷監察御史，出知平江府，擢江湖浙發運使，入為戶部侍郎，遷工部尚書，除知南京，金人再犯京師，公率民命入衛，力戰不利見執，久之得歸，欽宗慰之曰「孤城圍閉，天下兵至者，獨卿與張叔夜耳。」高宗立，除知洪州，進刑部尚書兼侍讀，多所獻納，改兵部尚書兼權吏部，有西山老人集，筆力雄贍，為黃魯直所稱。〔註2489〕

是年，撰寫《懺庵叢話·胡忠簡公銓》文章，手稿，尚未發表。摘錄如下：

南宋以直節忠鯁著之名臣，李綱趙鼎外應推胡忠簡公，公字邦衡，廬陵人，建炎二年高宗策士維揚，公對策萬餘言，語質直，高宗見而異之，將冠之多士，有忌其直者，移置第五，授撫州軍事判官，後兵部尚書以賢良方正薦，賜對，除編修官。八年宰臣秦檜決策主和，金使以詔諭江南為名，中外洶洶，公抗疏嚴劾王倫，請斬倫與秦檜孫近，書上，詔除名編管新州，給舍臺諫及朝臣多救之者，檜迫於公論，乃謫銓監廣州鹽倉，明年改簽書威武軍判官。十二年諫官羅汝楫劾銓飾非橫議，詔除名編管新州，新州守臣張棣訐銓與客唱酬，謗訕怨望，謫吉陽軍。二十六年檜死，銓重移衡州。銓之

〔註2488〕 張大為、胡德熙、胡德焜合編《胡先驌文存》（上卷），江西高校出版社，1995年8月版，第497～499頁。

〔註2489〕 張大為、胡德熙、胡德焜合編《胡先驌文存》（上卷），江西高校出版社，1995年8月版，第499～500頁。

初上書也，宜興進士吳師古鋟木傳之，金人慕其書，千金。三十一年銓得自便，孝宗即位，復奉議郎知饒州，召對言修德結民，練兵觀釁，除吏部郎中。隆興元年遷秘書少監，擢起居郎，進言乞都建康，下臨中原，此高光興王之計，張浚受命圖恢復，宿州大將軍李顯忠軍大潰，金人求成，銓極諫，十一月詔以和戎遣使，大詢於庭，侍從臺諫預議者凡十四人，主和者半，可否者半，言和不可者銓一人而已，乃獨上一議主戰，除宗正少卿。二年兼國子祭酒，尋除兵部侍郎。七年除寶文閣待制，留經筵，求去，以敷文閣直學士與外祠，陛辭猶以歸陵復故疆為言，尋復原官，升龍圖閣學士，進端明殿學士提舉。七年以資政殿學士致仕。薨，諡忠簡。有澹庵集一百卷行於世，刻於池陽，家藏原版屢經兵燹，散佚不見者五百餘載，清乾隆二十世孫沄以鈔本並遺稿共三十二卷付梓，是為今本。

忠簡公上書乞斬秦檜，金人聞之以千金求其書，三日得之，君臣失色曰，「南朝有人」，張忠獻公濬曰：「秦太師專柄二十年，只成就得一胡邦衡」。朱子曰：「澹庵奏疏為中興第一，可與日月爭光矣」，謝疊山曰：「胡澹庵肝膽忠義，心術明白，思慮深長，讀其文想見其人，真三代以上人物。」

宋孝宗曾為之題像贊云：「正直之姿，剛毅之色，獨立敢言，施為有德，朱衣象簡，寵冠貂蟬，雅像卓爾，清風息然。」在封建君主社會中能得此，真為異數矣。澹庵先生集曾記經筵玉音問答，實為君臣遇合千古佳話，今亟錄之於下：「隆興元年癸未歲五月三日晚侍上於後殿之內閣，蒙示答金人書稿，上謂予曰：內中有未善處，卿宜仔細說出。予答曰：出於天筆，小臣何敢有所妄議。蒙賜金鳳箋，就所御玉管並龍腦墨鳳硃硯，又賜以花藤席，命予坐於側，草換書。上謂予曰：朕以此禮待卿者，恩至渥也，金人無禮，書中務要得體，不卑不亢。頃之以草換書稿進呈，上自讀數次，又親改數字。上曰：卿之才識學問可謂過朕。又曰：當封呈太上皇。時將日暮，上喚內侍蘭香，燃金花燭二炬，又喚玉梅取扇。上謂予曰：今夕熱，寢宮逼窄，不若中書卿所臥處涼。予答曰：中書固多涼處，然臣老病之軀，必擇暖處方可睡，幸所寢處有兩槐樹，終夕可以不扇，但恐砌蛩聒耳可惡。旨喚內侍滿頭花辦酒，上坐於中，御七寶

交椅，繡龍曲屏風，旨以青玉團椅兀賜予坐於東向之側。旨謂宦子
王隆曰：胡侍讀年老，豈可無椅坐者，乃入坐通硃螺鈿屏至。旨謂
予曰：此乃朕向來普安邸太上所賜物也。」〔註2490〕

是年，撰寫《懺庵叢話·熊子乾師》文章，手稿，尚未發表，內容詳見譜
主四歲、五歲、七歲時摘錄文章。

是年，撰寫《懺庵叢話·沈乙庵師》文章，手稿，尚未發表。摘錄如下：
......

師諱曾植，字子培。號乙庵，又號寐叟，浙江嘉興人，清光緒
六年進士，以主分發刑部，擢員外郎中，在部十八年，尋兼充總理
各國事務衙門章京；以母憂歸，兩湖總督張之洞聘主兩湖書院講席，
庚子年拳變起，師與盛宣懷等密籌長江各省互保之策，長江以南賴以
安。服闋調外交部，出任廣信府知府，調任南昌府知府，擢安徽提學
使，署布政使護巡撫，嗣以政局日非，乃於宣統二年乞退，以壬戌年
卒於滬寓，年七十三。師於少年時，盡通清初及乾嘉諸儒之學，中年
治遼金元三史及四裔地理，旁及佛學。楊仁山先生及歐陽竟無師（漸）
皆奉為先導者也。世特以輿地刑律學著名，其道學尤主大同，以為今
世舟車利便，郵電瞬息千里，語言亦能以傳譯而交通，大同之世，在
前古聖人為懸擬，今以勢言之，則將來必有之事也。

晚年知事不可為乃肆意為詩與長短句，自唐張文昌李義山而入
山谷，最後則上溯漢魏，尚險澀，與義寧陳三立閩縣鄭孝胥鼎足為
同光體魁桀。惟以學苟淵博，多用僻典，為世俗所難解耳。著有海
日樓詩集未刊。近人錢仲聯（萼孫）為之注。曼陀羅室囈詞則朱彊
村（孝臧）早為之刊布。平生治學有所得輒書於片紙，堆積盈麓，
彊村先生面告，其所治之學多端，非通人無從為之董理，今其嗣子
慈護託錢仲聯輯集成編，為海日樓箚叢及海日樓題跋問世，學者始
能自其學海中蠡酌之，其略見於錢氏之前言，茲不贅。

嘗聞德國哲學家克塞林伯爵來東方求道，最初矢志盡棄其所學
使心如白紙，俾不至胸中梗有成見，遊訪印度後來滬，託人作介晉

〔註2490〕 張大為、胡德熙、胡德焜合編《胡先驌文存》（上卷），江西高校出版社，1995
年8月版，第500～501頁。

謁吾師，談論多次，出乃歎謂胸中所蓄疑團盡為冰釋。又聞康有為初入京，託人介謁吾師，初康自負驕甚，以語言隔閡乃以筆談，康驟問：當今日尚可為孔子釋迦耶穌謨罕默德否，師語語折之，雖機鋒百出，而無一足與師抗衡者，乃不敢再為跋扈語，此第一次對話語錄，尚為人珍襲焉。

師沒後，不知何人為其嗣子作行狀，有云：「臨終時精神亢進，日夜背誦十三經不休。」其心靈活動乃至於此極。生前王國維曾作沈乙庵尚書七十壽言，稱之為邦家之基邦家之光。其弟子王蘧常所作嘉興沈乙庵先生學案小識，言之尤詳。其弟子唐蔚芝謂其學囊括六經，出入百家諸子，貫天人之奧，會中西之通，殆非溢譽。至於世人但知好其書法，則尤末焉者耳。

在武昌時，正值陳石遺陳伯嚴諸名彥居張廣雅幕府，故吾師為詩亦多，其重要論詩之巨著有「寒雨積悶雜書遣懷襞積成篇為石遺居士一笑」詩八十餘韻云：「寒雨如覆盂，漏天不可補，曦靈避面久，畏客牢鍵戶，黷霿江海蒸，裓襩霽霄聚，閉關且何事，臥聽簷溜汗，斷續綴殘更，嗟嚨輊虛籟，失行雁濡翼，噤曉雞上距，水官屬威嚴，雨師從呂鉅，盡收天一氣，並作銀潢抒，代雲不成馬，衛煉空飲甕，河亡九里潤，海溢萬家滬，南朔相倚伏，亢霪不均普，物物固難量，籥天奈何許，雌風四維來，龍具不能御，了無喝於唱，亦不土囊怒，翁習慣投隙，披拂僅如縷。俄焉目中蔑，怳若負屍注，老妻頗多智，裝綿劑吳楚，臧蚨燕趙產，縮朒甚饑鼠，固知廣川谷，實有異寒暑，荊南五月來，炙熱劇烹煮，伏金骨俱爍，秋暴背其腐，商飆一泠汰，暫得寬腸肚，寧復此愁霖，而兼濕寒茹，不憂灶生蛙，將恐皿為蠱，桔枳改柯實，蜃爵紛介羽，嗟維人不化，何用適風土，狐裘故黃黃，掩形不如褚，清川浴疥垢，焉事資章甫，西園蕃草木，花葉故舉舉，蠟花實非梅，滇茶詎能苦，瑤瑤老櫧樹，佔地凍不瘳，旁有南燭實，浪稱仙飯糈，名雖疏藥錄，味不廁菱蒟，鮮鮮若新沐，風檻群媚嫵，茲族畏霜乾，徼幸且濡滑，寧知膏澤羸，蜀蠍亦孳乳，窮陰未肯釋，蹙額啼老嫗，陳君泥滑滑，稅輿踐今雨，幽室共盤餐，高吟忽揚詡，長舒汲古綆，高繙克敵弩，相君筆削資，談笑九流敘，乃知古詩人，

心斗日迎拒，程馬蛻形骸，杯盤代尊俎，莫隨氣化運，孰自喙鳴主，
開天啟疆域，元和判州部，奇出日恢今，高攀不輸古，韓白劉柳騫，
郊島賀藉忓，四河道昆極，萬派播溟渚，唐餘及宋興，師說一香炷，
勃興元祐賢，奪嫡西江祖，尋視薪火傳，皙如斜上譜，中州蘇黃余，
江湖張賈緒，譬彼鄱陽孫，七世肖王父，中泠一勺泉，味自岷艦取，
沿元虞範唱，涉明李何數，強欲判唐宋，堅城捍樓櫓，咄茲盛中晚，
幟自閩嚴樹，氏昧苟中行，謂句弦面矩，持茲不根說，一眇引群瞽，
叢棘限牆圍，通途成蛆蛣，誰開天人眼，玉振待君樹，啁嘻寄楊榷，
名相遞三伍，零星寒具油，沾漬落毛塵，奈何細字簹，袇袖忽持去，
坐令誦苕人，倍文失言詁，鄭侯凌江來，高論天尺五，畫地說三關，
撰策籌九府，腆顏戴火色，烈膽執雕虎，蕩胸萬千字，得句故難住，
梁鴻瓜盧身，禮殿擊鼉鼓，滄海浩橫流，中嶼屹砥柱，可憐灌灌口，
味肉吳脢脯，那復問尖義，秋蟲振翅股，懷哉江陵生，江草冒柔櫓，
瘖瘖濟陽跛，海燕對胥宇，季子踏京華，尺書重□組，太陰沉暮節，
病叟侶寒女，出戶等夜行，焉將燎庭炬，百憂中徼繚，四望眩方所，
賴君排逼側，冰窟日譴誶，消此雨森森，躅彼愁處處，天門開誅蕩，
曷月日加午，城隅卓刀泉，中有鐵花注，括括千百株，夾道儼圍御，
樊口渺東望，松風冷相語，千載漫郎遊，招招若呼侶，東坡眠食地，
固是余所佇，鬱沒老涪旛，赭山疇踵武，興來舴艋艇，徑欲掠江滸，
政恐回帆撾，商羊復跳舞。」蓋石遺素謂詩莫盛於三元，上元開元，
中元元和，下元元祐，師則謂三元皆外國探險家覓新世界開埠頭本
領，故有開天啟疆域云云。雄篇巨製抗手昌黎山谷，而實又過之，
誠一代名篇也。一代有一代之詩，清詩承乾嘉靜緩淺陋之餘，龔定
庵首闢新法門，而祁程鄭莫繼之，同光朝則宋詩大盛，名家輩出，
同光體乃一時稱盛，今又須更覓新世界開新埠頭，竊嘗有志於斯，
亦偶有所得，惜不能就政於吾師也。〔註2491〕

是年，撰寫《懺庵叢話·盧慎之先生》文章，手稿，尚未發表。摘錄如下：
余自戊辰歲北來後，獲得新交中，以沔陽盧慎之先生最為老壽。

〔註2491〕張大為、胡德熙、胡德焜合編《胡先驌文存》（上卷），江西高校出版社，1995
年8月版，第497～518頁。

初余識其子伯轂開運，時任燕京大學生物系教授，一日以其父慎始
基齋校書圖囑題，為作一長古，深被讚賞，後乃謁見於津寓，遂訂
忘年交。公本湖北經心書院高材生，曾留學日本習政法，居周沈觀
樹模幕府多年，入民國後任大理院法官，後乃隱居津門，與其兄木
齋先生共刊湖北先正遺書，功在鄉邦文獻。平生邃於史學，著有三
國志集解，可以頡頏王葵園，五十歲後始存詩，至九十波濤益壯闊，
機杼益純熟，雖不斤斤於詩律，而胸羅萬卷，固非尋章摘句之儉腹
人所能比擬者也。戲作云：「夏日苦炎威，禾稼傷枯槁，陰雨積連朝，
又復嗟行潦，東坡亦有言，刈晴雨宜稻，去者喜順風，來者生怨惱，
雨暘不時若，殊難為蒼昊，當其饑渴時，簞瓢亦為寶，當其饕餮時，
珍饈無足道，六經皆糟粕，何如莊列老，史藉互因襲，纂竊誰創造，
稽古溯皇墳，丘索恣探討，點畫辨微茫，窮經首已皓，典籍化秦灰，
竹書難留稿，馬上治詩書，此事真絕倒，七略逮九流，陳編富詞藻，
類書兩太平，考據三通考，適足充汗牛，校讎落葉掃，苟無要道存，
奚事災梨棗，汲汲身後名，彭殤同一天，臭味自差池，酸鹹各殊好，
薰蕕不同科，雅俗異懷抱，修齊及治平，人孰信汝保，生子溺儒冠，
劉翁與劉媼。」憤激之言，出之於嬉笑，尤可悲矣。閒吟云：「逝水
繁華一例空，暮年蕭瑟作詩翁，收將萬縷千行淚，都付長吟短詠中，
狐鼠東西猶竄穴，馬牛南北各殊風，浣花飄泊支離感，今古情懷大
抵同。」情懷微似放翁。寒宵云：「望斷雞聲起，難勝永夜寒，五夜
聞漏滴，萬戶覺衣單，舊夢燈前語，勞生枕不安，曉來搔白髮，愁
對鏡中看。」則駸駸有杜意矣。世變云：「愛新覺羅握樞紐，宗社淪
亡婦人手，倭寇稱霸肆侵吞，太平洋中興戎首，兼弱攻昧放厥辭，
任意屠殺到雞狗，五十年來亡國恨，忍辱含垢言之醜，希酋勇敢世
莫當，堅甲利兵前無有，楚歌四面垓下窮，困獸柏林誰與守，天心
終不爽報施，莫謂歷史前無偶。」君以高壽歷世變最多，而以二次
世界大戰為最劇，此章蓋痛定思痛之言，與放翁有同感焉。解嘲云：
「前年餞歲復自餞，去年又寫留別辭，已餞已別猶戀戀，老而不死
欲何為，答言去留非由我，有命在天胡不思，或者賢愚或夭折，或
者榮辱忽參差，靜觀千年如一瞬，運行流轉不知疲，群氓蚩蚩苦不
覺，稍覺變化驚新奇，恒言人睡如小死，日日生死相推移，吾身雖

已隨物化，子孫嗣續已潛滋，蟻穴侯王成世界，百千萬年仍在茲，老莊闡明哲家理，彭殤一例世皆知，精靈自足存天壤，軀殼重毀胡足悲，自餒留別皆多事，姑作話柄留新詩。」有此達觀，自能長壽也。公耄耋年始作長短句，「鄭雪耘以漁洋白髮填詞吳祭酒相況，戲答二十韻」云：「白髮填詞吳祭酒，一錢不值何消說，自古才人末路窮，命意設詞有寄託，老夫藉此遣餘年，為之猶賢勝奕博，歎息耆舊盡凋零，人琴俱杳生離索，藏書捆載一掃空，絕非經傳束高閣，寒齋枯坐困寒氊，四壁蕭索貧亦樂，朋好遠道貽簡編，中有新詞慰寂寞，淺學豈敢學倚聲，殘軀幾日填溝壑，昔日未納芷升言，始知是今而非昨，涂軌險夷皆飽嘗，人世能經幾回錯，英雄無用真可憐，生平不飲亦姑酌，無書無師自尋思，竊幸謬與前賢合（取近詞同調者參閱與萬紅友不謀而合），後閱汲古舊精刊，六十家詞恣涉獵，擇吾所好勤手鈔，終日伏案極歡躍，拙選有目皆欣然，老來興致殊不惡，措大自有窮生涯，南面之樂又奚若，披沙揀金集成裘，由來述而本不作，鄭箋謂我巧相題，鳳倒鸞顛工諧謔（余嘲桂米辛詞有鳳倒鸞顛之句），群公倒顛我不顛，老鰥賢真甘守約，清晨寫此答雪耘，當笑盧翁真落落。」興致勃勃可喜。樂境云：「氣候軼常軌，倏忽殊冷熱，人類亦同然，忽聖忽盜跖，胡為生畛域，限此邦與國，胡為分種族，限此白與黑，胡為生學說，劃分孔與墨，胡為生愛憎，鹽媸與美色，我欲窮造化，胡為生荊棘，我欲問群氓，胡不生羽翼，同是為夫婦，或孕或不育，同是為孩童，或生或不祿，明足察秋毫，何以有盲目，捷步快先登，何以有跛足，六合同覆載，何以判榮辱，軀殼與官骸，何以分愚哲，貴賤懸霄壤，里巷異歌哭，強者厭文繡，弱者供魚肉，憂患使人悲，安逸使人溺，名利使人歆，情感使人惑，百怪與千奇，吾舌難盡述，何術馭凡民，群雄不逐鹿，相率勤隴畝，日出而入息，干戈胥掃除，生民獲幸福，老夫不解事，殘編容我讀，凡百從民欲，其樂真無極。」以天問之懷，達蒙莊之旨，亦有為之言也。春寒云：「春盡餘寒在，林花落舊柯，風塵經歷慣，月令變遷多，麥秀農家語，蠶眠少婦歌，老夫清早起，把卷且吟哦。」公詩多信筆少翦裁，此章卻明秀閒適如杜老晚年之作。讀困學紀聞云：「韜光養晦五官穀，閉戶潛修飲恨深，如見肺肝寒鬼膽，頻揮血淚

表臣心，千秋道義傳經史，一片忠貞亙古今，垂老立言真不朽，長留名著作南針。」此亦公簡淨之作。公八十以後始填詞，篇章不多，然亦有豪宕感激意氣飆發者，如沁園春云：「多難興邦，眾志成城，轉弱為強，溯白山黑水，鯨吞蠶食，綠江黃海，蟻聚蜂狂，星火燎原，蘆溝逞釁，遍地皇軍如虎狼，家國恨，真痛深骨髓，與汝偕亡。無忘八陣堂堂，既有勇知方艱苦嘗，幸振民水火，登諸衽席，拔民鋒鏑，納彼康莊，掃盡危機，恢閎壯志，禦侮齊心鞏國防，吾雖老，願澄清攬轡，與子周行。」無暮年衰颯之氣，誠長壽之徵也。余少年亦曾從事倚聲，後肆志為詩，已四十餘年不作長短句，近始與公酬唱，公有和作金縷曲云：「甚矣吾衰矣，念吾廬接連雲夢，門臨漢水，最喜珍藏珍籍本，落得飄零無底，枉自許攻堅求是，足履扶桑，窮紫塞，不自量漫欲執牛耳，嗟駑鈍，非君比。使君小岳雄才峙，數登臨騁懷遊目，人生如寄，雁宕天台章貢水，歷涉湖山信美，勝霞客遊蹤觀止，莫道蕭齋勤伏案，有名篇椽筆垂青史，超八代，廢衰止。」高陽臺「胡步曾惠詞賦謝」云：「爾雅蟲魚，神農本草，中華百卉天然，名產水杉，蘊藏不計何年，窮荒萬國驚珍木，恁潛藏深壑危顛，幸而今博物張華，文采昭宣。匡廬勝地生人傑，看雲嵐萬仞，瀑布千泉，禁得流連，謫仙嘯傲吟邊，江山磅礴生花筆，視靖洲奚啻天淵，與鄉賢寰海詩人，歌詠連翩」。蓋矜奇鬥勝，不止功力悉敵也。水調歌頭「詠武漢大橋」云：「如畫江山裏，橋影忽流虹。千尋雲表高聳，俯視大江東。上控岷山疊嶂，下接夔門巫峽，川楚已全通。兩岸猿聲續，已過萬重峰。吟黃鶴、賦鸚鵡、送驚鴻。狂生詞客談笑，歌詠總成空。君看北聯燕晉，輪軌南馳嶺海，全局在心胸。建設數人物，創造見英雄。」生氣虎虎，不愧此題矣。〔註2492〕

是年，撰寫《懺庵叢話·王冬飲先生》文章，手稿，尚未發表。摘錄如下：

余自戊午年來南京高等師範學校任教，時居一字房教員宿舍，與余居室相鄰者，則為國文教授王冬飲先生，晚間輒相造談詩。先生頎長而臞，善談論，清言妙緒如泉湧，論詩不主門戶，而盡悉各

〔註2492〕張大為、胡德熙、胡德焜合編《胡先驌文存》（上卷），江西高校出版社，1995年8月版，第507～510頁。

家之短長，故言下多所啟發，後輩從之獲益無量焉。先生名瀠，字伯沆，晚自號冬飲，其先世出自晉丞相王導，世居溧水，今為南京人，在清季曾入泮，逾年食餼，兄事同里王木齋，木齋又文道希廷式之摯友也。木齋家富藏書，恣先生借觀，故所學益精博，木齋所師友皆海內名賢，先生因得數預群公文酒之會，時義寧陳伯嚴先生三立，為海內詩壇盟主，深知先生之學詣，乃延為諸兒師，後方恪登恪皆各有所成，師曾衡恪與寅恪雖年長於先生，亦在師友之間。先生初任職於南京龍蟠里圖書館之後稱為盋山圖書館者，嗣乃在陳伯嚴先生家掌臬比。辛亥改步後，兩江師範學校改名為南京高等學校，江易園先生謙任校長，重先生名，乃聘為國文教授。先生學既淵深，尤長於講貫，每講四子書或詩經，不但大教室中坐無隙地，即室外佇聽者亦駢立十百人，莫不盡明舊義，兼飫新知，故門牆之盛，一時無比焉。先生幼穎慧，六歲謁端木子疇（采），聞客語楚辭音一書，輒入耳不忘，成童時試為詩，為其父鶴膵公所見，為之莞爾。年十八入泮，逾年食餼，黃翔雲先生主鍾山書院，先生一試為案首，召之溫勉，為之述治學之要。事母孝，家素豐，先生弱冠後頗豪放，嘗醉臥，怒擲案上燈，幾焚書屋，乃奉太夫人嚴命終身不飲酒，睹清季稗政叢生，遂有經世志，而太夫人止之曰：爾性剛，不難忤長吏，以致不測，我在，爾不得為官。自是不復言仕。早年嗜詞賦，四十以後肆力宋明諸儒之書，兼究佛學諸宗派，楊仁山倡佛學，每於刻經處會講，先生寂聽，究極要眇，楊公契焉，楊公沒，其弟子歐陽競無（漸）獨宗唯識，先生隘之，遂不復與會。後聞泰縣黃熈明先生，傳周太谷之學，門牆甚盛，先生聞其學而好之，遂北面稱弟子，嘗稱之已達孟子境界，黃學頗譎詭，有宗教性質，而先生不之疑也。先生任東南（後改為中央）大學講席計二十二年，壬戌春猝中風疾，十二月倭寇陷南京，以病未能隨往重慶，遷入難民區，窮餓有人所不能忍者，大學仍曲折設法周濟之，以癸酉年秋卒，年七十有四，元配秦，生二子二女皆前卒，一女適鍾敬畋，繼配周育卿，亦黃先生弟子，侍先生疾極周至，生女綿，字夢丹，任職圖書館。先生詩詞篆刻繪畫無不精妙，而尤工書法，行楷行書尤

雋秀絕倫，嘗手鈔阮大鋮詠懷堂集，丹黃爛然，賞心悅目。工詩不宗唐擬宋，而韻味獨絕，於柳柳州或近之，詞則近山中白雲，與王木齋娛生軒詞異趣也。先生最善談詩，不宗門戶，具得其精要，余嘗於晚飯後詣先生臥室談詩，輒至深夜，阮大鋮詠懷堂詩，吳野人陋軒詩，鄭子尹巢經巢詩，王霞舉（山西洪洞人）西山遊草，文芸閣（廷式）雲起軒詞，皆先生指示使讀之者。余早年喜陳伯嚴先生散原精舍詩與鄭太夷海藏樓詩，從之而習宋詩鈔，後則專治蘇詩，自侍先生談詩數載，所得益多，而詩格稍變矣。予最喜其癸丑五月二日陳散原俞觚齋招遊焦山三宿松寮閣賦詩五首，茲錄於下：「焦山不滿眼，影秀浮蓬壺，帆風曉日明，微風綠蠕蠕，樓殿拍水飛，牒石肩不逾，樫碧架高浪，江淮來委輸，洑洄鬱無聲，一噴碎群珠，茲山古天險，岳嶽特百夫，歷劫當流中，氣尊骨不枯，著我來振衣，疇寫凌風圖」。（其一）「陰涎濕焦洞，搘危半椽頗，老僧臥江光，夢穩心靡他，方知出世法，艱苦棲松蘿，不受塵網嬰，差免孝然呵，摩頂猛自思，此意我則多，杳聞定慧鐘，晚僧課多羅，柏古掛冷霞，到寺屢摩娑，默誦南巡碑，何者非逝波。」（其二）「堂頭出寶墨，文楊雙精忠（是日觀畫卷子甚多不獨信國與椒山也），浩氣在白日，匯之為鸞龍，幼熟二公事，歌哭驚群童，記母憫我愚，犒我梨棗豐，忠孝斯本原，養正幸及蒙，自此母輒講，我耳非不聰，兒拙令養薄，學荒德未崇，又為溝壑民，對此心忡忡。」（其三）「松寮晚呼飯，客散江樓寬，散原腳不襪，冥對天星寒，觚齋澹蕩人，感歎在雲端，頗恨萬象閉，無月無好觀，茲遊豈失時，冰丸正團欒，碗䔧甘冷啜，就枕各不安，冥冥風揭簾，微微露侵闌，象山暗如幾，倦眼時一看，似聞空外音，栗魂驚風湍」。（其四）「江山壯南戒，將歸造層顛，渾渾元氣色，高綠風掃天，佛光黯危樓，木末冷眼懸，坐見百變滅，沙鳥雲帆煙，吾身亦鄰虛，吸習煩塵煎，純想久不飛，終冀佛見憐，息影茅蓋頭，寸壤隨前緣，高挹辭山靈，神思永綿綿。」（其五）其詞餘最喜齊天樂一首：「紅欄一角吳天秀，濛濛絮雲吹晚。岸柳嘶花，汀舟泛月，幾許夢魂誰管。芳心自款。料倩影細桃，畫樓妝懶。負了東風，少年只我未衣冷。春華可憐暗怨。也知歡念少，此意須遣。

禪榻清歌，鴛屏粉淚，那算而今緣淺。滄桑照眼。漫淒入琵琶，翠樽低勸。看取斜陽，茜波流恨遠。」尚有雜文若干篇，不具錄。其女綿曾裒集其遺稿刊印為冬飲先生遺稿，刊印潦草，頗有訛字，甚望他日能有精本行世也。〔註2493〕

是年，撰寫《懺庵叢話·柳翼謀先生》文章，手稿，尚未發表。摘錄如下：

　　南高東大另一著名文史教授則為柳翼謀先生，先生名詒徵，號劬堂，江蘇丹徒人，生於一八八〇年，前清優貢生，歷任兩江師範學校、南京高等師範學校、東南大學、中央大學、貴州大學教授，國學圖書館館長兼國史館纂修，中央研究院院士。予初至南京高等師範學校任教時，先生正主講中國文化史，不蹈昔人之蹊徑，史學史識一時無兩，其所著中國文化史，實為開宗之著作，其門弟子多能卓然自立，時號稱柳門，正與當時北京大學之疑古派分庭抗禮焉。擅書法，與李梅庵接席，其容則豐頤大顙，多鬚髯，有柳髯之號，喜為高談闊論，聲震屋瓦。一九二二年餘與劉君伯明梅君迪生（光迪）吳君雨僧（宓）等創辦學衡雜誌，柳先生亦加入，時為撰文，其為詩宗杜韓，並出入漢賦，雄篇巨製，不僅壓倒元白也，其圓明園遺石歌，奇崛奧衍，非王湘綺之圓明園歌所能企及，歌云：「清之諸園首圓明，遺墟荒歲屯榛荊，神徂鬼夢萬靈息，詎有御氣輝軒楹，入門四矚莽無際，坡陀陟降形徐呈，斷垣剩礎間寒沼，燒痕密與冰紋並，有叟自言隸旗籍，導觀諸勝繩其名，某所庚申烈炬焚，某所庚子群醜傾，獻欷縱歎生苦晚，盛概不及瞻承平，上下天光有立壁，方壺勝境尤晶瑩，鏤砆刻硪作棟宇，環垂葉罩之而撐，圓圖昕昕切月魄，複道沓沓轟霆聲，池魚空首仰噴浪，海裸陸腹中為罌，樹屏岌峇森武庫，兜鍪刀槊鐵鐲鉦，飛仙屬鬼走雜沓，雲車霓拂兼霞旌，嵌崎傴僂更無算，全者毀者皆絕精，想當詔書走萬里，鞭岩笞谷搜瑤瑤，般倕咋指竭思力，冥入造化神為營，百數十年迭增飾，取式異域張皇京，驪山烽火燭天起，四春禠魄三天盲，輦金馳幣塞歐陸，忍恥甘作城下盟，從茲無力復舊觀，頤和草草訖未成，白山黑水靈

〔註2493〕張大為、胡德熙、胡德焜合編《胡先驌文存》（上卷），江西高校出版社，1995年8月版，第510～513頁。

怪歌，復見六甲迷神兵，斧榍椎柱磨石粉，氈苞席裹歸罷泯，今之存者萬鮮一，猶令游子瞠而驚，化人樓閣若具在，帝功寧止昆明鯨，從知天意厭肅慎，一夫獨樂殫輸征，煎熬膏血瀝餘滓，為滌腥穢標精英，閱工絕藝出民力，萬祀美意茲落萌，芝房藻井不足吝，狂飆怒卷還太清，戔戔留此示來者，瑰寶何必求其盈，會當祓濯出泥滓，公之宇內昭庠黌，萬牛繭載置都邑，橅寫寶護群無爭，夷岡堙塹闢阡陌，大集丁婦勤春耕，斯園與石兩得所，阿房永不規秦嬴，我持斯義忘感喟，欲告當路心怦怦，西山斜陽轉殘雪，溪風蕭槭號猱豣，老兵索錢負筐去，二三子亦循牆行，棧車鏗訇絕磴道，亞指海淀烹茶鐺。」一九三七年十一月別盎山云：「千艱萬厄典官書，駒隙奔騰十稔餘，錄略幸完師友志，山林甘伴鹿麇居，雲霄卻敵無奇翼，早夜呼朋逐傳車，毀室審人知不免，倘留松竹識精廬，重樓題榜記陶風，分寸陰期紹禹功，國慼轉驚山館闢，道污敢冀宿儒隆，攢眉慣使承童豎，奮筆終思振瞆聾，冤海微禽填小石，無端同作可憐蟲。」一九三八年泰和病起云：「不圖國脈如絲日，微命能從病榻回，猿鶴百城嗟壯往，妻孥千里計驚摧，異軍崛起祈生力，絕學無憂忍死灰，極目滔滔江漢水，草堂何日署歸來。」柏溪雜詩云：「十生九死到陪京，四海明年倘解兵，且復遨遊嗟老子，皇論等輩已公卿，夢歸誰識遼城郭，客久寧傳漢姓名，鑿空真成經國業，御風會覆載兒行。」（其一）「未必還鄉勝客遊，爭禁梗泛四三秋，叢蠶老憚梯天棧，狐死俄堪正首邱，京口江山魂夢戀，陶園圖史爐埃搜，旁觀孰喻腸千結，自哂真同海一漚。」（其二）「橘丹菊紫接林黃，竹素猶親翰墨香，羈旅一身耽靜趣，旄倪百指隔殊方，粥餬度日逾千楮，機辟當空織七襄，又閱七旬消息梗，山窗惟解九迴腸。」（其三）「巴渝地燠際冬暄，煙靄微茫眾綠妍，大似江南春二月，何期劍外客三年，九州高枕嗟無日，萬物為銅殆有天，安得長繩懸斗極，永持義御不迴旋。」（其四）「倏然臘日去駸駸，曉起搴幃露滿林，天海風雲羈客淚，吳山冰雪古人心，飽餐菜腦猶珍味，寒對梅花有獨吟，一室偷安兼罪福，難持小雅禦夷侵。」（其五）「遂逢六十六新春，懶溯光宣語世人，弟子三千師亦老，俸錢二萬數非貧，病緣藥貴今差少，

書念途遙到益珍，南面百城曾坐擁，何期飄泊及茲辰。」（其六）「門
巷陰陰翠幾重，階前高下疊雲峰，三冬最愛晴曦照，一夕尤奇皓雪
封，如此樓臺真淨域，超然風格有孤松，柏溪若與霞坳比，詩思今
來倍昔濃。」（其七）「金陵昔詫少年狂，膠序稱師遜未徨，中歲修
髯追老輩，傭書浪跡走殊方，蜃樓番舶從賓戲，馬廠榆關弔戰場，
曾幾何時旋蟻磨，翻憑齒髮冠虞庠。」（其八）其詩意境宏廓，聲韻
鏗鏘，已摩少陵之壘，非僅平視放翁也。一九四〇年興化云：「三間
瓦屋底，蘆廢隔縱橫，婦瘦餘皮骨，孫頑哄弟兄，魚蝦憐日賤，花
木借春榮，無限興亡感，扶衰況洗兵」。置之杜集中，殆不能辯。霞
坳云：「荷葉街頭早稻肥，霞坳雨後翠成圍，頻年客露飄零慣，但聽
鄉音即當歸。」沉痛之情，溢於言表，非篤於傷離念亂之情者，不
能道也。先生素不作長短句，晚歲偶一為之，亦自有致。浣溪紗一
九四八年辭圖書館職赴滬云：「老子盡癡頑，冊府優閒，龍蟠虎踞重
人寰，姑付兒曹修實錄，遙領仙班。心史怕循環，巫峽舟還，飄髯
又別紫金山，笑指淞濱樓一角，骨肉團圓」。減字木蘭花謝商校校友
贈序云：「干戈催老，避地懸弧都草草，重疊滄桑，回首商園四十霜。
衰慵無俚，持比前賢何所似，愧□鴻文，虎阜龍潭黯戰雲。」詞非
先生所致力，讀此以見其一斑耳。〔註2494〕

是年，撰寫《懺庵叢話·紅崖碑》文章，手稿，尚未發表。摘錄如下：
　　夏代文化不發達，雖有少數石刻，是否夏代遺物，尚未確定，
殷周以青銅器著名，惟雕鏤雖美而少文字，惟張敵園昔藏殷卣證明
乃帝辛（紂王）四祀（年）所製，故宮博物院有二同式殷卣則為帝
二祀與六祀製品，此殷銅器之有年代可考者。清末安陽甲骨文出土，
治茲學者蜂器，遂得識七百餘字，仍為六書之法，當為後起，董作
賓辨其字體，乃可劃分年代，真孔子所未見也。又有墨書陶片與朱
書玉片，雖不能確定其年代，要為殷物。然在中原則商代石刻尚未
發現，惟貴州永寧州境山之脅有字，若大書深刻者，字體若篆籀，
又似符籙文而不可卒識，人謂為殷高宗伐鬼方遺跡，又云武鄉侯手

〔註2494〕張大為、胡德熙、胡德焜合編《胡先驌文存》（上卷），江西高校出版社，1995
年8月版，第513～516頁。

跡，趙之謙寰宇訪碑錄云，「是刻俗稱諸葛誓苗碑，新化鄒樹勛釋為殷高宗伐鬼方刻石，獨山莫友芝復辨為三危禹績，之謙借潘光祿祖蔭所藏原拓本及黔中棗木本、陽湖呂氏縮刻本詳校，次第既索，且點畫文義莫能辨，疑苗民古書。」鄒叔子遺書紅岩碑釋文云：「右摩岩古刻，在貴州永寧州東六十里紅崖後山諸葛營旁，字大者周尺（以周尺計算）三四尺，小者尺餘，深五六寸許，行列不整，州志錄其序於篇首，世間又有板本雙鉤，其字形雖是而文理不成，今依州志縮本及原拓本逐字釋之。」卷末云「諸葛人南征營其下，讀而拜焉，使蠻人護之，故謂之諸葛碑，蠻人因歲祀之以占晴雨，此說聞之郯州之士人。心源（劉）細案篆形與三代器刻無異而雄厚則過之，決非季漢之物，奇而有法，亦非符籙，明明有偏旁可說，何謂苗書，莫氏三危之說不知何據，叔子定為高宗之作，反於殷字未能案出，其他亦多虛造，蓋亦講訓故而不諳篆籀之漢學家也。以其所據為原拓，與吳本重加訂釋，一以篆形為主，不事附會，不知者闕如也。戊戌六月十二日。」可考原著及貴州通志金石志稿所引劉心源樂石文述。其討論注釋文長不錄。

其所釋如下：

（一行）○殷○○（二行）酋○○黽（三行）虎○○肇（四行）戢辰○立歲○（五行）○○環（六行）百方弼（七行）象邦作殷（八行）○○戢兔鬼首（九行）中畏我威

陳矩「紅崖古刻石書後」云：「右紅崖刻石，殷高宗功德遠被垂萬世耀八荒之鉅典也。造語質樸簡古，若璞玉渾金，書法雄強奇肆，有如龍翔鳳翩，殆非秦漢刻石所能彷彿，惜淪閟萬山中，歷數千載鮮有探奇訪古之事，坐臥其下，精思密考而發明之，遂使殷商法物冷落荒崖峭壁間，惟有猿鳥驚飛，高翔遠走，共懾天威而已。（夷人謂為武侯碑歲時祭之）清代文教遠及邊疆，康熙中田山薑中丞雯撫黔，始採入黔書，然亦誤為武侯征蠻紀績之作。嘉慶間張介侯大令澍素稱博雅，續黔書所記雖知為殷高宗舊跡，未有釋文，亦屬虛擬。道光末鄒叔績孝廉漢勛兼才學識之長，撰安順府志，紀錄此碑，亦主張說，逐字訓釋，惜篋鮮古籍（孝廉自注云：說文及古文四聲佩

觴、王薛諸家之鍾鼎款識,近時阮氏之書,無一在篋),僅以所記憶為之,則亦未定稿本,嗣未有考訂者。光緒間矩由日本訪碑回國(獲東瀛金石四千餘,容進呈御覽),出都入蜀,獲交嘉魚劉幼丹太守心源,相與考訂金石文字,取孝廉釋文一一證之古鐘鼎尊彝,所釋僅環虎二字不誤,太守於是細繹點畫,辨析微茫,字字務有根據,摒出殷字,尤為精確不移,足為定論,爰付諸梓以饗同好者。一時好古之士來索觀者無虛日,日本領事德丸作藏遊歷使鳥居龍藏等聞之,不遠萬里來求歸去帝國大學堂兩圖書館及學校古寺中,彼邦人士,爭先快睹,車馬畢集,不讓洪都觀經,可謂盛矣。嗟夫空山古刻,一旦流播數萬里外,得者珍若球琳,與神州海日輝映,今又採入省志,列金石首,當與衡嶽禹碑,太學石鼓,鼎足而三,橫絕古今矣。」

吾友許石楠(先甲)專業本為電業工程,歷任南京水利學校校長,江西開源煤礦總辦等要職,然自幼即通其鄉賢鄭(珍子尹)莫(友芝子偲)二公許氏訓詁之學,嗣又研幾章太炎氏音韻之學,中歲乃捨棄其專業而重理舊業,造詣極深,抗戰前在京寓曾自述其鑽研紅岩碑之所得,以音韻母點畫,所得乃較劉幼丹百尺峰頭更進一步,惜其研究所得未曾公之於世,歲月遷移,人琴俱杳,幸其叢稿為其婿仲崇信教授(植物生態學專家)所保存,正請專家為之整理,他日全稿問世,則紅岩碑之釋文,將更詳盡也。〔註2495〕

編年詩:《水杉歌》《辛丑上元後一夕月蝕讀玉川子月蝕詩有作》《得吳雨僧書卻寄》《壽張效彬八十》《辛丑重三秘園吟社禊集》《展袁督師墓》《故宮瞻仰石鼓陳列室有作》。

1962年(壬寅) 六十九歲

1月27日,胡先驌致龍榆生信函。

榆生先生史席:

前奉來教,云有一能詩之老翁,能代譽寫油印拙稿,近又多日,

〔註2495〕張大為、胡德熙、胡德焜合編《胡先驌文存》(上卷),江西高校出版社,1995年8月版,第516~518頁。

不知已辦否？如無便人可任此事，即請原件寄還為荷。秉老前曾晤見，雖精力稍衰，尚孜孜研究不倦，其劬學精神可佩也。

即頌

春禧

胡先驌 拜啟

一月廿七日（1962年）〔註2496〕

二十世紀六十年代，胡先驌作《水杉歌》手跡

〔註2496〕《胡先驌全集》（初稿）第十七卷下中文書信卷，第510頁。

2月，《水杉歌》作成後，又幾經修改，才將定稿寄給某詩刊，但被退回。後寄給陳毅副總理校正，陳毅讀後甚為感動，識記云：

> 胡老此詩，介紹中國科學上的新發現，證明中國科學一定能夠自立，具有首創精神，並不需要俯仰隨人。詩末結以「東風佇看壓西風」，正足以大張吾軍。此詩富典實，美歌詠，乃其餘事，值得諷誦。一九六二年二月八日陳毅讀後記。

2月17日《人民日報》刊載《水杉歌》全文。1966年香港出版的英文《東方地平線》月刊（第5卷4號），還發表了《水杉歌》的譯文，該刊主編指出胡先驌為一知名植物學者，也是一位古體詩人和文學家。

水杉歌

紀追白堊年一億，莽莽坤維風景麗；

特西斯海互窮荒（1），赤道暖流佈溫煦。

陸無山嶽但坡陀。滄海橫流沮洳多；

密林豐藪蔽天日，冥雲玄霧迷羲和。

獸蹄鳥跡尚無朕，恐龍惡蜥橫駊娑；

水杉斯時乃特立，凌霄巨木環北極。

虯枝鐵幹逾十圍，肯與群株計尋尺；

極方季節惟春冬，春日不落萬卉榮。

半載昏昏黯長夜，空張極焰光矇矓；（2）

光合無由葉乃落，習性餘留猶似昨。

蕭然一幅三紀圖（3），古今冬景同蕭疏；

三紀山川生巨變，造化洪爐恣鼓扇。

巍升珠穆朗瑪峰，去天尺五天為眩；

冰岩雪壑何莊嚴，萬山朝宗獨南面。

岡達彎拿與華夏，二陸通連成一片；（4）

海枯風阻陸漸乾，積雪沍寒今乃見。

大地遂為冰被覆，北球一白無叢綠；

眾芳逋走入南荒，萬匯淪亡稀剩族。

水杉大國成曹鄶，四大部洲絕儔類；

僅餘川鄂千方里（5），遺子殘留彈丸地。

劫灰初認始三木（6），胡鄭研幾繼前軌；

億年遠裔今幸存，絕域聞風劇驚異。

群求珍植遍遐疆，地無南北爭傳揚；

春風廣被國五十（7），到處孫枝鬱莽蒼。

中原饒富誠天府，物阜民康難比數；

琪花瑤草競芳妍，沾溉萬方稱鼻祖。（8）

鐵蕉銀杏舊知名，近有銀杉堪繼武；（9）

博聞強識吾儒事，箋疏草木蟲魚細。

致知格物久垂訓，一物不知真所恥；

西方林奈為魁碩，東方大匠尊東璧。（10）

如今科學益昌明，已見泆泆飄漢幟；

化石龍骸誇祿豐（11），水杉並世爭長雄。

祿豐龍已成陳跡，水杉今日猶蔥蘢；

如斯績業豈易得，寧辭皓首經為窮。

琅函寶笈正問世，東風佇看壓西風！（12）〔註2497〕

【箋注】

（1）在白堊紀有特西斯海，自亞洲赤道西北上，通過今地中海達峨畢海而入北冰洋。（2）北極光。（3）第三紀植物與水杉同起源於北極，以半載不見日光，遂形成落葉性，非畏寒也。（4）第三紀初期地球受星際影響，溫度普遍降低數度，在造山運動以前，華夏大陸與岡達彎拿大陸為特西斯海所隔開。自珠穆朗瑪峰由海底上升以後，二大陸始連合為一體，從此特西斯海涸，而赤道暖流不復入北冰洋，北極乃更寒冱而開冰河時代矣。（5）冰河期以後，歐、亞、北美三洲之水杉皆已滅絕無跡，僅殘存於四川萬縣磨刀溪與湖北利川水杉壩及石柱，方圓八百里一小區域內。（6）日本古植物學家三木茂博士始從日本地層中化石發表水杉屬名。（7）當時曾以種子遍贈全球 50 多個國家 170 多處植物園。（8）西方號稱中國為「園庭之母」。（9）近年陳煥鏞、匡可任兩教授發現銀杉，亦水杉之流亞也。（10）東璧指李時珍。（11）祿豐龍乃楊鍾健教授所發現。（12）指群儒彙編《中國植物誌》，正陸續出版。2004 年底全部出版共八十卷126 冊，是一部寫了半個世紀的學術巨著。

〔註2497〕張大為、胡德熙、胡德焜合編《胡先驌文存》（上卷），江西高校出版社，1995年 8 月版，第 606～607 頁。

《人民日報》刊載《水杉歌》全文

2月，中國科學院植物研究所重新組織學術委員會，名單如下：錢崇澍任主任，林鎔、湯佩松任副主任，秦仁昌任學術秘書，吳素萱、崔澂任副學術秘書，王伏雄、湯佩松、吳征鎰、吳素萱、張景鉞、張肇騫、李正理、陳邦傑、陳煥鏞、林鎔、鄭萬鈞、侯學煜、俞德濬、婁成後、胡先驌、鍾補求、唐進、徐仁、殷宏章、秦仁昌、錢崇澍、崔澂、曹宗巽等23位為委員。

3月3日，《關於落花生的考證》文章在《光明日報》發表。摘錄如下：

> 1962年2月26日《光明日報》刊登了江西省文管會的報導，說去年8月，江西省考古隊在修水山背地區發現了兩座原始社會晚期的房屋遺跡。在房屋遺跡中發現了稻稈炭化杉木以及五顆植物果核。其中四顆是落花生種子，並提起1958年在浙江錢山漾古文化遺址中也發現了落花生。而修水出土的時期可能更早。這是很有趣味的一項消息。假若是確鑿可靠，對於這項重要農作物的栽培歷史是值得探討的。
>
> 大體說來，一種農作物多在其原產區，為原始社會的人民所栽培，後來才因人類各族的遷徙而傳播至他處。有時傳播得很早很遠，比原產的地區遠得多。不能因為在原始社會遺址中發現了材料，便

認為是原產於某地。甚至即或在某地偶而發現了野生種也不能便認為栽培種即起源於某地。譬如小麥與大麥，在我國殷周的時代即已栽培，但不能認為栽培的小麥或大麥原產於中國。因為在中國沒有發現過其他野生的小麥或大麥種，而在中央亞細亞是有不少的野生種的。又如水稻的野生種近代在廣東發現，丁穎教授便認為水稻 Oryzasativa 是在中國栽培育成的，而稱其野生種為 f. spontanea，這也是不正確的，因為水稻這一屬在印度有不少的野生種，而其栽培種中亦有與野生種極為相似品種。故水稻無疑是在印度育成而由東南亞傳播到中國的。在廣東發現的野生稻不過是野生種分布到極東的邊緣地區的證據，不能據以證明水稻是在中國育成的。

現在來看落花生。落花生（Arachis）這一屬，據培黎（L. H. Bailey）的經濟植物手冊（Manual of Cultivated Plants）1949 年的修正版，說是有 7 至 10 種，多數產於巴西，其中一種即落花生（A. kypagaea L.）認為或者是原於南美洲，現在在各國廣為培栽，用其種子或枝葉以供飼料。

照植物學的研究，落花生應該是出產於南美洲。再看中國書籍的考證。我國最著名的農書，6 世紀後魏賈思勰所著的《齊民要術》書中，即在其第十卷《五穀果蓏菜菇非中國物產者》一章，雖載了許多外國農產品，亦無落花生。尤其是李時珍的《本草綱目》亦不載此物，以李時珍的博雜及其治學精神，著《本草綱目》時參考了八百多種書籍，三次易稿，而不載此種重要農作物，可見在明萬曆二十四年其子李建元進呈此書時，中國並不知道落花生這種東西。在乾隆乙酉八月趙學敏所刊布他所著的《本草綱目拾遺》中，才對落花生有詳細的考證。今節錄之如下：

「一名長生果。福清縣志：出外國，昔年無之。蔓生園中，花謝時，其中心有絲，垂入地結實，故名。……康熙初年僧應元往扶桑覓種寄回。亦可壓油，令閩省產者出興化為第一，名黃土……，出臺灣名白土，一名土豆。」

「匯書：近時有一種名落花生者，莖葉俱類苊，其花亦似苊花而色黃……此種皆自閩中來。」

「物理小識番豆，名落花生，土露子，二三月種之……又云番

豆花透空入土結豆……。」

「酉陽雜俎：又有一種形如香芋，蔓生，跛者架小棚使蔓之，花開亦落土結子如香芋，亦名花生。」

「花鏡：落花生一名香芋，引藤蔓而生，葉椏間開小白花，花落於地，根即生實……南浙多產之。」

「萬曆仙居縣志：落花生原出福建，近得其種植之。」

「嶺南隨筆：花與葉不相見為換錦花，莢與蔕不相見為落花生……」

「逢原云：長生果產閩地，花落土中即生，從古無此，近始有之……」

除《本草綱目拾遺》外，另一中國重要植物學著作為在清道光二十八年出版吳其濬所著的《植物名實圖考》。此種落花生條云：落花生詳本草從新；處處沙地種之。南城縣志俗呼番豆，又曰及地果。贛州志：「落花生一名長生果……」其長編落花生條載：「檀萃滇海虞衡志：落花生為南果中第一，其資於民用者最廣，宋元間與棉花番瓜紅薯之類，粵估從海上諸國得其種歸種之。」「呼棉為吉貝，薯曰地瓜，落花生為地豆，滇曰落花松。」

照以上的文獻看來，落花生顯然是在明末清初從外國傳入福建廣東的。但《滇海虞衡志》說是宋元間與棉花、番瓜、紅薯之類粵估從海上諸國得其種歸種之。則其傳入之時又提早了二三百年。而唐段成式所著的《酉陽雜俎》亦記載了花生，時間又提早了二三百年。若是明末清初傳入的，則顯然在哥倫布發現美洲之後。若唐朝即已有之，則雖仍是從外國傳入，但如何傳入，大是問題。近年的考古研究證明在哥倫布發現美洲之前，南美洲的土人曾自太平洋西岸順洋流漂流到南太平洋群島。這些南美洲的經濟植物便可以傳到東南亞再輾轉傳入中國。如此則落花生可能在唐代已經傳到中國，但尚未廣為栽種。廣為栽種還是明末清初的事。

但是否在浙江江西原始社會時代落花生便已經種植了呢？這還不敢肯定。在浙江江西古代遺址中所發現的落花生，可能是由於種種原因後來竄入的，而不是真正屬於這些遺址中的。一種最精確的研究方法便是用碳素同位素 C14 來斷定其古物的年齡，這方法

甚為精確。所斷定的年齡差距不過數百年。若不經過這種研究，便斷定浙贛兩省所發現的落花生是原始社會時代所種植的，那是不科學的。〔註2498〕

4月17日，胡先驌在政協會議上發言。

胡先驌發言，是列席「中國人民政治協商會議第三屆全國委員會第三次會議」小組會議上發言。歷史學家顧頡剛也參加是會，其《日記》記載：「九時，到人民大會堂，聽胡先驌、喬啟明及陳毅發言。十二時散，到政協禮堂飯。」〔註2499〕

4月17日，列席「中國人民政治協商會議第三屆全國委員會第三次會議」小組會議，其發言標題為《如何充分發揮中國科學院學部的作用——胡先驌同志（列席）的發言》，收集在《中國人民政治協商會議第三屆全國委員會第三次會議材料》，（1962年4月17日第1～6頁）。

讀了國家科學技術委員會黨組、中國科學院黨組關於自然科學研究機構當前工作十四條意見，具見黨對於積極發展我國的科學如何關心。在此次會上小組討論並聽到各位委員的發言，以及轉述的在廣州集會發言的情況，又聽說此次提案有四百餘起之多，其中必有許多案與發展科學技術有關。因此認識到政府十分重視科學技術的發展與提高，而感到興奮。我們科技人員如能深切體貼黨與政府的期望，積極努力，在若干年之後，企圖我國的科學接近或趕上國際水平，是有希望的。

中國科學院的職責，除了直接領導直屬的許多研究機構外，還負有為黨與政府作科學參謀的使命。則其工作應該不僅限於領導直屬的研究機構，而對於全國各方面直接或間接有關於科學的工作或事業，皆應高掌遠跖，見在幾先，預為策劃安排起指導與策動的作用。中國科學院在成立之初，對於各種科學約略分為幾類，由幾個副院長領導，後來漸覺業務紛繁，不是幾個副院長所能顧得到的，於是成立學部，發表了許多學部委員，定期討論各部內的科學工作，

〔註2498〕 《胡先驌全集》（初稿）第十四卷科學主題文章，第432～434頁。
〔註2499〕 胡宗剛著《胡先驌1962年列席全國政治協商會議》，公眾號註冊名稱「近世植物學史」，2022年10月01日。

數年來應已完成了許多重要任務，這是值得稱道的。但是否因學部的工作便使科學院完成了為黨與政府作科學參謀的使命呢？是否能夠高掌遠跖，見在幾先，對全國的科學事業，能按全國一盤棋的方針，起了指導與策動的作用呢？鑒於此次小組會的討論，大會的發言以及提案之多，我恐怕科學院的學部還未能充分發揮它的作用。

1. 高等教育與研究人才的培養。大躍進以來高等校院的數目大大增加了，但素質也降低了，科學院對於高等教育，似乎很少起指導的作用。尤其因為爭取高級人員，科學院與高等校院每每對立，因而科學院每每避嫌，不敢過問高等院校的事。當然緊密合作，互相協助也有很多的例子。但是對於高等校院的政策，是不肯過問的，也是避嫌的。現在舉一個例，某著名國立大學在大躍進的時候，改革課程，追求尖端，把植物分類學這門基礎課取消了，蘇聯專家為這事同其領導人反覆討論了四個鐘頭，後來在植物研究所座樓會又大聲疾呼，其時該系主任也在座，但結果這一偏差始終未糾正，而科學院學部也未作若何的努為。

關於研究人才的培養與分配，儘管科學院也覺得不滿意，但除對本院各所有所主張外，對各高等院校與教育部從未有若何明白的主張，對於送研究生到國外留學，除蘇聯外，從未有何計劃。實則不但瑞士、瑞典、荷蘭、比利時值得派入去留學，英國尤宜派留學生。我國最有成就的蕨類學家便是在丹麥留學的。而許多植物分類學工作者都是在英國皇家邱園留學的。英國也歡迎我們派留學生。現在國外植物學有一日千里的發展，派遣留學是有必要的，學部對於此事應積極負責。

2. 科學出版事業。科學出版事業，我認為是科學院學部應該積極努力的事。現在科學書籍出版的情況，是令人十分不滿的。由於過去幾年的偏差，一般老科學家都不願意編寫或翻譯書籍了。出版社的編輯一般水平都不高，而權卻抓得很緊。甚且對作者的態度異常惡劣（恕我不舉例，不過有這一句重話就夠了）。一部稿件積壓有至五年之久的。其癥結在於各出版社並沒有聘請一批有職有權的專業顧問，為之建議編寫或翻譯工作。又或吝惜稿費，組織了一大批人盡義務編纂如此重要的參考書如《辭海》，結果錯誤百出，水平甚

低，若正式出版，一定賊識到國外。這些事都是科學院學部所應當管的。

3. 這次我們幾個人提了一個成立百科全書編纂委員會編纂中國百科全書案。我國自唐宋以來都有編纂百科全書一類巨著的傳統。現在各文明大國都各編有適用於他們本國的百科全書，大英百科全書與蘇聯百科全書是著名的兩部。我國有極其豐富的文化遺產，而世界的文明進度極速，現在是我們編纂百科全書的時候了，我仍建議由中央文史館與中國科學院合組編纂中國百科全書委員會，此案若見諸實施，中國科學院的學部是要以全為支持的。

4. 國際文化交流與交換。人民政府成立以來，對於社會主義國家作了不少文化交流與交換工作。這是值得稱道的。但對與我國建了邦交的資本主義國家，這類工作卻作得很少。尤其是英國，文化水平就高，而過去同我國的文化關係又深，近年來一直表示要與我國交換植物標本，我們也迫切需要同他交換標本。荷蘭為研究編纂馬來植物誌的中心，我們與他交換標本比與東歐各國交換更有意義。我們雖邀請過少數西歐國家的科學家來華講學，但人數極少。而西歐各國，僅就植物學來說，其進步之速，並非我們所能懸揣的。多邀請些他們的學者來講學，說來是有益的。科學院去年應英國皇家學會的邀請，去訪問過，這是極好的事，但對其他友好的國家，也應該訪問。

5. 保護天然紀念物與建立國家公園。保護天然紀念物乃近代文明國家的一項要政，此次會上的發言與提案也都提及此事。同時也可以建立若干如水杉國家公園，熊貓國家公園等國家公園。但這要聯合中央各部院與地方當局擬訂條例，成立機構來管理的。這種要政也是科學院學部所要過問的。

6. 植物園。植物園是一項重要的科學事業。一般大國都有幾個著名的植物園。中國科學院先後接辦了並新創了幾個植物園；在這方面是有一定的成績的。但按全國一盤棋的計劃，還是應該按地區添設幾個植物園的，尤其是四川。現在雲南建立有兩個植物園，還擬建一個高山植物園，這是值得稱道的。但號稱天府之國而植物又極豐富的四川，卻一個植物園都沒有建立。科學院的生物學部應該

重視這事，擬定計劃由西南分院或地方政府盡速在四川建立一個植物園，同時也應該提倡在其他省份建立植物園。

7. 植物形態學的發展。在我國植物分類學是比較有成績的，所以才能承擔編集《中國植物誌》的責任。但植物形態學的研究卻甚為落後，且亦受到忽視。但這門植物學也是十分重要的，與植物分類學有相輔相成的作用。此門學科有成就的老科學家甚少，而研究範圍極廣如花果形態學只有一位專家，而且是年老多病的，我希望生物學都對於如何發展植物形態學加以重視。

8. 真菌學。現在真菌分類學的年老科學家只有三個人，而且青年人還要他們改作植保的研究。所以植物研究所可以計劃編制《中國植物誌》，動物研究所可以編纂《中國經濟動物誌》與《中國經濟昆蟲誌》，而真菌學家連一本中國真菌手冊都不能編寫。這種情況若不設法急於補救，真菌分類學在我國有斷種的危險。這個問題，生物學都應該極端重視，迅速求一妥善的辦法。

9. 鳥類誌與蟹類誌以及其他的專誌。中國動物分類學老專家如壽振黃教授的《華北鳥類誌》兩巨冊與沈家瑞教授的《華北蟹類誌》，都是二十多年前用英文發表的，我知道沈家瑞教授的《華南蟹類誌》的稿也在二十年前就寫好了，圖也畫好了，但未出版。這兩部重要的動物分類學著作在解放以後並未重用中文編寫發表，原來的英文版也未翻印過，現在舊有的本子恐怕由於國際交換也沒有幾本存在了，一般新興的大學圖書館與地方圖書館內恐怕都沒有，這對於培養下一代的動物學分類工作者與充實高等院校是如何不幸的事。現在動物所固然有編纂經濟動物誌的計劃，而所刊布的黃海渤海的魚類報告等也是重要的著作，但重寫華北鳥類誌與中國蟹類誌在原有的基礎上是不大困難的。這些事科學院的生物學部是應該重視的。

以上所舉的不過是若干重要問題，一半以上是關於科學院生物學部的。關於其他學部的問題一定不少，此處不能也不想多提了。我想若要中國科學院各學部能充分發揮他們使科學院能成為黨與國家的科學參謀部的作用，則學部的一切活動是要大大加強的，所言是否恰當，敬請指教。〔註2500〕

〔註2500〕《胡先驌全集》（初稿）第十四卷科學主題文章，第435～438頁。

4月18日，胡先驌在政協會議上講話引起周恩來總理重視。

　　胡先驌之言論，當時也獲得高層當政者之重視，第二天國務院總理周恩來在政協會議上發表講話，有言：「昨天胡先驌先生的講話，我當時就把他的講話稿送到科學技術委員會去了，請聶榮臻副總理去研究辦理。我也要保留一點意見，也要看一個時期，曉得科委是否真正研究照辦呢！所以，不僅是發言人本身要看看，就是我們主持事物的人也要看看。當然，不是所有的意見都能夠馬上做的，有的還要斟酌，有的還有準備條件，但都要認真進行研究。」（《周恩來選集》下卷，人民出版社，1984年）胡先驌意見，最終是否有所落實，不得而知；但如此言論讓科學院具體負責人員甚為難堪，邀請其列席會議者，或為科學院之決定，故其後不再作類似之邀請。無論如何，今日讀胡先驌之言，可作中國近代動植物學史料來閱讀。〔註2501〕

1962年春北京中國科學院植物研究所

胡先驌致辛樹幟信函

11月7日，胡先驌致辛樹幟信函。

　　樹幟先生惠鑒：

　　　　久別為念，昨奉大著，我國果樹的研究一書，考證詳明，徵引繁富，讀之得益匪淺。但亦有若干懷疑之處，俟終卷後，提出以供商榷。

　　我前些時間開始草擬，我國水稻之起源一文，覺丁穎院長之主張不能成立。惟因老病侵尋，尚未卒業，草完後，擬寄上，徵求意見。即請酌送某種農業學報出版為感。中國農產品起源問題極為複雜，牽涉古籍甚廣，非舊學淹貫而又有現代的科學就知的專家不能考訂，公與石聲漢光生的貢獻大矣！

　　專此敬頌

　　撰棋

　　　　　　　　　　　　　　　　　　　弟　胡先驌　拜啟

　　　　　　　　　　　　　　　　　　　1962.11.7〔註2502〕

【箋注】

　　辛樹幟（1894～1977），字先濟，湖南省臨澧縣人。農業教育家、生物學家和農史學家。1915年考入武昌高等師範學校（武漢大學前身）生物系。1924年負笈歐洲，自費入英國倫敦大學學習。1925年轉入德國柏林大學專攻生物學。1928年返回國內，出任廣州中山大學生物系教授兼系主任。1932年出任國民政府教育部編審處處長。1933年教育部編審處擴充為國立編譯館任館長。1936年任國立西北農林專科學校校長。1938年西北農林專科學校易名西北農學院，繼任院長。1946年任國立蘭州大學校長。晚年從事農業科學、古農學研究，撰有《中國果樹歷史的研究》等著作，為中國農史研究作出了重要貢獻。

施滸編，胡先驌審《種子植物形態學辭典》

〔註2502〕胡啟鵬輯釋《胡先驌墨蹟選》（初稿），2022年2月，第134～135頁。

11月，施滸編，胡先驌審《種子植物形態學辭典》，科學出版社初版。

內容提要

本辭典共收詞約 720 餘條，插圖 396 幅，包括種子植物形態學中重要的詞彙和與形態學有密切關係的基本詞彙。各詞彙均以簡單扼要的文字加以說明，有些還附有圖片。本辭典以漢語拼音字母順序編排，漢文詞彙後注出相應的俄文和英文。為了便於檢索，附有漢語拼音字母表、漢語詞彙首字拼音檢字表、俄漢詞彙索引及英漢索引。

前言

植物學是一門較大的學科，在其發展過程中已經分化為許多較細的科目，如植物形態學、植物解剖學、植物生理學、植物分類學、植物病理學、植物生態學、植物地理學、地植物學和古植物學等。我室前已決定分科出版這類辭典，以應急需，但因為目前名詞室工作調整關係，只將種子植物形態學辭典印出，作為單行版本問世，其他分科的辭典暫不擬出版。

本書內容除對種子植物形態學詞彙作簡明的解釋外，還根據需要附有圖片。每條漢名詞均加注相應的俄文和英文。漢名注有漢語拼音，並按照漢語拼音字母順序編排。

植物形態學內容比較廣泛，與植物學其他各科學的關係至為密切，因此，對所收詞彙在個別詞義的解釋上，雖力求從種子植物形態學的角度出發，但有的內容還要或多或少地聯繫到解剖學、生理學、分類學、細胞學和生態學等方面的知識，我們感到這樣作還是必要的。

本辭典在質量方面，雖經很大努力，但我們水平有限，經驗不足，缺點和錯誤之處，仍恐難免。我們誠懇地希望讀者提出寶貴的意見，以便今後重版時提高這部辭典的質量。來函請寄北京朝內大街 117 號。

中國科學院編譯出版委員會名詞室

1962 年 7 月

編訂條例

一、本辭典是以漢語詞彙的拼音字母順序排列的。為了便於從漢字查拼音，特附有漢語拼音字母表及漢語詞首字拼音檢字表。

二、本辭典漢語詞彙後注有相應的俄文詞彙和英文詞彙。書後另附俄漢詞彙索引和英漢詞彙索引。

三、本辭典本版選入詞彙約 720 餘條，均係種子植物形態學中通用已久、用途較廣的詞彙。與種子植物形態學有關的某些詞彙亦酌予收入。

四、凡與漢語詞彙相對應的外文詞彙不止一個的，僅選用其較確切的注出。

五、本辭典正文中方括號【 】裏面的字是可用或可略的字；圓括號（ ）裏面的字是注釋。

12 月 13 日，胡先驌致關克儉信函。

克儉同志：

我需要參者考 Sterculia pexa 的標本，請檢出連同傅書遐、鄭斯緒二人所帶的對象，一同交小桃送來。

專頌

日祉

胡先驌

十二月十三日〔註 2503〕

【箋注】

關克儉，北京植物研究所研究員。與俞德濬、陸玲娣、谷粹芝、李朝鑾編著《中國植物誌第 36、37、38 卷（薔薇科、牛栓藤科）》1987 年獲得院科技進步一等獎。

是年，向外國投稿需請示。

胡先驌與國外學術界一直保持比較密切聯繫，來往信函較多，如向國外刊物投稿、給國外同行寄送書籍、提供標本等。審查制度實施之時，胡先驌當然照章辦理。但是，辦理次數多了之後，因他不常到所坐班，為節省麻煩，也就沒有經過這些手續，而由他自己徑直寄出，而國外來件也是直接寄到其寓所。植物所之所以任由胡先驌自行處理，還在於尊重胡先驌的學術聲望。1962 年胡先驌寫出《中國山茶屬與連蕊屬新種新變種（一）》一文，並請植物所繪圖員

〔註 2503〕 胡啟鵬輯釋《胡先驌墨蹟選》（初稿），2022 年 2 月，第 139 頁。

馮晉庸繪製兩幅彩色圖版，即向國際山茶學會所屬刊物投稿。由於
郵件中有兩張圖版，被海關扣下退回，胡先驌只好再請植物所代他
設法付郵。植物所分管副所長林鎔以為該文最好在國內先發表，然
後再改寫成通俗文章投向國外。其時學界認為，在國內發表高水平
論文，是國家的驕傲。胡先驌當然遵照執行，該文於 1965 年發表在
《植物分類學報》第十卷第二期上。刊出之後，植物所如諾將改寫
之文章提請科學院聯絡局批准外投。〔註2504〕

是年，1962 年工作總結和 1963～1967 年規劃提綱

1962 年的工作總結：

1. 樺木科與榛科誌原訂於 1962 年第一季度完成，後得新疆八
一農學院楊昌友教授來信說，他在新疆發現了不少樺木屬的新種及
新分布；此項材料十分重要，現等待此項標本寄到，加以研究後，
加入原稿。已商得陳煥鏞先生的同意，將樺木科與榛科植物誌在
1963 年第 4 季度完成交稿付印。

2. 朴屬由於各方面標本還未寄齊，故改在 1963 年底完成其研
究。

3. 海南島植物誌審查稿已完成。

4. 山茶科的研究亦有新的安排，山茶屬的研究改為楊桐屬、安
納士木屬，紫莖屬，赫德木屬，與石筆木屬的研究，一年中已獲得
十分滿意的結果，已發現研究並描述了楊桐屬幾近 30 個新種。將前
人的研究大加推進，赫德木屬發現了 16～17 個新種。安納士木亦發
現了十來個新種，石筆木屬 2 個新種，紫莖屬 3 個新種，現在研究
當在繼續進行。結束後，對這幾個屬當有徹底改觀。

1963 年～1967 年的工作規劃：

1963 年底樺木科和榛科誌交稿付印。

1963 年底朴屬研究完成。

1963 年將樺木科與榛科各屬的新種發表。

1963 年將山茶科的楊桐屬研究完成，並發表新，同時將發表山

〔註2504〕胡宗剛、夏振岱著《中國植物誌編撰史》，上海交通大學出版社，2016 年 9
月版，第 120～121 頁。

茶屬一部分新種。

1964 年將朴屬新種發表，並指導王蜀秀將楊桐屬、朴屬外的其他各屬研究完畢。

1964 年將山茶科的紫莖屬、赫德木屬、石筆木屬。

木荷屬。柃屬的新種發表。

1965 年完成山茶屬，連蕊茶屬、茶屬等屬的研究並發表其新種。

1966 年完成山茶科植物誌交稿付印。

1967 年開始研究安息香科各屬。〔註 2505〕

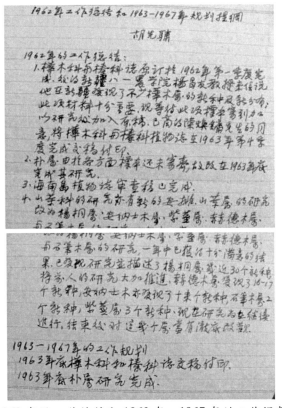

1962 年的工作總結和 1963 年～1967 年的工作規劃

是年，關注胡先驌研究成果。

在 1962 年，樺木科著述基本完成。又筆者曾聞之於科學出版社之曾建飛先生，「文革」尚未開始時，其自中山大學生物系畢業，剛

〔註 2505〕 胡啟鵬輯釋《胡先驌墨蹟選》（初稿），2022 年 2 月，第 256～259 頁。

來出版社工作，常到胡先驌家中，聯繫書稿出版事宜。有人擬將山茶科交給不曾對此科有研究者審稿，為胡先驌所不滿。曾建飛是中山大學張宏達的學生，便提議請其師審稿，胡先驌欣然贊同。由此可知，在「文革」前胡先驌之於山茶科編寫，也已完成。其後，不知何故，山茶科在重新編寫時，就與胡先驌沒有關聯。而樺木科在正式出版時，也與胡先驌失去關係。此中經過在編委會的檔案中，卻有蹤跡可尋。「文革」之前，胡先驌在與美國華盛頓斯密森研究所之和嘉通信中，常言及自己所從事植物誌撰寫之事。胡先驌去世之後，1972 年和嘉向植物所致函，詢問胡先驌所纂植物誌情況，其云：「在我從胡教授那裏收到的信裏，都是他正在準備關於植物誌編寫。就目前講這些東西是沒有發表的，這些關於植物學基本研究資料，我早就希望得到並使用它。如果這些資料沒有留給將來的植物學家，則太遺憾了。」〔註 2506〕在檔案中保存了植物所回函底稿，則云：「胡先驌教授在 1968 年逝世前，長期重病，因此使他不能進行很多工作。他生前從事過的樺木科、山茶科和榆科分類學工作，現在正由一些年輕的植物工作者繼續進行著。」其時，與國外學術交往幾乎中斷，而中美關係開始緩和，否則，和嘉之函有可能遭到置之不理待遇。此雖然得到回覆，但所言與事實有距離，和嘉之擔憂不是沒有根據。〔註 2507〕

是年，胡先驌向國外投稿件轉向國內發表。

1962 年胡先驌寫出《中國山茶屬與連蕊屬新種新變種（一）》一文，並請植物所繪圖員馮晉庸繪製二幅彩色圖版，即向國際山茶學會所屬刊物投稿。由於所附二張圖版，被海關扣下退回，胡先驌只好再請植物所代他設法外寄。植物所分管副所長林鎔以為該文最好在國內先發表，然後再改寫成通俗文章投向國外。其時學界認為，在國內發表高水平論文，是國家的驕傲。胡先驌當然遵照執行，該文於 1965 年發表在《植物分類學報》第十卷第二期上。刊出之後，

〔註 2506〕 和嘉致中科院植物所函，1972 年 5 月 15 日，中國科學院植物研究所檔案。
〔註 2507〕 科院植物所復和嘉函，1972 年 7 月，中國科學院植物研究所檔案。胡宗剛、夏振岱著《中國植物誌編撰史》，上海交通大學出版社，2016 年 9 月版，第 206 頁。

植物所如諾將改寫之文建議科學院聯絡局批准外投。〔註2508〕

編年詩:《宇宙航行歌》。

1963 年（癸卯） 七十歲

2月14日，中國林學會提出林業工作建議。

中國林學會 1962 年學術年會提出《對當前林業工作的幾項建議》，建議包括：1. 堅決貫徹執行林業規章制度；2. 加強森林保護工作；3. 重點恢復和建設林業生產基地；4. 停止毀林開墾和有計劃停耕還林；5. 建立林木種子生產基地及加強良種選育工作；6. 節約使用木材，充分利用採伐與加工剩餘物，大力發展人造板和林產化學工業；7. 加強林業科學研究，創造科學研究條件。建議人有：王愷(北京市光華木材廠總工程師)、牛春山(西北農學院林業系主任)、史璋（北京市農林局林業處工程師)、樂天宇（中國林業科學研究院林業研究所研究員)、申宗圻（北京林學院副教授)、危炯（新疆維吾爾自治區農林牧業科學研究所工程師)、劉成訓（廣西壯族自治區林業科學研究所副所長)、關君蔚（北京林學院副教授)、呂時鐸（中國林業科學研究院木材工業研究所副研究員)、朱濟凡（中國科學院林業土壤研究所所長)、章鼎（湖南林學院教授)、朱惠方（中國林業科學研究院木材工業研究所研究員)、宋瑩（中國林業科學研究院林業機械研究所副所長)、宋達泉（中國科學院林業土壤研究所研究員)、肖剛柔（中國林業科學研究院林業研究所研究員)、陽含熙（中國林業科學研究院林業研究所研究員)、李相符（中國林學會理事長)、李蔭楨（四川林學院教授)、沈鵬飛（華南農學院副院長、教授)、李耀階（青海農業科學研究院林業研究所副所長)、陳嶸（中國林業科學研究院林業研究所所長)、鄭萬鈞（中國林業科學研究院副院長)、吳中倫（中國林業科學研究院林業研究所副所長)、吳志曾（江蘇省林業科學研究所副研究員)、陳陸圻（北京林學院教授)、徐永椿（昆明農林學院教授)、袁嗣令（中國林業科學研究院林業研究所副研究員)、黃中立（中國林業科學研究院林業研究所研究員)、

〔註2508〕 胡宗剛著《嚴加審查之下之國際學術交流之二：胡先驌擅自向國外投稿》，公眾號註冊名稱「近世植物學史」，2022 年 02 月 26 日。

－2453－

程崇德（林業部造林司副總工程師）、景熙明（福建林學院副教授）、熊文愈（南京林學院副教授）、薛楹之（中國林業科學研究院林業研究所副研究員）、韓麟鳳（瀋陽農學院教授）。〔註2509〕

3月8日，胡先驌致辛樹幟信函。

樹幟先生惠鑒：

昨日奉到大著《禹貢新解》，洵為治我國上古史地及政制一部有科學根據的著作，欽佩無似。驌舊學荒落，連年臥病，又困於應接不暇的本專業研究工作，故對此問題，不敢妄表意見。今讀各專家之言論，大得啟發，輒妄作一局外人之一二評語，以供參考，幸勿公開發表為要。

公主張此篇係西周時所作，頗有充分理由。一部分學者習聞殷墟文化，遂以為此書非西周政制之計劃，或又以為上古人口稀少，西周統治不及禹貢所舉疆域之廣，實則殷商在後期已為一強大帝國，征伐所及，不但遠達於淮河流域，而且已至西南。高宗伐鬼方，鬼方即貴州。今貴州安順有一著名之紅岩碑，造語質樸簡古，書法雄強奇肆，與卜文大不相類。清嘉慶間張澍，道光末鄒漢勳，光緒間陳矩，劉心源先後考訂此碑文字，及斷為殷高宗伐鬼方得勝後與鬼方勒銘所立。祁寯藻曾作一《紅岩碑歌》，友人許石柚考訂更詳，驌亦繼作一《紅岩碑歌》贈之。又有龍紋鳥篆及雷紋翔鷺鼓，任可澄謂世有巫咸造銅鼓語，巫咸為殷中宗之臣。明萬曆巡撫曾省吾，獲銅鼓至九十三面之多，皆鑄造奇文，無作小篆或八分書者。殷代兵力及政治力量，西南既已深入貴州，而紂王末年則以全力經營東夷，至有億萬東夷奴隸軍隊，以至在朝歌一戰而瓦解，則其兵力之強，人口之眾，似遠非後人臆斷所及。而周文王以西伯得天下三分之二以服事殷，太王亦分封太伯仲雍於吳，至武王伐紂，諸侯不期而會者八百，一舉而克紂之強大奴隸軍，則其兵力與人口當亦不少。故在周公立封建制之後，雖王畿不過千里，而九州之設制或亦可能，此皆公與各學者所宜注意者也。關於太伯仲雍事可參看南京博物院

〔註2509〕 王希群、傅峰、劉一星、王安琪、郭保香編著《中國林業事業的先驅與開拓者——唐燿、成俊卿、朱惠芳、柯病凡、葛明裕、申宗圻、王愷年譜》，中國林業出版社，2022年3月版，第177～178頁。

曾昭燏女士關於江蘇省考古報告。

此外尚有一點為諸家所未談及者，即我國三千年前之氣候遠較今日為溫暖而潮濕，動植物亦遠為繁多。蓋地球現處於一萬年間冰期之秋季（據地質家言），則三千年前當間冰期之夏季，故動植物皆及繁茂，雨水亦多，農業開發自以治水與開發山林為要政，故以鯀禹治水而益掌火，驅虎豹犀象而遠之。其時山林中之動物不但有象，而且有犀，二者皆熱帶動物。韓奕詩所舉有黃羆，古代亦習以熊羆並舉，羆究屬何物，今已不能確指，昔訓以人熊，而熊類非無似人而色黃者。近年有雪人之傳說，我國歷代筆記亦有野人之記錄（《閱微草堂筆記》即有一條記野人）。友人認為乃尼安得託人之幸存者，其似人而力大如熊，體多毛而色黃，殆真野人。在三代時，此種野人或尚殘存於山林中，亦猶山越有人謂為小黑人，亦殘存於東吳丹陽，今皆不見矣。古代我國動物今已滅絕者，當非一種，潮州之鱷魚即其一。又閱某筆記，知潮州昔時尚有一種小象，牙色紅，今亦久已滅種矣。

《穆天子傳》或非贋作，今已考知西王母乃新疆一地名，古代天子巡狩，穆王曾親遊西域，亦意中之事。

拉雜書來，不覺累紙，期能供參考之用。驌近年研究山茶科，大有所得，研究雲南、廣西、貴州所產標本，不斷有所發現，今以近作一篇就正。又歷年作舊詩不少，今刪存《懺庵詩稿》一冊，一併奉正。惟年已老大，思想不免落後，僅供老友玩賞，切勿傳示他人為要。

專此敬頌

時綏

弟　胡先驌　拜啟

三月八日（1963 年）〔註 2510〕

4 月 10 日，胡先驌致龍榆生信函。

榆生先生左右：

久未通候，想興居多吉，為頌為慰。開歲承惠贈大作《近三百年詞選》新版，至為感荷。臺從以詞壇老宿操選政，自非時流所能

〔註 2510〕胡宗剛撰《胡先驌先生年譜長編》，江西教育出版社，2008 年 2 月版，第 620～621 頁。

及，屏顧太清而錄呂碧城，即見卓識。然去取與鄙見有出入，似未盡其所長，想為篇幅所限耳。

聞之友人，碧城共姊妹四人皆能文，姊惠如，清楊妹眉生小傳雲三人，何以稍異，其先世如何，有兄弟否？其與袁寒雲有何關係？如有所知，均請相告。每謂碧城為近代易安，乃三百年來所未有，而知之者特寡，每欲抽暇作一文評，年老多病，欲作輒止，終希能一鼓餘力，成此願也。《詞選》舊錄陳蒼虯，新版捨之，想為政治原因，其詞集能代覓得否？四川周癸叔先生岸登著有《蜀雅》，以夢窗、草窗為宗，號二窗詞客，雖過於典麗，亦一代作者。同鄉王簡庵教授易，久入宋人之室，為近世詞宗，而南城歐陽先貽教授祖經，於抗日戰爭中，成《曉月詞》四卷和《庚子秋詞》，悲壯激烈，媲美稼軒，竟非半塘、彊邨所能及者，尤宜鄭重選錄者。袁寒雲詞令撫花間，雖格稍卑，然可亂楮，亦在可錄之列。三版時宜並徵錄也。

　　專此敬頌

著綏

先驌 拜啟

四月十日（1963 年）〔註2511〕

胡先驌致龍榆生

〔註2511〕 胡宗剛撰《胡先驌先生年譜長編》，江西教育出版社，2008 年 2 月版，第 622 ～623 頁。

4月19日，胡先驌致龍榆生信函。

　　榆生先生惠鑒：

　　　　四月十三日手書奉悉，周癸叔先生之《蜀雅》及袁寒雲詞即將郵寄，採錄後請寄還；簡庵詞為宗匠，曾有手寫定稿，即楷法，亦足傳世，又輯有《詞艘》，今皆存其哲嗣湖南農學院（長沙南門外）教授王述綱處，試作書告以舊誼並選詞之意，借來一用，或能得其同意，亦未可知。手邊只有其題《曉月詞》一闋，並《藕孔微塵詞》若干首，此卷皆為集句，有鶯啼序集疆邨句等，為黃季剛先生所驚歎，當錄呈，並附李證剛教授（翊灼）數闋，證剛先生一代佛學大師，而詞諧婉似玉田，亦不可不傳於世也。《曉月詞》當酌錄十餘闋，以供採擇。

　　　　專此敬頌

　　著祺

胡先驌 拜啟

四月十九日（1963年）〔註2512〕

5月8日，胡先驌致龍榆生信函。

　　榆生先生惠鑒：

　　　　前寄一書，計已早達。頃囑友人抄錄歐陽祖經（先貽）教授《曉月詞》若干首。歐陽先生歷任江西南昌圖書館館長，南昌大學史學系教授，蘭州大學教授，專研東亞各國史及詩詞，今年八十，精力尚不衰，可佩也。另有王簡庵教授《藕孔微塵詞》數首集句，竟成《鶯啼序》巨篇，無怪黃季剛先生傾服，惜他作手邊不存，宜向其世兄索取原稿選錄。李證剛先生詞亦僅一鱗半爪，然皆可錄。周癸叔先生之《蜀雅》集，袁克文之《寒雲詞》一時均未能覓得，容後撿寄。今寄上張伯駒之《叢碧詞》，君為貴公子（財政部長張弧嵒杉之子，與袁寒雲為表兄弟），而詞格較寒雲為高，英年時頗享盛名，今年近古稀矣，北籍詞家應推第一，選錄後請寄還。

　　　　專此即頌

　　撰祺

〔註2512〕　胡宗剛撰《胡先驌先生年譜長編》，江西教育出版社，2008年2月版，第623
　　　　　　頁。胡啟鵬輯釋《胡先驌墨蹟選》（初稿），2022年2月，第136頁。

－2457－

　　　　　　　　　　　　　　　　　　　　胡先驌 拜啟

　　　　　　　　　　　　　　　　　　五月八日（1963 年）

　　《蒼虯閣詩詞》均已收到，蒙割愛，謝謝！又及。再啟者：潘伯鷹先生近況如何，病已愈否？意欲請為書一便面，如不能執筆，則請沈尹默先生一書，沈先生亦老友也。又及。〔註2513〕

5月8日，胡先驌致金兆梓信函。

　　子敦學長兄侍席：

　　　　音問睽隔，倏踰歲年，近聞出長上海市文史館，復任中華書局滬局總經理，具見聲光，老而益耀，佩仰奚如！弟十餘年來，沉酣專業，幸薄有收穫，不以老病而廢，亦足告慰於故人者。自惟弱冠美翰，逾四十年，自《學衡》時代，即創作近代評論文，如《評胡適嘗試集》《讀鄭子尹巢經巢詩集》《評趙堯生香宋詞》《評錢基博中國近代文學史》等十萬言，頗為士林所稱；而平生所作五七言詩，經汰存後尚存五、六百首，如《水杉歌》《任公豆歌》《佛光》《宇宙航行歌》《靖州遊草》《武夷山歌》等等，似皆能抗手昔賢，別創新體，可以傳之後世而無愧。其有關時忌之處，亦已細為刪訂，久擬付諸梨棗；而私人無此力量，且亦無此機會。幸《水杉歌》經陳仲弘副總理品評，已為當代讀者所共知。今謹寄呈《靖州遊草》一冊，敬乞斧削，亦請與編輯部同人一商，可否由中華書局代為印行詩文集，如印行陳叔通先生之《百梅書屋詩存》者。若今年有困難，不妨期以明年；若以人微，必須大力者為之介紹，亦請坦言示知，以便尋求領導人一薦牘。熊十力先生畢生治唯心之學，而其著作如《唯識論》《乾坤衍》多種，皆以董必武副主席之力，得以印行，其《新唯識論》且經毛主席以二十冊送與印度。弟之詩文固非熊先生之巨著可比，然問世亦無妨礙，請惟吾兄助一臂之力為感。

　　　　耑此候復

　　敬頌道綏

　　　　　　　　　　　　　　　　　　學弟 胡先驌 拜啟

　　　　　　　　　　　　　　　　　　　　五月八日

〔註2513〕 胡宗剛撰《胡先驌先生年譜長編》，江西教育出版社，2008 年 2 月版，第 623 ～624 頁。

　　金兆梓雖為上海編輯所主任，但並不能決定出版圖書的選題，乃將胡先驌所請，提請上海市出版局黨組，出版局黨組作出婉言謝絕意見，而請中共上海市委宣傳部最後決定。其致組織部之函云：「胡先驌給金兆梓的信中舉北京中華書局為陳叔通印行《百梅書屋詩存》為例，大有非替他出版不可之意，語氣極端狂妄。查《百梅書屋詩存》確係北京中華書局出版，由新華書店經售，但從政治上考慮，胡是不能與陳相比擬的。胡先驌的詩，從胡寄給金兆梓的《靖州遊草》（在日本時作）來看，他的詩實在並不高明，這些詩堆砌排比，不但毫無意義，且多有崇拜外國（日本），鄙視自己（中國）的字句。胡致金信，另附參考。關於胡先驌的舊詩出版問題，我們亦擬婉言謝絕。」中共上海市委宣傳部及統戰部均同意上海市出版局處理意見，胡先驌願望落空。〔註2514〕

5月22日，胡先驌致龍榆生信函。

　　榆生先生惠鑒：

　　　接奉五月十九日手書，敬悉一是。歐陽先生現居北京王府井大街大紗帽胡同溝沿 11 號，先生年逾八十，而尚勤學，近且作有《論段氏說文解字注》之文，為詩詞亦精力不衰，至為可佩。王簡庵先生為近代詞家宗匠，早年與其弟王然父浩曾合刊有《南州二王詞》，託體稼軒、龍州，後皆捨去，一意為南宋張姜，當行出色，雖不及王朱，以視惠風無愧色，而心事細密，曾成小樓連苑一詞，全體迴文，殊堪驚歎也。

　　　論呂碧城文，容遲日起草，病後不敢多用心思，而本業又極忙迫，故迄未執筆。前悉徐珂曾輯刊《小檀欒室閨秀詞》，未曾寓目，不知亦有大手筆否？嘗謂呂君為三百年女詞人第一，得無過誇貽笑，尚希垂教為幸。新建勒公我《太素齋詞》，亦甚騫舉，曾見之否？惜手中已無其集。而先外祖歙縣鄭公伯庸由熙，有《蓮漪詞》，為譚仲修詞友，兼作有《霧中人傳奇》三種，亦咸同間大家，其《晚學齋集》為先父所校刊，惜手邊《蓮漪詞》已失去，不知此集尚有法覓

〔註2514〕胡宗剛著〈不朽之胡先驌——寫在《胡先驌全集》出版之際〉，公眾號註冊名稱「近世植物學史」，2023 年 05 月 24 日。

得否？江西圖書館或有之也。簡庵詞除寄奉者，尚可多錄，故向其世兄索借其稿一觀如何。

船山詞未見，以其氣節與學問，所成必非凡響，湘音鈞輈格磔，自難使之協律也。

專此敬頌

撰安

胡先驌 拜啟

五月廿二日（1963 年）

伯鷹竟患不治之症，聞之怛然，便中代為問候。沈翁本舊交，在重慶時曾蒙寫一詩卷見贈，似尚許為知音，今皆至暮年，又望得其手跡為紀念也。又及。〔註2515〕

6月14日，胡先驌致龍榆生信函。

榆生先生惠鑒：

頃將周癸叔先生所著《蜀雅》撿出，茲特寄上，用畢乞寄還。前託代請沈尹默先生書一便面，如取得即希寄下為感。

此頌

時綏

胡先驌 拜啟

六月十四日（1963 年）〔註2516〕

6月，出版社干涉學報編輯部的職權。

開展「五反」運動，中科院植物所老先生們座談，對科學出版社提了不少意見。秦仁昌、胡先驌、陳煥鏞、匡可任、姜恕等都有發言。此時，《植物分類學報》復刊，繼續由出版社出版。秦仁昌說：「出版社干涉學報編輯部的職權，越俎代庖。主編簽了字發稿不執行，他說拉下來就拉下來。他們在技術上不注意，卻在學術上指手劃腳，他們把自己的職權究竟多大忘記了。」〔註2517〕

〔註2515〕 胡宗剛撰《胡先驌先生年譜長編》，江西教育出版社，2008 年 2 月版，第 624～625 頁。

〔註2516〕 《胡先驌全集》（初稿）第十七卷下中文書信卷，第 512～513 頁。

〔註2517〕 胡宗剛、夏振岱著《中國植物誌編撰史》，上海交通大學出版社，2016 年 9

夏至，馬宗霍為《懺庵詩稿》作序。

> 余初識胡君步曾於金陵，君年甫及壯，治植物學已大有聲，餘事為詩，才思芳發，並時名能詩者，未能或之先也。於時所見多七言近體，別三十年重晤於燕京，出示《靖洲遊草》，則皆五言古體，俄又以其懺庵全稿來，乃無體不備，且無體不工。世咸知君以植物學名家，少有知其能詩者，余雖知之早，亦至是始獲盡窺其蘊也。君於詩自云宗宋，初從山谷入，微覺律度過嚴，無以自騁，轉而向東坡，又懼其縱駛或軼衔也。於是亦蘇亦黃，靡之呴之，久之頗欲，融而為一。其於他家雖或旁有所挹，歸趣終不越是也。既復念宋出於唐，唐之杜韓則蘇黃之所哺乳，因又由蘇黃以撢杜韓，而於少陵浸饋尤深雲。今觀集中諸制，抒志見襟報，述懷見性靈，寓興則旨遠辭微，論事則推見至隱，或託古以方人，或體物而窮理，要皆緯之以識，詩中有一我在。蓋已絕去町畦，自成為步曾之詩，杜韓蘇黃筌蹄而已。兼以西涉重瀛，踐歷多異，旅遊所得，盡發乎詩，即目會心，有昔賢意境所未到者。故往往馳思域表，弋句象外，冥心獨造，眇合自然。斯又袁山松所謂山水有靈，亦當驚知己於千古者矣。君長余三齡，以今歲之夏躋年七十，而吟詠不匱，彌習彌佳。《詩緯·含伸霧》曰：「詩者，持也。」持其志所以養其氣，養其氣所以永其年。余因題君詩而即以為君壽，知君亦將把卷引觴而以自壽也。

> 癸卯夏至前三日衡陽馬宗霍〔註2518〕

7月，《中國森林樹木小誌（一）》文章在《植物分類學報》雜誌（第8卷第3期，第197～201頁）發表。摘錄如下：

1. 提琴葉賀得木

雲南：允景洪，橄欖壩，生於混生林中，喬木，高10米，果褐色，常見，王啟無79862號（模式標本），1938年10月。

上種似與 H. tonkinensis H. Lec. 相近似，不同處在於其甚大倒卵

月版，第112頁。

〔註2518〕 胡先驌著、錢鍾書選編《懺庵詩稿》，張效彬題籤書名，黃曾樾為扉頁題籤，第4～5頁。熊盛元、胡啟鵬編校《胡先驌詩文集》（上下冊），黃山書社，2013年8月版，第5～6頁。

狀矩圓形至提琴形葉。

2. 長序梗賀得木

雲南：尤景洪，蠻上，生於混生林中，喬木，高 35 尺，直徑 1.5 尺，果綠色，王啟無 78572 號（模式標本），1956 年 9 月。

此種與前種相近似，不同處在於其較小矩圓形至橢圓形葉，與較大的圓錐狀果序。

3. 貴州椴

貴州：遵義，南黔山，生於向陽山坡密林中，果綠色，川黔隊 1000 號（模式標本），1956 年 8 月 17 日。

此種葉形與廣東、廣西所產的克氏椴（T. croizatii Chun et Wang）近似，不同處在於很窄的苞片和球形的果實；與江西、湖南的大齒椴（T. endochrysea Hand-Mazz），福建的歪葉椴（T. scalenophylla Ling），與江西的葡萄葉椴（T. vitifolia Hu et Chen）不同處在子葉有較小的齒。

4. 雲南玉蕊

雲南；河口，南溪，小南溪，生於密林中，喬木，高至 15 米，直徑 15 釐米，中游採集隊 2745 號（模式標本），1956 年 6 月 8 日；允景洪，蠻雅，生於混合林中，喬木，高 10 米，直徑 75 釐米，果綠色，王啟無 79021 號，1936 年 9 月；同地，大猛龍，生於谷底混合林中，果大，果序長，下垂，王啟無 77875 號，1936 年 8 月。

此種屬於 Agasta 組，與過去認為單生的 B. asiatica Kurz 不同處在於有葉柄及帶圓細齒的葉，與特長的總狀花序，甚短的花梗，甚小的萼片與甚小的橢圓狀果。

5. 梭形果玉蕊

雲南：馬關，干溝，開闊林木邊緣，小喬木，高 7 米，直徑 10 釐米，中蘇採集隊 3313 號（模式標本），1956 年 6 月 10 日；金平，猛喇，生於密林中，小喬木，中蘇採集隊 435 號，1956 年 4 月 13 日；同地，在開闊森林中，喬木，15 米，花白色，中蘇採集隊 447 號。1956 年 4 月 13 日；同地，分水老岑，生於開闊林木中，喬木，高 10 米，直徑 14 釐米，中蘇採集隊 1161 號，1956 年 5 月 11 號；允景洪，生於混生林中，喬木，高 30 米，直徑 1 米，木材紅白色，果綠色，王啟無 79495 號，1936 年 10 月。

此種屬於 Doxomma 組，與 B. annamica Gagn.相近似，不同處在於其全緣葉有較短的葉柄，橢圓形的花萼裂片與無翅的果。

6. 宜豐桴木

江西西北部：宜豐，生山坡上，喬木高 8 米，少見，熊傑 4368 號（模式標本），1957 年 7 月 10 日。

此種與亦產於江西南部的桴木（M. xylocarpum Hand.-Mazz.）相近似之處在其倒卵狀橢圓形之葉，不同處在遠為較小之陀螺形的果。〔註 2519〕

《皺果茶——中國山茶科一新屬》文章

10 月，《皺果茶——中國山茶科一新屬》文章收錄在《中國植物學會 30 週年年會論文摘要彙編》，第 99～100 頁。摘錄如下：

皺果茶 Rhytidocarpa Hu.新屬。Camellia L. sect. Pseudocamellia Sealyin Revis. Gen. Camellia p.147（1958）。

花具兩性，有梗。萼片 5 至 7 個，在果時宿存。花瓣 7 個，基部黏合。雄蕊多數，成數輪，外輪花絲基部連合而附著於花冠基部，內輪分離，花藥丁字形著生，幾球形，2 室，外向直裂。子房 3 至 5

〔註 2519〕張大為、胡德熙、胡德焜合編《胡先驌文存》（下卷），中正大學校友會出版發行，1996 年 5 月，第 517～521 頁。

室，頂端短 3 至 5 裂，多少有橫列突起，每室有 5 至 1 胚珠，花柱 3 至 5 個，完全分離，柱頭小頭狀。蒴果外殼多少有顯著橫列突起，頂端多少有 3 至 5 小裂，在中部或近頂處橫收縮，規則或不規則開裂或不開裂，通常多少有毛。種子數個或 1 個，多少有毛。小喬木或灌木。葉常綠，互生，革質或幾革質，有細鋸齒，有葉柄。花幾頂生或腋生，有 2 至 3 個宿存小苞片。

特有屬，產於中國中部與西南部，現有 10 種。

模式種 R. tuberculata（Chien）Hu=Camellia tuberculate Chien.

此有趣新屬與連蕊茶屬（Theopsis Nakai）的擬山茶屬（Camelliopsis（Sealy）Hu）相近似，其不同處在其子房頂端 3 至 5 裂，有 3 至 5 個分離的花柱，各著生於小裂瓣的頂端，與其頂端 3 至 5 裂的蒴果有時顯著地 3 至 5 裂而外殼多少有顯著橫列的突起，因蒴果在中部或近頂處常橫收縮成兩半故常不規則開裂。其種子多少有長毛或細毛。

席黎（J. Robert Sealy）發現此屬若干特異的性質，故在其《山茶屬的修訂》（A Revision of the Genus Camellia）書中特建立贋山茶組（Section Pseudocamellia Sealv）以容納以前所知的兩個種 Camelliatuberculata Chien 與 Cszechuanensis Chi，因為它們有覆瓦狀排列的小苞片與萼片形成一宿存的總苞，其雄蕊的花絲下部連合成一肉質杯狀體，與花柱分離。他未發現其子房與蒴果在頂端微 3 至 5 裂。雖 Camelliatuberculata. Chien 的蒴果有顯著的突起，他與戚經文描述 C. szechuanensis Chi 的蒴果為平滑。實則後--種的蒴果外殼仍有極微細的橫列的突起的；必須在顯微鏡下放大 160 倍才易看見。其種子亦有微細的毛，這性質在山茶屬（Camellia L.）與連蕊茶屬（Theopsis Nakai）也是稀見的性質。

現在除原有的 2 種外，在四川另發現 1 新種，在貴州發現 4 新種，在湖南發現 2 新種，在廣西發現 1 新種，總共 10 種，獨生於中國中部與西南部。其演化的趨向在其蒴果外殼上突起的大小，在四川皺果茶（Rhytidocarpus szechuanensis（Chi）Hu），其蒴果外殼僅有極微細的橫列突起，必須在 160 倍的顯微鏡下才能觀察到。在革質葉皺果茶（R. coriacea Hu），貴州皺果茶（R. kweichouensis Hu），披

針葉皺果茶（R. lanceolata Hu），銀萼葉皺果茶（R. argentocalysia Hu），與湖南皺果茶（R. hunanensis Hu），則蒴果的突起變為較大。至突起皺果茶（R. tuberculata（Chien）Hu），大葉皺果茶（R. megaphylla Hu），黑點皺果茶（R. nigropunctata Hu）與廣西皺果茶（R. Kwangsiensis Hu），則突起變為特大。這一明顯的演化趨向，正足以證明此屬之所以分化成一新屬。

大葉皺果茶在 1956 年即在貴州用其大量製茶，後經化學分析，證明其不含茶素，即證明其化學成分亦與它屬不同。〔註2520〕

【箋注】

1963 年 10 月，中國植物學會編《中國植物學會 30 週年年會論文摘要彙編》，說明：一、本彙編係中國植物學會三十週年年會的會議文件之一。各省市科協及有關單位此次推薦應徵的論文摘要，基本都列入本彙編。二、論文摘要按藻類學、真菌學、地衣學、苔蘚學、蕨類學、有花植物分類學和植物地理學、古植物學、植物細胞學、植物形態學、植物解剖學、植物胚胎學、植物遺傳學、植物生理學（中國植物生理學會籌委會另編專冊）、植物生態學、地植物學、植物資源學和植物原料學、植物引種馴化和育種學（包括植物園工作）等學科順序排列。三、如需查閱全文請逕與作者所在單位聯繫。四、本彙編論文摘要的徵集、編輯、出版等工作承全國科協及各省市科協、中國科學院有關研究所、中國科學技術情報研究所等有關單位的大力支持，特此致謝。中國植物學會，1963 年 10 月。

《中國植物學會 30 週年年會論文摘要彙編》

〔註2520〕 張大為、胡德熙、胡德焜合編《胡先驌文存》（下卷），中正大學校友會出版發行，1996 年 5 月，第 515～516 頁。

10月，胡先驌等譯《新系統學》，鍾補求撰寫校後記。

校後記（節選）

經過了漫長的時間，才把「新系統學」一書的譯文校閱完畢。由於本書涉及的題材非凡廣泛，而個人知識則大有局限；在文字上，有些作者有很深的文學修養，行文結構各有獨特的風格，例如 Huxley 的緒論「走向新系統學」，Salisbury 的「植物分類學的生態學觀點」、以及 Muller 的「果蠅的研究在分類學上的意義」等，尤其是最後一篇，不但文字難懂，而且敘事特別複雜，更加篇幅之長又超出其他各篇五至十餘倍，所以校閱實覺費力。現在工作已告結束，真感到「如釋重負」！

關於本書的意義，胡先驌先生在前言中已經談及其主要的方面，但是我還想在這裡補充一些。這本書作為生物科學中的一本書集，雖然出版已有廿餘年，但按其內容而論，卻並未因日月之推移而失去其現實意義。即以從 1940 年的首版到 1952 年這十二年中，就再版了五次之多，也可以看出它在生物科學中的重要性了。固然，我們分類工作者近年來已逐漸明瞭自己的工作，應從兄弟學科中汲取有關資料，不斷充實改進，但具體細節究竟如何，因為缺乏較全面而詳盡的介紹，所以仍然未為大多數人所熟悉，而這本書正好填充了這個缺陷。可惜由於這本書的原文比較深奧而艱於理解，不易為青年一代所普遍接受，因之這一譯本的問世，當然首先為分類學工作者所歡迎。

在另一方面，科學界中，各分支學科的進步，都與其他——尤其是相近的——學科有著密切的關係，所以學科間協調的重要性，早已為科學工作者所領會。學科間的協調必然表現在互相尊重而沒有偏見上面，然而很遺憾，事實卻並不表示出總是這樣。有一些人因為自己對分類學一無所知，從而把這門學科的工作看得十分簡單、容易，結果乃心存輕視。像 Frahm-Leliveld 竟在她的文章中天真地說她自己發現「原來分類學並不僅僅是一種目錄而已。」提供了很好的例子，同時也正好表示出她自己的無知。也有一些人則以為分類學是一種描述性的、包就是「非實驗性的」科學，而自己所做的呢，則是「實驗性的」科學，因此看不起分類學。事實上也許大多

數有這樣心理的人兼有上述兩種偏見。

客觀情況又怎樣呢？正如本書中 Huxley 所說的：「今天的分類學已成為生物學焦點中的一個。在這裡我們可以把有關選擇與基因散佈的學說來與實際的例子相核對，為無數的實驗找到材料，建立起新的歸納推理：世界是我們的實驗室，進化本身就是我們的豚鼠」（第一頁）。就這樣他對分類學作出了正確的評價。

鍾補求 敬識

一九六三年國慶節於北京西郊

10 月，參加在北京舉行中國植物學會 30 週年年會（第七屆），選舉錢崇澍（1963〜1965 年）為第七屆會長。

12 月 16 日，胡先驌致龍榆生信函。

榆生先生惠鑒：

不通音訊逾半載，想興居多吉，為頌為念。驌於七月初舊恙復發，今在家休養，以逾三月，體氣尚未恢復，不能工作，且待明春再說。夏間寄奉四川詞家周癸叔先生所著《蜀雅》，想已用畢，便中乞寄還為要。夙聞南京大學胡小石教授之子楊君某（出嗣舅家），素工倚聲，現任南大中文系教授；又聞王國維先生之子某君（現在北京中華書局任職），亦工詞，為前輩所稱歎，皆宜設法訪得其著作，看值得收入詞選否？梁任公之弟梁啟勳先生（北京文史館館員），亦刻有詞集，雖為當色，似非卓越，曾見其集否？壽石工欽規撫夢窗，號稱形似，然天才不甚高，此道固難言也。

此頌

撰安

胡先驌 拜啟

十二月十六日（1963 年）

文芸閣先生之好友金陵王木齋有《娛生室詞》，其取徑蘇辛，與文芸閣功力不相上下，亦清末民初一大家，曾見其集否？又及。

〔註 2521〕

〔註 2521〕 胡宗剛撰《胡先驌先生年譜長編》，江西教育出版社，2008 年 2 月版，第 628 頁。

胡先驌、陳邦傑等審閱《初級中學課本・植物學》

　　是年，人民教育出版社生物編輯組編，編寫人員有徐晉銘、李滄、孫知非、吳繼農、王元璋、任樹德等6人，胡先驌、陳邦傑等審閱《初級中學課本・植物學》，人民教育出版社初版。1965年6月第四版。

　　1956年8月，由中國科學院和高等教育部共同主持，在青島市的中國科學院招待所，召開了作為中國共產黨在學術界貫徹實行「百家爭鳴」方針第一個試點的遺傳學座談會。胡先驌在參加座談會的11次發言中，從農業實踐、植物分類學的研究出發，依據摩爾根的遺傳學說，批判了前蘇聯李森科物種理論的荒謬；談到高等學校要迅速恢復講授孟德爾—摩爾根的遺傳學的重要性，強調培養普通中學生物學師資的高等師範院校，要盡早做好恢復講授細胞遺傳學的準備。

　　同時，胡先驌針對1950年代國內中學生物學教學的現狀，提出了十分中肯的批評。他在發言中講道：「我認為這幾年中學生物教學的成績相當不好。其原因是開設的《達爾文主義基礎》課程，不能引起學生的學習興趣和信任，先生也很煩惱，束手無策。我國的學生初中念植物學和動物學，到了高中一跳，就要念純理論的達爾文主義，結果是學生學不好，都不願意學習生物學了。我認為要發動大學教授和中學教師一起來編寫課本，寫出能深入淺出說明科

學內容的教科書。高中生物學應該多講生物學的基礎知識，……給學生廣泛而又全面的知識，並從發展的觀念來看問題，把辯證唯物主義觀點貫徹到教材中去，使學生能切切實實得到科學知識的薰陶。」

正是胡先驌等生物學家的大力呼籲和積極建議，在青島遺傳學座談會以後，中學生物學教學使用的教科書，才開始改為使用重新編寫的包括有「孟德爾遺傳定律」等內容的高中《生物學》課本，以取代在這之前自上而下強制推行的空洞乏味的「達爾文主義基礎」（實際上是被李森科歪曲濫用了的《米丘林生物學》）課程。

1963 年，人民教育出版社根據教育部頒布的新修訂的生物學教學大綱，編寫了初級中學課本《植物學》的試教本。該教本對原先採用的教材做了很大的改進，但仍覺得有許多不足之處。人教社的編輯們（有些曾是胡先驌的學生）登門拜訪，誠請胡先驌等生物學家參與對試教本的審閱，提出重要的修改意見。

胡先驌以一個科學家具有的高度責任感，對該試教本作了大量的增改。修改內容主要包括：對全書大小標題改寫或增刪了 84 處；229 幅插圖中，有 101 幅插圖的圖注作了改寫，36 幅插圖作了改畫，並新增了 21 幅插圖，刪去了 29 幅次要插圖。修訂後的教本，最終成為正式使用的初中《植物學》課本。

經過胡先驌親自審校修訂的初中《植物學》，以其「教材結構和章節系統性強、選材恰當、體例一致、標題醒目、概念明確、用詞統一、文字簡潔、插圖直觀、重視實驗」等優點，受到廣大中學教師和學生的普遍歡迎，成為當時易教易學的好課本。

到了 1980～1990 年代，人民教育出版社在根據重新制定的課程計劃，在繼續編寫新版的初中植物學教科書以及高中生物學的教科書時，仍然繼承、弘揚了 1963 年版初中《植物學》課本的很多編寫風格和編寫特。〔註 2522〕

是年，為《新系統學》撰寫譯者前言。

〔註 2522〕馮永康著《緬懷中國現代生物學的開山宗師胡先驌——寫在國立大學第一個生物學系創建 100 週年之際》，2021 年 10 月 8 日。

譯者前言

植物分類學的歷史可粗分四個時期：（1）分類以植物的生長習性為基礎：此種分類在西歐倡自希臘，在中國則古代的本草學家類皆如此，如分植物為喬木、灌木、藤本、山草、濕草、水草、石草之類；又或根據其某種特性或其經濟用途而分為芳草、毒草、穀類、菜類、果類等等。在西歐自公元前 300 年到十八世紀中葉都是如此。（2）分類以植物器官的數目為基礎：瑞典的著名植物學家林奈首創於 1737年，不久即風行世界；直到 1840 年還有人沿用之。（3）分類以植物外部形態的比較為基礎：法國的亞當松（Adanson）首創於 1763 年，其他如裕蘇（De Jussieu）父子，德康多（De Candolle）祖孫三代，邊沁與虎克（Benthamand Hooker）諸人所創立的分類系統都屬於此類。（4）以演化概念為基礎，探求植物的親緣關係，而建立分類系統，如艾希勒（Eichler）、恩格勒（Engler）、韋特士坦（Von Wettstein）、柏賽（Bessey）、哈利埃（Hallier）、赫經生（Hutchinson）以及其他分類系統皆屬於此類。動物分類學的演變歷史多少與此相似。

研究動植物的親緣關係以建立分類系統一般皆以外部的形態比較為根據。但動植物的徵狀以及其演化過程異常複雜，全憑動植物各種器官的外部形態作比較，從而作出主觀的推論，未必具能闡明動植物的親緣關係而建立確實可信的分類系統。近數十年來，因動植物學的其他部門的研究日益發達，故研究動植物的親緣關係，除器官外部的形態外，還要借助於胚胎學、解剖學（在植物還要研究花的解剖學）、個體發育、畸形變態、細胞遺傳學、生態學、動植物地理學與古生物學的研究，此種綜合性的研究便是近來所提倡的新系統學。

J·赫胥黎主編的「新系統學」一書包括英國及蘇聯的動植物分類學家、遺傳學家、細胞學家、生態學家、古生物學家、園藝學家等二十二人的論文，各根據不同學科的研究數據以探討新系統學的奧理，實為近日的一部較好的著作。本書的譯者也是各本個人的專長，分任各章的翻譯工作，最後由鍾補求教授將全部譯文再作一次仔細校閱，有些章節做了較大的修訂。此外還對一些名詞術語作了統一安排，讓本書儘量達到信達雅的要求。此書出版之後若能使我國的動植物學工作者對於近代的新系統學有所認識而有助於我國分

類學及其他有關學科的發展，便達到了我們的衷心希望。

胡先驌
一九六三年

是年，推薦熊冰去北京國家文史館工作。

此我與在北京的胡校長有過書信往來。1963 年，我已調往江西農學院基礎課任中文系主任。胡校長於當年 3 月份來信給我，告知他推薦家父熊冰去北京國家文史館工作已經落實，催促家父迅速赴京報到。遺憾的是家父已於當年元月份病逝（生前在江西省文史館工作）。我旋即回信胡公講明情況，並致以萬分感激之情。〔註 2523〕

是年底，填寫植物研究所、研究室研究成果鑒定表〔註 2524〕

植物研究所　研究室
研究成果鑒定表

項目名稱：
成果名稱：中國森林樹木小誌（一）
成果的主要創造者：胡先驌
參加者：
完成成果起迄時間：1963 年
協助單位：

成果的主要內容和意義（解決了那些問題，學術上和經濟上的意義，與國內外相比水平如何等）
　本文係作者在研究中國森林植物中發現的若干新分類群

成果的辦理意見或處理情況：
　已發表於 1963 分類學報

研究室鑒定意見：
　基本同意作者意見

研究室主任簽章：秦仁昌 1964 年 1 月 1 日

學術委員會或所務委員會審查意見：

所長簽章：　年　月　日

備註：

〔註 2523〕 熊大榮著《胡先驌校長對我的批評和勉勵》。胡啟鵬主編《撫今追昔話春秋——胡先驌學術人生》，北京燕山出版社，2011 年 4 月版，第 314 頁。
〔註 2524〕 胡啟鵬輯釋《胡先驌墨蹟選》（初稿），2022 年 2 月，第 259～261 頁。

1964 年（甲辰） 七十一歲

1月8日，吳長春致胡先驌信函。

步曾吾師鈞鑒：

前到京開會，未能晉謁，以後返杭，曾上一書，諒已鑒閱。近來想吾師日益康復，不久想可領導後輩繼續致力於祖國的學術事業。

生於去年十一月中來廣州華南所與封懷兄共同作報春花科的工作。原來擬於下學期再開植物分類選課，於春節以前返杭，嗣接杭大生物系負責人來信，該課忽又停開，因此生何時返回杭州尚在考慮。生前在農場勞動時，煥鏞師本有爭取生到華南所工作的意圖，肇騫兄為此到了杭州一次。1961年生到京參加《中國植物誌》編輯委員會擴大會議，煥鏞師尚表示「只要你自己同意，我們還要繼續爭取」，這一盛意，生深為感激，但當時浙江省委剛剛安排生到杭大，是否可以脫離還很難說。看以後的情況，杭大生物系似無發展植物分類的意圖，要發展當然也有極大困難，學生培養目標大部分還是中學師資，而不是科學人才，所以植物分類選課也就不開了。植物學的分類部分已有講師及較有經驗的助教擔任，生繼續留在杭大實際上已無教課任務。尤其是自貫徹八字方針以來，杭大生物系規模大大縮小，教師人數超出很多，精簡外調也是一個嚴重的任務。如以此種情況作計，杭大對生未必堅持不放。目前生已將此意函知煥鏞師，希望能轉到華南所工作。華南所是煥鏞手創的事業，有優良的傳統，標本、圖書也很豐富，生如能安定此地工作，相信可以多作些工作，尤其是在華南所有張肇騫、陳封懷兩位學長及劉玉壺兄的幫助，工作效率更能提高。即對浙江的分類事業來說也有很大好處，杭大生物系分類講師助教生仍可以私人關係，繼續幫助提高，較生在杭州死守好得多。吾師對生瞭解較多，以前對生工作屢次費神多方幫助，銘感弗忘。現在的事，如有機會與煥鏞師相遇，望鼎力推薦為感。

痊安！並祝

新年快樂

生 吳長春 謹上

一九六四年一月八日〔註2525〕

1月10日，胡先驌致陳煥鏞信函。

煥鏞吾兄惠鑒：

多日不見，近維新年，多吉為頌。頃得吳長春自華南所來信，表示願轉調廣州工作。云已有專函懇兄主張，又云張肇騫對此事實熱心。華南所須充實高級研究幹部，弟與兄同有此感。今既有此機會，自不可錯過。茲特以吳君原函附呈一閱，請鼎力玉成之為感。

又昨得胡啟明來函，知此次同陳少卿赴封開採集廣寧油茶（此種應照古籍，名為南山茶，有「果大如拳」之記載，非云南山茶也）的紅白花變種標本，成績優異，似並另行採得有新種。前張宏達來函，亦云在陽春採得所謂「時珍木」的花標本不少。此屬我曾研究過，確屬一新屬，與 Cleyera 不同，而倒接近 Eurya，我建議改名為 Euryodendron，張君允為考慮。彼云此樹以木材堅硬，近年已被大量砍伐用以造船，所存無幾。宜建議廣東科委及林業廳禁止砍伐也。

專頌

時綏

弟 先驌 拜啟

一月十日（1964）

按此時封開的成績看來，廣東似仍有大規模採集的必要。尤以高、雷、欽、廉一帶為甚。想兄亦以為然也。〔註2526〕

3月12日，胡先驌致辛樹幟信函。

樹幟先生：

手書及《西北農學院報》皆已收到，冬桃的研究育種誠為我國園藝界一大事，亦為舉世所稀有，希望能繼續改良成上等品種，則可以推廣到他省，而為我國新園藝聲色。石聲漢先生論我國最早對

〔註2525〕 胡宗剛撰《胡先驌先生年譜長編》，江西教育出版社，2008年2月版，第630～631頁。

〔註2526〕 胡宗剛撰《胡先驌先生年譜長編》，江西教育出版社，2008年2月版，第631～632頁。

甘蔗與棉花的利用一文，繁徵博引，殊堪佩仰。西南師範學院生物
系戴蕃瑈教授亦有一文論我國利用棉花的史實，可與石先生之文互
相啟發，不知曾得見否？《花鏡》中中國園藝植物拉丁名的審定本
應早日竣事，以我所整改極忙，故有少數學名尚未完全校定。茲特
寄還，即蓼屬幾種，照最新分類應自 Polygonum 屬改入 Persicaria，
可請王振華、崔友文諸先生代為一查。如仍用舊名亦不算錯誤也。

　　此致

敬禮

弟　胡先驌

三月十二日（1964 年）〔註 2527〕

第十屆國際植物學大會　　　　　胡先驌為嚴楚江著《廈門蘭譜》作序

3月，第十屆國際植物學大會在英國愛丁堡召開，有代表 3660 人。

3月，為嚴楚江《廈門蘭譜》作序。其書由廈門大學出版社 1990 年 12 月
版。

　　蘭蕙香草久為我國人所珍愛。屈原《離騷》句云：「余既滋蘭之

九畹兮，又樹蕙之百畝。」然朱子《楚辭辯證》云：「今按本草所言之蘭，雖未之識，然而云似澤蘭，則今處處有之；蕙則自為零陵香，尤不難識。其與人家所種葉類茅而花有兩種如黃說者，皆不相似。」但《爾雅翼》所云：「蘭之葉似莎，首春則苗其芽，長五六寸，其杪作一花，花甚芳香。」又云：「蘭與蕙相類，其一幹一花而香有餘者蘭，一幹五六花而香不足者蕙。」今我國所尚者皆後者，而非《楚辭》之蘭蕙。李時珍曰：「生近處者，葉如麥門冬而春花；生福建者，葉如菅茅而秋花。」則皆指今日之蘭蕙也。

明王象晉《群芳譜》：建蘭杭蘭其類，有春蘭、夏蘭、秋蘭、素蘭、石蘭、竹蘭、鳳尾蘭、玉梗蘭。春蘭花生葉下，素蘭花生葉上。宋趙時庚有《金漳蘭譜》、明王貴學著有《蘭譜》，備載品種及其性狀，為我國古代關於蘭蕙之系統著作，至堪重視。迨及今世蘇浙園藝名家，多藝春蘭，閩中則尚建蘭，育種栽培皆有不傳之秘，且譜牒詳明尤為可貴。惜近代無專門著作問世。日本藝蘭傳自中國，其風甚盛，其重要著作則以一九三八年出版小原榮次郎所著三卷本《蘭花譜》為巨擘。

然小原氏乃園藝學家，而非植物學家，故於學名與品種名之考訂尚未達到科學之標準。嚴楚江教授素習園藝學與植物分類學，渡海後又精研植物形態學。今乃以其積年研究所得撰成《廈門蘭譜》，既將蘭屬之形體首次與以科學性之研究與描述，又精研其新種、新變種與習見之各品種，著成分類檢索表，且栽植、彩繪皆身任之故，其書之廣博可頡頏小原氏之作，而科學上之成就則迴非其比，誠不愧為後來居上矣。故樂為之序。

一九六四年三月胡先驌序於北京寓齋
鈐印：胡先驌（白文）〔註2528〕

4月28日，胡先驌致鄭曉滄信函。

曉滄吾兄惠鑒：

得奉四月廿二日手書並大作，無任欣慰。兄乃乙巳年科舉同案，聞之不勝快慰，在今日尚能有此頭銜者，已寥落辰星矣。大作七古

〔註2528〕嚴楚江《廈門蘭譜》，廈門大學出版社1990年12月版。

誠寢饋蘇詩，登堂入室者，與弟同有默契。弟數十年不為詞，重為馮婦殊失謹嚴，乃蒙獎掖逾分，至為慚感。至謂舊體詩前途黯淡，未敢苟同。不論素習為舊體詩者，海內尚林林總總，海外尤甚。而在毛主席身教之下，黨中領導如胡喬木等，亦刻意為之，即學生中亦有為之者。竊謂宋詩元曲，新體迭興，新體詩即能自立門戶，亦不過另增一新體，未必能完全取舊體詩而代之。但問佳不佳，不問新不新。至於刊印己作，則苟可留示後人，刊印亦不為過，能否留傳於久遠，則只有任時代為選擇耳。前所作《天問》一詞，末二韻已改寫，重錄就正，並錄二新作，一併呈教。

　　專此敬頌

時綏

先驌 拜啟

四月廿八日（1964 年）

　　東坡詩，弟十餘年前曾以一百七十首譯為英文，為英人某攜去，全部喪失。林書即 Clark 所譯，均未見，又及。滄蕩閣詩，弟早有之。海日樓乃沈乙庵師曾植。水杉學名為 Metasequoia glyptostroboides，在各國廣為種植。〔註 2529〕

5 月 23 日，胡先驌致龍榆生信函。

榆生同志惠鑒：

　　前奉五月九日手書，知亦患心肌梗死之症，甚為繫念。此病為老年人主要病症，甚為嚴重。惟係初起，則攝生有術，尚無大礙。第一要安心養病，以休息為主，要有樂觀之人生觀，憂愁思慮均於此病不利；第二，不可登樓，如係樓居，尚須設法遷至樓下，以減輕心的負擔；第三，勞力勞心，兩俱不可，尤以勞力為甚，勞心則俟休養至半年或一年時，每日可酌工作一二時，則對學校工作如何安排，尚需與領導人商定，能不上課而但指導青年教師，方為上策，然亦須在健康恢復之後，不能一味勉強也。

　　胡小石先生之子以承繼舅家，名楊白華，現任南大三級教授，正與唐圭璋同事，唐何以不知之。此外，京中有王靜庵之子王仲聞，

〔註 2529〕潘建民：《新發現胡先驌致鄭曉滄書一通》，《檔案春秋》2005 年第 9 期。

現在中華書局任職，聞填詞極佳，為老宿夏承燾所稱佩，可與之通函。汪辟疆先生仍健在，惟不住曬布廠，住鼓樓四條巷廿六號。《蜀雅》早已收到，拙集夏末可以印好，屆時當以一冊奉教。驌有意以英文介紹呂碧城，盼惠賜一校樣備之小傳為感。

　　專此

撰祺

　　　　　　　　　　　　　　　　　　　　胡先驌 拜啟

　　　　　　　　　　　　　　　　五月廿三日（1964 年）〔註 2530〕

6 月 5 日，胡先驌致鄭曉滄信函。

曉滄吾兄伺席：

　　日前接邵潭秋先生轉寄夏瞿禪先生寫寄舊作一首，的似白石，不愧宗匠，領佩甚似，茲寫寄近作一首，敬希轉交為荷。邇來宿疾又有加劇之勢，醫囑絕對靜養數月，外務亦將暫時停止也。

　　專此敬頌

時綏

　　　　　　　　　　　　　　　　　　　　弟　先驌 拜啟

　　　　　　　　　　　　　　　　　六月五日（1964 年）

　　夏先生有論詞著作能惠寄一冊否？又及。〔註 2531〕

　　7 月，《中國鵝耳櫪屬誌資料》文章在《植物分類學報》雜誌（第 9 卷第 3 期，第 281～298 頁）發表。摘錄如下：

　　今將近年以來筆者對我國鵝耳櫪屬研究之所得，發表於此，或有助於學者對該屬做進一步的研究和探討。

　　1. 密苞亞屬

　　模式種：千金榆 C. cordata Bl.

　　（1）方氏鵝耳櫪系

　　果苞緊密覆瓦狀排列，基部無裂片；果序長可達 45 釐米。

　　模式種：方氏鵝耳櫪 C. fangiana Hu.

〔註 2530〕 胡宗剛撰《胡先驌先生年譜長編》，江西教育出版社，2008 年 2 月版，第 636～637 頁。
〔註 2531〕 唐吟方編著：《近現代名人尺牘》，福建美術出版社，2007 年版。

（2）千金榆系

果苞緊密覆瓦狀排列，基部內側具有明顯的裂片，且向內折將小堅果遮蓋；果序長僅 15 釐米左右。

模式種：千金榆 C. cordata Bl.

2. 鵝耳櫪亞屬

模式種：歐洲鵝耳櫪 C. betulus Linn。

（3）三裂鵝耳櫪系

果苞顯明三裂片或果苞外緣基部具有特別發達的裂片狀齒裂。

模式種：歐洲鵝耳櫪 C. betulus Linn。

貢山鵝耳櫪　　新變種

雲南西北部：俅江河谷，海拔 1950 米森林中（俞德濬，1938 年 7 月 21 日，19531，模式標本）。

本變種與雷公鵝耳櫪（Carpinus viminea Lindl. var. viminea）之區別在於葉緣具明顯刺毛狀重鋸齒，各齒間有小齒 2～4 枚，果苞先端急銳尖。

德欽鵝耳櫪　　新種

雲南北部：德欽夕拉，海拔 2700～2900 米，生於雜木林中，常見（馮國楣，1944 年 7 月 18 日，5593，模式標本）。

本種與中國現知其他種類均有不同，其區別在於特殊的葉形，密生的果實，果苞的矩圓形中裂片外緣有不規則鋸齒，內緣近頂處有少數不明顯細齒以及甚小而被微細柔毛的小堅果。

岷江鵝耳櫪

本種原產雲南思茅，發現後二十餘年法國植物學家 A. Camus 根據越南北部所採的標本（Poilane. no.3983）發表了白皮鵝耳櫪（C. poilanei A. Camus），並認為與岷江鵝耳櫪具有近緣關係，其區別僅在於白皮鵝耳櫪的果苞中裂片頂端急尖，而岷江鵝耳櫪的果苞中裂片頂端則為圓形或鈍。這個鑒定特徵實際上已經為具體的標本材料所否定，在採自思茅及其鄰近地區的許多標本上可觀察到果苞頂端由鈍到急尖的過渡變異，使之難以做出應該屬於這二個種中哪一個種的判斷。事實上，鵝耳櫪屬果苞的性狀，根據對不少種類的果苞變異的分析研究，具有相當大的變異差別，沒有其他特徵的顯明區

別佐證，僅僅依靠果苞，是不足為據的。因此，我們認為，根據對於現有岷江鵝耳櫪及白皮鵝耳櫪二種原產地標本果苞變異的研究，這二個被認為各自獨立的種，實為同一植物，由於早期研究者所觀察到的材料的限制，使之沒有可能瞭解到果苞頂端的一系列的過渡變異。今按植物命名的優先律將白皮鵝耳櫪歸併入岷江鵝耳櫪。

大穗鵝耳櫪

按 1899 年 Franchet 發表 Carpinus fargesii Franch. 時係依據採自四川東部城口的標本（Farges n. 699），而 1891 年 Oliver 發現的 C. laxiflora（Sieb. Et Zucc.）Bl. var. macrostachya Oliv.，其原產地在城口東南不遠長江岸旁的巴東，根據這二個原產地及其鄰近地區所採得的標本的研究，這兩個名稱實際上是同一個樹種。雖然 C. laxiflora（Sieb. Et Zucc.）Bl. var. macrostachya Oliv 較 C. fargesii Franch. 早八年發表，但按國際命名法規規定，在我們承認這是一個獨立的種的前提下，C. fargesii Franch.（1899）遠較 C. macrostachya（Oliv）Koidzumi（1940）為早，因此應該採用 C. fargesii Franch. 為這個種的正確名稱。

關於 Carpinus laxiflora（Sieb. et Zucc.）Bl. var. davidii Franch.（原產江西廬山）能否做為一個獨立的分類等級存在，早在 1914 年 Winkler 已經表示過懷疑。根據 Franchet 1884 年在 Pl. David. 第一卷所繪 C. laxiflora Franch. Non Bl. 之圖（即繪自 Franchet 1899 年發表 C. laxiflora（Sieb. et Zucc.）Bl. var. davidii 所依據的同一號標本）實際上就是 C. fargesii Franch.，從廬山及其鄰近地區所採之標本與 C. fargesii Franch. 的模式產地生長的標準類型對比研究也同樣斷定它們完全是同一個類型。因此，研究的結果表明，長期以來名稱多次被變更的 C. fargesii Franch.，C. laxiflora（Sieb. Et Zucc.）Bl. var. macrostachya Oliv. 及 C. laxiflora（Sieb. et Zucc.）Bl. var. daviddii Franch. 實際上是同一種植物。

（4）蒙氏鵝耳櫪系

果苞內緣基部僅具不顯明的小裂片，小堅果被顯明樹脂狀腺體顆粒，葉緣具不規則銳鋸齒。

模式種：蒙氏鵝耳櫪 C. monbeigiana Hand-Mzt.

維西鵝耳櫪　新變種

雲南西：北部：維西，葉枝，海拔 2040 米，生於沿河山谷斜坡上疏林中，樹高 8 米，常見（毛品一，1956 年 8 月 24 日，00197，模式標本）。

本種與蒙氏鵝耳櫪 C. monbeigiana Hand.-Mzt var. monbeigiana 相近似，不同處在其較闊的葉基部幾成心臟形，較小而窄披針形的果苞與其較小而全部被細柔毛和樹脂狀腺體的小堅果。

密穗鵝耳櫪　新種

雲南西北部：德欽茨中，海拔 2500～2800 米混交林中（馮國楣，1940 年 7 月 18 日，5618，模式標本）；維西，海拔 2300 米，混交林中，樹高 10 米，常見（王啟無，1938 年 7 月，64343）。

麗江鵝耳櫪　新種

雲南北部：麗江雪山，白水河岩子樹，海拔 2700 米，喬木高 10～15 米，生於混合林中，習見（馮國楣，1942 年 8 月 18 日，9055，模式標本）；同上，沿白水河，海拔 240n 米，生於密集老林中，喬木，常見（馮國楣，1955 年 9 月 19 日，21595）。

本種與其他種不同處在其有簡單的或雙重鋸齒的矩圓形葉，變異大而外緣具粗齒的大果苞及其疏被毛的小堅果。

狹葉鵝耳櫪　新變種

雲南東南部：法斗，海拔 1400 米，混交林中，樹高 10 米（鍾補勤、匡可任，1943 年 5 月 24 日，426，模式標本）。

本變種近似麻栗坡鵝耳櫪（C. marlipoensis Hu var. marlipoensis），其區別在本變種具較狹的葉，葉脈對數較少（11～12 對），較短的葉柄（5～7 毫米）及較小的小堅果。

倒卵葉鵝耳櫪　新種

雲南，沾益，小麻拉，生於林中，喬木高達 20 米（李延輝，1957 年 4 月 19 日，150，模式標本）；同上，卡郎耶過山洞溝，海拔 2350 米，山穀石灰岩上，灌木叢中（李延輝，1957 年 4 月 24 日，166，幼嫩枝）。

本種近似雲貴鵝耳櫪（C. pubescens Burk. var. pubescens），不同處在於本種葉倒卵形，具有雙重粗鋸齒；果苞頂端較尖，在內側基

部有一截形裂片。

（5）雲貴鵝耳櫪系

果苞基部無裂片或于果苞內緣基部具耳，或多或少遮蓋小堅果。小堅果頂部具顯明大的樹脂狀腺體或腺體不顯明。葉緣有整齊或不整齊的鋸齒。

模式種：雲貴鵝耳櫪 C. pubescens Burkill

雲貴鵝耳櫪

模式標本採自雲南彌勒（A. Henry no.9929）

分布：雲南東部及貴州西南部。

西門鵝耳櫪　變種，改級新組合

模式標本採自四川東南部南川（A. V. Rosthorn No.294）。

分布：貴州中部和北部，四川東南部和東部，湖北西部至河南西南部。

貴定鵝耳櫪　變種，改級新組合

模式標本採自貴州貴定（蔣英 5111）。

分布：貴州中部、西部及西北部。

畢節鵝耳櫪　新變種

貴州；畢節林口雞窩，海拔 1450 米，石山開曠林間，樹高 5 米（禹平華，1957 年 9 月 13 日，8010，模式標本）。

本變種與雲貴鵝耳櫪之區別在於葉較小，果苞亦較之為小。

長柄鵝耳櫪　新種

江西：太平山，石家鋪（熊耀國，1949 年 7 月 15 日，5305）。

本種與華紀氏鵝耳櫪（C. fargesiana Winkl.）相近似。其不同處在其較大矩圓形葉與有較長的葉柄，較小的果苞具密生的齒，基部無小裂片及小堅果被微細柔毛。

小鵝耳櫪　新種

雲南東南部：西疇，海拔 1600 米，生於石灰岩灌木叢中，灌木高 2 米，常見（蔡希陶，1958 年 10 月 17 日，58-8559，模式標本）。

本種與岩鵝耳櫪（C. rupestris A. Camus）相近，不同處在較小的卵圓形至卵矩圓形的葉，除下面沿中脈與側脈有長毛外餘幾無毛，果苞較小，小堅果有長毛無樹脂狀腺體。

大金鵝耳櫪　新種

四川西部；大金，安寧，海拔 2900 米（李馨，1958 年 5 月 9 日，77351，模式標本）。

本種近松潘鵝耳櫪（C. sunpanensis Hsia）其區別在於本種倒卵形至卵矩圓形的葉，頂端急尖，基部幾心臟形，邊緣有雙重細鋸齒；果苞外緣有鈍鋸齒及小堅果不具樹脂狀腺體。

紫脈鵝耳櫪　新種

廣西：都安，生於林中（李蔭昆，1957 年 7 月 2 日，P01567，模式標本）。

本種近似亨利鵝耳櫪（C. henryana Winkl.），不同處在本種葉較小，葉脈帶紫色，側脈少，葉柄短而帶紫色以及甚短的果序和闊卵圓形小堅果上具疏生樹脂狀腺體。

蔡氏鵝耳櫪

本種模式標本係著者於 1948 年根據蔡希陶 1934 年採自雲南東南部屏邊（Yunnan Ping-pien Hsien, alt. 1500m, On rocky hill, tree 30 ft. diam. 1. Sft, H. T. Tsai no.62398 July 7.1934），這號標本的葉為卵形或長卵形，長 4.5～10 釐米，闊 2.5～4.5 釐米，邊緣具不規則短重鋸齒；果苞寬半卵形，長 3 釐米，內緣基部無裂片；小堅果呈三角狀卵形。同年著者依據馮國楣 1948 年採自雲南西疇縣的標本（Yunnan, Sichour Hsien, Machia, alt. 1300～1500m. in mixed forests, tree 25 ft. K. M. Feng no.12516, Oct. 14.1948）發表了另一種，命名為 Carpinus sichourensis Hu，其與上一種的區別，主要在果苞及小堅果的大小和形態，這個種果苞僅長 2 釐米，闊約 1 釐米，小堅果亦不為三角狀。近年以來，從對新收集到的許多材料的觀察和研究，雲南東南部屬於蔡氏鵝耳櫪這一類型的標本，無論葉或果序，或無論果苞或小堅果，都有著一系列過渡性的變異。同時在這一類型中可以看到，某些器官，例如果苞與小堅果在量上（大小）具有變異的相關性質；因此在這一類型中，不論某一個別的標本甚至於植株具有某一個器官發育特殊的傾向，如果據此做為獨立種將它們割裂都是難以成立的。

（6）多脈鵝耳櫪系

果苞內緣基部無裂片。葉緣具有規則的尖突或刺毛狀重鋸齒或單鋸齒。

模式標本：多脈鵝耳櫪 C. polyneura Franch。

多脈鵝耳櫪

多脈鵝耳櫪是鵝耳櫪屬中一個概念明確的種，雖然由於比較廣泛的分布存在著一些個體間的變異現象，但是其葉脈及葉緣鋸齒的形態與同屬其他各種界限十分清楚。這個種系 1899 年 Franchet 所發表，模式標本是採自四川東部的城口（R. P. Farg Tes）。1914 年 H. Winkler 以 Franchet 關於 Carpinus yedoensis Franch（non Maxim.）的錯誤鑒定為基礎，發表了 C. polyneura Franch，的一個變種 var. wilsoniana Winkl.，而這個所謂的 C. yedoensis 實際上也是根據 R. P. Farges 採自城口的標本。H. Winkler 發表新變種的主要理由是它與種的模式標本比較，葉具長尾狀漸尖，葉緣具有大而直的單鋸齒。C. Schneider 1916 年在 Plantae Wilsoniana 第 2 卷第 443 頁對於這個種曾做過這樣一段筆注：「This varietyneeds further investigation, as it was collect in a locality wherethere are so many endemic species. The leaves are longer and cven more pointed than in the type. The ripe fruits are not yet dnown.」當時 C. Schneider 觀察到的仍是四川西部峨眉山的標本。著者 1948 年編寫中國樺木科及榛科圖志時，與 C. Shneider 有同樣的認識，過分地重視了葉緣單、重鋸齒變化在這屬中的分類價值，因此，將此變種提升為種的等級，改用新稱柔毛鵝耳櫪（C. mollicoma Hu）發表。在此次重新整理我國鵝耳櫪的過程中，由於對聚集的較大數量標本材料的觀察，使之對這個屬裏種的分類鑒定特徵，有了進一步的認識和重新的估價。多脈鵝耳櫪的葉緣鋸齒，在墨刺毛狀這一形態特徵上，雖然相對是穩定的，但是單鋸齒及重鋸齒之間，無論是城口所產或者是峨屈山所產均有過渡的中間類型出現，或是同一枝條上出現既有近於單鋸齒的葉又有重鋸齒的葉，甚至在同一張葉上也會出現近葉基處為重鋸齒而葉上部則已完全變為單鋸齒的現象。由此可見，這個類型的單鋸齒與重鋸齒的變化是難以作為分類依據的。至於葉先端漸尖乃至微成尾狀的特徵，在不同

的植株以至同一植株的不同部分同樣具有一個相當的變化幅度，也是無法作為種的鑒定性狀的。因而得出這樣一個結論：即所有上面提及的名稱俱為同一種植物，所有上列的名稱俱都是多脈鵝耳櫪（C. ployneura Francb.）的異名。

峨眉鵝耳櫪　新種

四川；峨眉山，大小尖峰，海拔 1900 米（楊光輝，1957 年 10 月 7 日，57490，模式標本）；貴州：德江，岩門口，海拔 1200 米山坡上密林中（黔北隊，1959 年 8 月 15 日，1631）。

此種與多脈鵝耳櫪（C. polyneura Franch.）相近似，不同處在其較堅實幾革質的葉下面有白色細毛，與在其卵圓形密生白色細毛的小堅果。

遵義鵝耳櫪　新種

貴州：遵義，南黔山，海拔 900～1050 米，生於小坡上（川黔隊，1956 年 8 月 17 日，973，模式標本）。

此種與倒卵葉鵝耳櫪（C. obovatifolia Hu）在質地上及一般形狀與大小極為近似，不同處在其基部從不作斜幾心臟形與脈腋間無須狀毛，與在其遠為較小的柔荑果序與較小的果苞其外側只有細齒。

鐮苞鵝耳櫪　新種

四川西部：洪化至挖里途中，海拔 1900 米，山頂陽處（四川經濟植物（涼山）調查隊，1959 年 7 月 14 日，1219，模式標本）；雷波，海拔 1950 米，山坡陽處（俞德濬，1934 年 8 月 8 日，3639）；青川兩河口，海拔 1700 米，林中（汪發纘，1930 年 9 月 28 日，22597）。江西西北部：幕阜山，流水庵（熊耀國，1947 年 9 月 10 日，05830）。

此種之葉類似日本與朝鮮所產的 C. tschonoskii Maxim.，但二者之果苞甚為不同。現在證明後者只產於日本及朝鮮。

（本文為作者對中國鵝耳櫪屬的修訂分類，首次將其分為 6 個鵝耳櫪系，提出兒個新種和 4 個新變種。其模式標本均保存在中國科學院植物研究所。）〔註 2532〕

〔註 2532〕張大為、胡德熙、胡德焜合編《胡先驌文存》（下卷），中正大學校友會出版發行，1996 年 5 月，第 522～540 頁。

9月2日，胡先驌致鴻軒信函。

鴻軒先生惠鑒：

按奉手教，承屬書屏條，茲書就寄上，即祈。詧收為荷。

耑此敬頌

臺祺

胡先驌 啟

九月二日〔註2533〕

10月23日，胡先驌致陳煥鏞信函。

煥鏞吾兄惠鑒：

積久不見為念，近閱《北京晚報》（十月二十一日），知中醫研究院廣安門醫院治視神經萎縮，頗有成效，已研究了多年，曾治療400多病例，多數奏效，不妨試往一治。

又前東大同學劉寶善，曾在英國學藥物學，近來函相告說，科學院藥物研究所研究的補骨脂 Psoralea corylifolia L.內含三種補骨脂素，專治高血壓、失眠及冠狀動脈栓塞，甚有巨效，他囑每日以此藥一兩當茶喝。《本草綱目》有補骨丸方，是唐朝南洋某國傳來，沿用已甚。我現在請中醫按古方斟酌配丸藥吃，內子近來服藥亦多用補骨脂。劉寶善又說，香蕉內含治狹心症要素，每日吃香蕉6枚，即可治此病，乃美國人早已發明的，請斟酌服用，並轉告秉農山兄為要。

此頌

日祉

弟 胡先驌

1964.10.23〔註2534〕

11月14日，胡先驌致龍榆生信函。

榆生先生惠鑒：

得奉十月十日手書，敬悉尊疾已大瘥，甚慰。醫院之不負責，言之可惱。近得藥學專家函告，中國科學院上海藥學研究所近研究

〔註2533〕胡啟鵬輯釋《胡先驌墨蹟選》（初稿），2022年2月，第140頁。
〔註2534〕胡宗剛撰《胡先驌先生年譜長編》，江西教育出版社，2008年2月版，第638～639頁。

三種補骨脂素，專治高血壓與冠狀動脈血栓塞，可謂心臟病聖藥。此藥據《本草綱目》所載，自唐代即自南番傳來，久為要藥。我現在由中醫按補骨脂丸舊方，配製丸藥，服用頗為有效。此藥大溫補，適於老年病，恐其效用尚不僅限於心臟病。內人多年喘病，今年久患不愈，經中醫治癒，補骨脂亦在常用，請勿輕視為要。

　　大著詞稿久宜定稿付印，以廣流傳，近作亟欲快睹，當為作一序。請錢默存作序，則宜親自函請，方見尊禮之意，渠近址為東城干面胡同 12 號 3001 室，並聞。

　　呂碧城之簡史如蒙見賜，仍欲以英文為之介紹，蓋渠久居瑞士，亦知名國際也。

　　專此

冬綏

胡先驌 拜啟

十一月十四日（1964 年）〔註 2535〕

11 月，譯《走向新的系統學》，赫胥黎（J. Huxley）原著，文章收錄在胡先驌等譯、鍾補求校、J·赫胥黎主編《新系統學》，科學出版社 1964 年 11 月初版，第 1～28 頁。全文分為七大部分。摘錄如下：

　　一、系統學的新途徑

　　二、種的起源

　　三、地理隔離的效應

　　四、不同方式的種的形成及其效果

　　五、系統學的理論與實踐

　　六、亞種的問題

　　七、徵狀的差級（傾差 clines）與分類

　　八、結論

　　假若在這一類著作中容許提供一些實用的建議的話，直接從其他著者的文章中或由討論中所引起的以下各點值得提出。

　　第一，在世界上的大博物館中尤其在昆蟲部，十分需要增加科

〔註 2535〕胡宗剛撰《胡先驌先生年譜長編》，江西教育出版社，2008 年 2 月版，第 639 頁。

學工作人員，倘若他們想逃避常規的描寫與定名工作，而全力參加可稱為新系統學的活動。第二，在博物館的分類學與其他門類的生物學之間必須建立更好的聯繫。此種有效聯繫的一部分可得自在大學的各系與研究機構內的遺傳學家、生態學家與其他專家的更為合作的精神，但另一部分則須依賴於適當的、具有足夠工作人員而直接附屬於博物館自身的實驗室與工作站。沿著這些方向的重要開端已實現於某些機關如美國自然歷史博物館或加利福尼亞大學的脊椎動物博物館，而且已得到很滿意的結果。這些便利最好安排在博物館的組織範圍中，為使生態學與遺傳學的工作可能在分類學的氣氛中進行，而時常注意到分類學的需要，而且使正規的分類學家可以與其他有關的生物學部門直接接觸。

　　……

　　在其他應當著手的一般性的問題中，我們應當特別提到繪製種與亞種的界限與分布範圍變遷的詳圖，最好作為大博物館的一部分正常工作。此種工作，倘若以適當的規律進行，將成為在天文學中的國際星象圖的生物學中的對等物，而應當得到同樣地有價值的效果。

　　在特殊的、雖與系統學有關但或許最好由其他研究機關的工作者來擔任的研究中，聚居群的研究顯居於第一位。這類研究其目的可能只在於對聚居群作更詳細的描寫，例如關於內部的傾差；或者有關於用發現聚居群中所帶有的突變基因的數量的方法，來查察在遺傳上可獲得的變異性的數量；或者它們可以對某一有限地區的全部動物區系與植物區系作深入的生態調查，如在南哈文半島所作的那樣（Diver 文中的文獻，1939）；或者它們可以用遺傳學與生態學的方法對一個種或一群種的特點加以分析，如 Sumnar（1932）與 Dice（1937）對於 Peromy SCLIS 的工作，或 Dobzhansky（1933）與 Timofeeff-Ressovsky（1932，1939）對於瓢蟲的研究，或者它們可以在試作自然界中死亡率或選擇的強度的研究（例如 Dowdeswell，Fischer 與 Ford，1939b），尤其有關於昌盛週期的問題的探索（Ford 與 Ford，1930）。

　　可以妥當地預言在最近的將來，此類小進化的研究將日益變為

重要。除此之外，以注視其與分類學的關係的目光來從事對細胞、遺傳、生態、生理與行為方面的資料的不斷的積聚，顯然是需要的。

當這些工作進展時，新系統學亦將逐漸形成。這對於古典系統學在它的實際鑒別種類的功能上，在某些方面無疑將有幫助。它將給予有機體的性質的多樣性及其在全球上以群和徵狀差級分布的確切的事實以一個遠為精詳的圖景，它將顯示許多對於普通生物學極為重要的事實與原理，而且經過它，系統學對於所有關心於研究正在進行中的進化的人們將成為有主要興趣的科目。〔註2536〕

11月，譯《栽培植物的起源與行為》，克倫（M. B. Crane）原著，文章收錄在胡先驌等譯、鍾補求校、J·赫胥黎主編《新系統學》，科學出版社 1964 年 11 月初版，第 332～343 頁。摘錄如下：

分類學家通常對於栽培植物的研究抱有懷疑態度。可能是由於對於自然的與人為的方面有一種錯誤的哲學上的區別，他傾向於漠視所有的栽培植物，認為是在他的專業以外的東西或成為這一專業的一個次要的應用分支，即所謂經濟植物學。在另一方面，遺傳學家跟隨著達爾文的榜樣，在栽培植物與馴養動物中，由於它們的豐富而可以分析的變種，與雜交中常見的高度的繁育性，找到了方便與有用的材料。無疑這是為什麼分類學與遺傳學之間很少有成效的往來的緣由之一。

然而近代研究的方向卻是來顯示在栽培植物與馴養動物中與在野生種中其遺傳與變異的規律是基本上相同的，而對於分類學家的重要的一般性通則也可自研究栽培植物而獲得。這在現在的確被承認了。可以在許多的進步分類學家的工作中看到，在栽培野生植物與分析其徵狀上，他們採用了遺傳學家研究的方法。

我們植物的栽培品系，如同所有的生物一樣，自其父母所承受的物質獲得其個性。這些物質一代一代的傳遞，正常依賴特種生殖細胞的產生，而由於這些細胞的結合，自一個親體得到一個，因而，其斷定植物的徵狀的基因乃傳遞予後嗣。因此這是顯然的，植物的

〔註2536〕張大為、胡德熙、胡德焜合編《胡先驌文存》（下卷），中正大學校友會出版發行，1996 年 5 月，第 711～755 頁。

稟性與它從而起源的方式將反映於後嗣的變異與其徵狀的繼承方式中。

遺傳學與細胞學的研究顯示從一個進化的觀點看來，我們可以便利地將我們的栽培植物品系按照它們起源的方式，分成四類，雖然這些類別是重疊的。這些類別的起源如下：

（1）從一個種的基因突變選擇而得。

（2）由簡單的同源多倍，例如得自未經減數分裂的生殖細胞發生作用或由體細胞的重複而不經過雜交。

（3）由不為染色體加倍和畸態所伴隨的種間的雜交選擇而得。

（4）由種間雜交而附以染色體的加倍（異源多倍）或其他的細胞核的畸態而得。

我們相信栽培植物的新的品種賴以產生的這些方法是大自然中變異的主要原因，與進化藉以繼續進行的過程。它們在大自然中與在栽培的情況下均能發生而產生新種與新品種，因而基本上與分類的問題有關。

一、基因突變

二、同源多倍體

三、種間的雜種

四、雜種多倍體

五、不孕性

六、種中的變異

總而言之，這是顯然的，從研究栽培植物所得的精確的結果不能為研究野生植物的工作者所忽視，許多野生種相互間的關係是與栽培植物與其野生祖先之間的關係相同的。〔註2537〕

11月，譯《栽培植物的新系統學》，瓦維洛夫（N. I. Vavilov）原著，文章收錄在胡先驌等譯、鍾補求校、J·赫胥黎主編《新系統學》，科學出版社1964年11月初版，第344～353頁。摘錄如下：

與植物育種相連，同時也為了對於進化問題有更好的瞭解，栽

〔註2537〕張大為、胡德熙、胡德焜合編《胡先驌文存》（下卷），中正大學校友會出版發行，1996年5月，第801～819頁。

培植物的研究需要分析性的系統學。為了栽培植物分成不同的林奈種的分類只是第一步。植物育種學家與農藝學家不但要分別種,還要分別變種。為了這個目的,形態的徵狀只是初步的知識。農藝學家更關心於各個變種與各種疾病的關係,與它們對於抗旱抗寒等等的行為的生物學的與生理學的徵狀。

現在不可能說在全世界上有多少軟粒小麥(Triticum vulgare Yill.)的變種。至少有四百個不同的徵狀以區別各個不同的變種,倘若我們注意到這些徵狀的大多數可以有不同方式的結合,我們就可以對於全世界現存的遺傳型的數目得到些概念了(Vavilov,1936),這對於大麥、燕麥、豆、馬鈴薯都是如此。

實踐的需要迫使做栽培植物及其野生的近親的系統學的人,除了對於植物類型及其變種給與普通的檢索表之外,對於徵狀的變異及這些變異的地理分布還要有一套方案。栽培植物的系統分類學的歷史是甚有意義的。它指示出研究人員怎樣被迫將他對於一個種的概念一步一步地分化開來。我們已經確定地進入用生理的與生物化學來將變種分類的時代了。

栽培植物的種,以及它們的野生近親,在它們的進化中,自其種的形成的原始中心向外分布時,曾經分化成確定的生態的與地理的類群。自分析性的系統學我們將要來到分析性的地理學。我們在對於最重要的栽培植物,憑著細胞學家、遺傳學家、生理學家、解剖學家與免疫等:家的幫助,作了多年的集體研究以後,正在達到一個概念,認為一個林奈種是一個確定的、不相連續的、處於動態中的統系,分化成地理的與生態的類型,有對包括一個極大數量的變種。

栽培植物的新分類成了一個分支甚廣的系統。同時,而且在某種程度上與有些分類學家的觀點相對立。我們具體的研究使我們相信種的概念是與事實符合的,它的需要不但是為了方便,而且也為了對於進化過程真正的理解。進化在其基本的進程中可能無停滯地進行,但在它的鏈索上是有節的,這些節便是種,成為遺傳類型的不相連續的統系。

　　……

　　植物育種為它的目的不但需要形態學上的植物學變種的知識，還要關於它們分化成生態與生理群的知識。使植物育種家較形態徵狀更感興趣的是各個變種對於乾旱、寒冷、各種菌類、細菌、病毒與昆蟲的抵抗能力的不同，以及各個變種之間的生物化學方面的區別。實用植物育種的需要促使我們建立一個種內多樣性的新的農藝生態學分類——在我們可能的情況下使其具有世界性規模。這種工作的完成必須借助於在不同的地區作我們所稱為「地理性的播種」，以研究處於不同條件下的相同品種（自世界各處搜集來的），考察它們對於不同的寄生物、對於不同的環境條件的反應。

　　這種「生態的通行證」一般皆根據以下的性質：

　　（1）營養時期的不同。

　　（2）各個發育階段長短的不同，與階段發育節奏的不同。

　　（3）經濟價值，如同果與種子的大小及其他數量上的徵狀。

　　（4）營養器官的徵狀。

　　（5）對於各種乾旱的抵抗性能。

　　（6）抗寒性能。

　　（7）開花的特性；開花與閉花等等。

　　（8）對於各種菌類如各種銹病、黴、黑穗病、腥黑穗病的抗病性能。

　　（9）對於各種細菌和病毒的抗病性能。

　　（10）對於各種昆蟲侵襲的抵抗性能。

　　（11）植物的生態上的類型：旱生、水生、中生等等。

　　憑著變種的巨大多樣性來看，生物學家或者以為這種工作幾乎是無盡的。但這種多樣性並不是沒有某種範圍與規律性的。在我們的栽培植物進化與系統的研究中我們確定了許多並行性，這對於屬於同一的一般類群（如一年生的、草本性的）為具有同樣的分布區域所表徵，以及在它們的進化中遵循同一地理路線的植物來說尤其顯明。我們及我們的合作者近來對於舊世界最重要的一年生農作物植物的農藝生態群所作的在不同的環境條件下的比較研究使得我們能夠確定在它們的進化過程中分化成種的規律性。

　　倘若我們將穀類如小麥（以其林奈種中的多樣性）、黑麥與燕麥，

這些糧用的豆類如豌豆、兵豆、鷹嘴豆、洋豌豆、大巢菜、蠶豆，以及亞麻（包括用種子與纖維的類型）等這些主要在前亞洲起源並開始它們的進化的種類來作為例子，我們可以證明它們分化成為確定的生態與地理群，對所有這些隨物都顯示出許多類似的徵狀。

……

我們現正進入一個分析的、生態學、生理學與遺傳學的分類的時代。這是一個無限巨大的工作。這知識的海洋幾乎未為生物學家所接觸。它需要許多不同的專家——生理學家、細胞學家、遺傳學家、系統學家與生物化學家的聯合努力。它需要國際精神，需要全世界的研究人員的合作。對於世界上最值得注意的地區，原始文化的搖籃——亞洲南部，中美洲與南美洲的山區——即使是它們的栽培植物與馴養動物的資源，也還需要研究。

我們毫不懷疑新系統學將為我們帶來對於進化的新的和更好的瞭解，對於控制進化過程增加更大的可能性，對於我們的栽培植物與馴養動物更大的改良。它將合乎邏輯地將我們帶到第二步：統合（integration）與綜合（synthesis）。〔註2538〕

11月，胡先驌等譯、鍾補求校、J·赫胥黎主編《新系統學》，51.6萬字，共387頁，精裝印數2200冊，平裝印數1500冊，科學出版社初版。正文前有內容簡介及前言。

內容簡介

本書是根據J·赫胥黎（J. Huxley）主編的新系統學（The New Systematics）1952年版翻譯的。該書包括動植物分類學家、細胞學家、生態學家、古生物學家、園藝學家等二十二人的論文，各根據不同學科的研究數據探討了生物學方面新的系統。本書作者均持有各自不同的觀點，可供有關方面研究人員討論參考。

前言

本書係由「系統學與一般生物學關係研究會」所發起。這個研究會的出版委員會覺得對於在一方面圍繞著分類學者、而在另一方

〔註2538〕張大為、胡德熙、胡德焜合編《胡先驌文存》（下卷），中正大學校友會出版發行，1996年5月，第820～836頁。

面圍繞著對於分類學數據的豐富收穫感到興趣的一般生物學家的那些問題的某種陳述將會有其價值，而且或許能對現在正在向前移動著的分類學的進化有所助益。主要請求不列顛的作家來寫作；這樣做覺得有利於對不問的文章取得協調。但是在這一國家未能對某一題材提供適當的權威的場合中，裏面各處也有其他國籍的作者被請來寫作一章。

委員會完全意識到它為這本書所選取的聽起來似乎有些放肆的書名。稱之為「系統學中的現代性問題」（Modern Problems in Systematics），或「走向新的系統學」（Towards the New Systematics）也許會更正確些。因為新的系統學現在尚不存在：在它出生以前，最近廿或卅年的時間所投給我們的大量的新事實與新思想必須被消化、被相互關聯起來，並且被綜合在一起。但是也覺得一個好的書名有很大的作用，因此可以作為其本身的辯解。至少這對於一種『新的系統學』、或者至少對系統學上的問題的一次新的進攻，確係生物學中的一個重大需要的這種事實，將會引起注意。

我深知自己在這一事件中的不正常的地位——以一個非系統學者而作為談系統學問題的書籍的編輯。我所能申敘的理由首先是僅只因為委員會的懇切要求我才擔負了這一工作；而在第二方面，因為我對於這一題材有深厚的興趣，也為了一個局外人，在分歧的見地之間，有時也許要比一個處於紛爭深處的人更易於保持不偏不倚的緣故。

我必須向研究會的許多會員致謝，他們經常的幫助和建議相當地減輕了我的編輯工作。

J. Huxley

目錄

12月8日，胡先驌致龍榆生信函。

榆生先生惠鑒：

接奉手書並《丈室閒吟》稿，匆閱一過，覺以舊學根底屏入新思，自有進境，亦以表示受大時代環境之影響，心情有巨大變化，已非舊日窠臼所能束縛也。然體制革新，仍以美善為標準。若徒追隨時尚，而不能百尺竿頭、更進一步，則未能革舊布新，開來繼往。大著有數章殊宜刪削，尚未仔細研讀，粗達鄙見，想亦以為然也。

呂著《曉珠詞》定稿本及其小傳等，均粗閱一過。定稿較第二次所印之《呂碧城集》又增加海外詞不少，且多佳作，讀之甚慰渴

想。龍傳尚頗有失實處，呂詞一再有燃其之句，似爭產者，不僅為族叔，而有一詞對於某親屬極盡深惡痛絕之意，且云卅年不通音問，決非指某叔而言，殆指其二姊乎？龍傳尚有其他失實之語，細以碧城本人遊記中語校之，可以證明。國人作傳，不求真實，使作者本人之真實面貌未能坦白示人，因而使後人對於作者更不能深切瞭解，殊非得策也。碧城與秋瑾曾有一次接觸，秋邀其參加革命，而呂以抱世界主義拒之，已明見於其雜記中，則謂其參加革命，寧非厚誣古人乎！碧城以羞於投機而致暴富，此其聰慧過人處，然過於浮奢，此或使人非議，終於不敢親近，而不能結婚之主要原因。其詞字裏行間屢表惆悵，雜記亦明揭示未得素心人，故以獨身終。以視易安與明誠之享閨房靜好之樂，未使非一缺憾，因亦影響其著作，此亦導之皈依佛法之主要原因。渠固綺年玉貌，尤喜豔裝，屢以孔翠為其服裝之象徵，且愛跳舞，則其性情非馴善，或峻冷可知。若果能宜家，當更多言情不朽之作，彼未能為 Elizabeth Browning，不可未非憾事也。彼擅英語，殆無問題。習法德語則在遊歐之後，雜記中曾自述其初學法語之經過，以後是否真能精通，亦是問題。大約其譯著皆以英文為之，其素養固於此也。竊謂呂碧城天資絕世，為南宋以來詞人第一，其為人頗有荊十三娘風味，最後皈依佛法，得大解脫，自是過人之處。惜龍傳未能作一正確真實之評傳，克能否勝任，亦不敢自信。然其用字用典，以及詞律均有疏處，亦無容諱言，至欲跨越宋唐，更進一步，似亦未能到此境界也。《信芳集》與《呂碧城集》均刊登照相多幅，直至一九二九年維也納所攝之兩幀照片為止，其好豔裝，至老不衰，可贊亦復可議也。其人文學造詣不及 Madame De Stael，多產不及 George Sand，其性情則有近似之處。然二人皆有戀人，桑更多戀著稱，而碧城則持獨身主義——雖頗多惆悵語，殆中西環境及以本人一生之經歷有以使然歟？然終為五百年一見之絕代女詞人，惜國人知音者並不多也。尊處既有其所贈照片數幀，鄙意頗欲全部翻版，複印兩份，一份永為保存，一份供評介文用，除寄來一幀將在此間翻印外，其餘各幀即請代為翻印寄下，翻印之費，容後寄上。《丈室閒吟》將為作一短序，作好亦將寄呈也。

專此敬頌

痊綏

胡先驌

十二月八日（1964 年）〔註 2539〕

12 月 14 日，胡先驌致羅迪安信函。

羅迪安同志：

《新系統學》的校正本已收到了。我看完了我譯的緒論及鍾先生的譯後記。鍾先生的校改並不是十分十令人滿意的。校對也粗糙，不知是你們的過失或是鍾先生的過失。關於 Evolution 這個字，我一直是譯為演化，而不是進化。因為演化包括進化退化兩類現象，人身上就有許多的退化器官，而大量的腐生及寄生生物一貫是有定向的向退化方向演化的。故我的文章一向不用進化這一個名詞（形容詞也是同樣的）。而鍾先生不同我商量便改為進化了，而且又十分疏忽，同一頁中，有些地方還保留了演化這個字。又 Orthogenesis 我譯為定向演化，而鍾先生改為直線演化。在這類演化中，一般是朝一個方向演化，也就是定向演化的。但不一定是直線演化，可能是直的，可能是屈曲，可能是分支的——分支的情況較多，用直線進化這一個詞並不比定向演化好。又如譯 Race 為「小種」也是不妥的。「雜交分封群」（hybrid swarm）這一個詞尤為牽強。我也寫了一封信給他。現在只看到這些，以後恐怕還有問題。翻譯高深理論的書是困難的，鍾先生未免太自負了，他的校訂恐怕未必能滿所有譯者的意。以後再談。

此書譯者能收到幾本？我要一冊精裝的，如要補錢，可在稿費中扣除。稿費我有幾多？何時可發？順乞告知。

專致

敬禮

胡先驌

1964.12.14〔註 2540〕

〔註 2539〕 胡宗剛撰《胡先驌先生年譜長編》，江西教育出版社，2008 年 2 月版，第 640～641 頁。

〔註 2540〕 《胡先驌全集》（初稿）第十七卷下中文書信卷，第 532 頁。

12月16日，胡先驌致龍榆生信函。

榆生先生惠鑒：

寄來呂碧城女士照片八幀，自當珍藏勿失，翻印後即寄還。此藏較《信芳集》與《呂碧城集》所印行者少，《大公報》時代一幀及在紐約所攝一幀而多，紐約全身一幀獲照上揭下一幀及家居便裝一幀。女士美麗過人，而亦性好絢麗，其喜好孔雀直可以孔雀擬其人，然過於豔麗，便似非姑射仙人之比，蓋缺雅淡之故。惟性□□奢亦不宜於成家室之好之主因，而晚節既解脫而又義烈，真宜極盡棉薄以傳之其人其文，恐皆非時尚所能稱許者也。曾函張叢碧，詢其為人，得其覆信云，當寒雲結婚時，彼才九歲，故對其人知之不詳。如此一代絕世詞人，若在國外以專書評論之者，必不止一本，今則除我輩二三故老外，幾無人能道其名者。《辭海》新編亦不見錄，殊堪慨歎，國人之不學於此可見矣。

專此敬頌

冬綏

胡先驌

十二月十六日（1964年）〔註2541〕

12月21日，胡先驌致張肇騫信函。

冠超仁弟惠鑒：

久未通函，想闔家安吉為念。得封懷來函，知正在華南植物園研究國產山茶科植物之引種栽培及系統分類，至以為慰。明春三四月間可命啟明趁林來官未回福建之時，將此科文獻資料搜集完備。

我今年研究厚皮香屬，發現新種八十（尚未完竣），殊堪驚異，現正準備將赫德木屬寫一總結性論文，大約新種有15種，連舊種約20種。此屬以廣西為最多，雲南、廣東次之，湖南、福建、四川亦有一種，越南亦有一種，此其分布大概。山茶科要以我國西南為中心，如各省積極採集，尚可發現新種不少。聞林學院蕭家庚今日來信說，華南所在湖南莽山經常有五人採集，自可將該地標本搜集完

〔註2541〕 胡宗剛撰《胡先驌先生年譜長編》，江西教育出版社，2008年2月版，第641～642頁。

全。惟多年來華南所之山茶科（包括兩廣）標本一向歸我研究，頗著成績，而張宏達教授亦研究此科，我們亦曾聯名發表新種，則以後莽山及他地華南所採集的標本，歸何人研究，應妥商決定。此科在我是為全國性的研究，華南所則僅限於兩廣及湖南三省，以後此科的研究如何安排請決定。歸我一人研究固可，與張宏達分屬或聯合研究亦無不可。過去張宏達對於屬曾寫一重要論文，但福建師範講師林來官在我指導上作的新的總結研究，則遠勝於張，已將Kobuski 及張的分類系統全部推翻，可見多少帶專屬專誌的研究，成績必較以上一二省之材料為根據之研究為優也。此點如何決定，請示知為要。今年所採枰屬、赫德木屬及厚皮香屬標本請盡速寄我與林君研究，以後所採的再商。

　　此頌

儷祉

驌　拜啟

十二月廿一日（1964 年）〔註 2542〕

12 月 29 日，中國科學院南京植物研究所致胡先驌函。

中國科學院南京植物研究所

（64）寧植標字第 815 號

北京植物研究所胡先驌先生：

　　貴所 64 年 12 月 16 日及 21 日，來函均已收悉，茲將所收藏的Ternstroemia（8 份）和 Eurya（128 份）兩屬，安徽地區標本共 136張，寄上請驗收後，請將借據寄來。另外要借的秦仁昌 8085 號，經檢查無該號標本。特此函告

　　此致

敬禮

附借據壹張，名錄壹份。

中國科學院南京植物研究所

1964 年 12 月 29 日〔註 2543〕

〔註 2542〕胡宗剛撰《胡先驌先生年譜長編》，江西教育出版社，2008 年 2 月版，第 642～643 頁。

〔註 2543〕胡啟鵬輯釋《胡先驌墨蹟選》（初稿），2022 年 2 月，第 376～377 頁。

是年，《懺庵詩稿》自費印刷出版。由張效彬題簽書名，黃曾樾為扉頁題簽。書中錄有柳詒徵、范軍、盧慎之、馬宗霍的序，以及陳三立、江翰、袁思亮的題識。共有 300 本，分送親友，據說當時索要的人很多，並且很多都有胡先驌親自簽名，尤為珍貴。

【箋注】

錢鍾書（1910～1998），原名仰先，字哲良，字默存，號槐聚，曾用筆名中書君，江蘇無錫人。中國現代著名作家、文學研究家。晚年就職於中國社會科學院，任副院長。有《管錐編》《談藝錄》。

黃曾樾（1898～1966 年），字蔭亭，號慈竹居主人，福建永安城裏人。1925 年法國里昂文學院授予「文學博士」學位。有《老子、孔子、墨子哲學的比較》等。

張校彬（1882～1968）名瑋、字效彬，號敔園。河南固始人。曾留學英國劍橋大學學習經濟學，回國後任教於京師法政新學堂。書法宗北碑，楷書尤精。有《敔園叢書》。

是年底，填寫植物研究所分類學、植物地理研究室研究成果鑒定表〔註 2544〕

植物研究所分類學、植物地理研究室 研究成果鑒定表
項目名稱： 成果名稱：雕果茶屬——中國山茶科——新屬 成果的主要創造者：胡先驌 參加者： 完成成果起迄時間：1963 年 協助單位：
成果的主要內容和意義（解決了那些問題，學術上和經濟上的意義，與國內外相比水平如何等） 根據對中國山茶屬的整理和研究，發現的我國特有的新屬，有一定的學術意義。

是年，擬定 1949～1964 年中國植物界十五年來值得推薦的二十項研究成果，按照時間順序確定。其中胡先驌本人有三項重要成果，一是被子植物的一個多元系統、二是經濟植物手冊、三是植物分類學簡編。〔註 2545〕

〔註 2544〕 胡啟鵬輯釋《胡先驌墨蹟選》（初稿），2022 年 2 月，第 262～264 頁。
〔註 2545〕 胡啟鵬輯釋《胡先驌墨蹟選》（初稿），2022 年 2 月，第 265～267 頁。

1. 被子植物的一個多元系統	胡先驌		1950
2. 雲南的茶花	俞德濬		1951
3. 華北經濟植物誌要	崔友文		1952
4. 經濟植物手冊	胡先驌	第一冊	1955
		第二冊	1955
		第二冊下冊	1957
5. 植物分類學簡編	胡先驌		1955
6. 中國主要植物圖說：豆科	汪發纘、唐進		1955
7. 中國主要植物圖說：禾本科	耿以禮		1959
8. 中國植被類型	錢崇澍、吳征鎰、陳昌篤		1956
9. 中國主要植物圖說：蕨類植物門	傅書遐		1957
10. 中國植物誌　第二卷	秦仁昌等		1959
11. 中國植物照相集　第一、二冊	植物研究所		
12. 中國飼料植物圖譜	農業部主編		1959
13. 中國土農藥誌			1959
14. 中國植被區劃初稿	錢崇澍等		1960
15. 中國植物誌　第一卷	唐進、汪發纘、戴倫凱		1961
16. 中國經濟相物誌　上下兩冊	我所及他所		1961
17. 中國蘚類植物屬誌	陳邦傑等		1963
18. 中國植物誌　第 68 卷	鍾補求等		1963
19. 海南植物誌　第一冊	陳煥鏞主編		
20. 德漢植物學詞彙	匡可任		1962

編年詩：《題陸丹林楓園纂史圖》（二首）《贈郜爽秋》《唐慎之詩老作開成石經歌感而同賦》。

編年詞：《水調歌頭·天問》《浪淘沙·和莎菲夫人》《高陽臺·呈盧慎之》《金縷曲·自壽兼柬盧慎之》《水調歌頭·珠穆朗瑪峰》。